哲学とユーモア

ザーロモ・フリートレンダー／ミュノーナ笑いの理論と実践作品選集

デートレフ・ティール、中村博雄 共編

中村博雄 訳

Philosophie und Humor
Ausgewählte Texte zur Theorie und Praxis des Lachens
von Salomo Friedlaender/Mynona

Herausgegeben von Detlef Thiel und Hiroo Nakamura

Übersetzt von Hiroo Nakamura

新典社
Shintensha

やはりカント哲学はたいしたものだ。私はたぶん死の淵に立っているのだろう。私は墓の淵に立ってはいるが、自分には私が然るべき喫水をもって家ほどの高さの波をしっかり押し分けて進んでいる頑丈な船のように思える。私はこの世を去るのではない。現象としての自然が私を去るのであり、この現象の一部として私の肉体と墓、それどころか死そのものがある。――しかし、私の実体、ヌーメノン、世界の中心極は、無とも何か或るものとも関係なく、自己自身を信頼して、笑っている。

(エルンスト・マルクス、1928 年 10 月 29 日、日記に書かれた最後の言葉)

Es ist doch eine schöne Sache um die kantische Philosophie. Ich stehe vielleicht am Rande des Todes. Am Rande des Grabes stehe *ich* nicht. Aber ich komme mir vor wie ein starkes Schiff mit gehörigem Tiefgang, haushohe Wellen fest durchfurchend. Ich verlasse nicht die Welt, sondern das Phänomen Natur verläßt mich, und zu ihm gehört mein Leib und das Grab, ja sogar der Tod selbst. — Aber meine Wesenheit, das Noumenon, der Zentralpol der Welt hat es weder mit dem Nicht, noch dem Etwas zu tun, sondern verläßt sich auf sich selbst und lacht.

(Marcus: letzter Eintrag im Tagebuch, 29. Okt. 1928)

死の 2 時間前に、マルクスは、可笑しさの正しい理論を教えている。

(フリートレンダー／ミュノーナ、1936 年 2 月、日記 52)

Zwei Stunden vor seinem Tode gibt Marcus die richtige Theorie des Lächerlichen.

(F/M: Tgb 52, Februar 1936)

マルクスは、死の直前、オリンポスの神々のように笑っている――「私の本質、ヌーメノンは、〔……〕自己自身を信頼して、笑っている」。残念だが、この笑いは、依然としてあまりに超越的で、まだこの世のものではないように聞こえる。

(「理性的人間」、1942 年、GS 22, 539)

Marcus lacht kurz vor seinem Tode olympisch: ... „Meine Wesenheit, das Noumenon" ... „verläßt sich auf sich selbst und lacht ..." Leider klingt dieses Lachen immer noch transzendent genug, noch nicht diesseitig.

(*Der Vernunftmensch*, 1942, GS 22, 539)

モーニングガウンのミュノーナ
1928 年 8 月
Foto：Friedrich Schulze-Maizier

はじめに　Vorwort

　本書は、『理性と平和』『技術と空想』に続く 3 冊目のフリートレンダー／ミュノーナ（F/M）作品選集である。1 冊目の『理性と平和』では、F/M の経歴、著作、思想の概要を紹介することに重点を置き、2 冊目の『技術と空想』では、F/M の奇抜さ、先見性、科学社会の可能性と課題に重点を置いて編集した。そして、本書では、F/M の面白さ、深さ、ひいては「人生の本質」「人生を前向きに生きる真理」に切り込む作品を集めて編集した。F/M 独特の「笑い」「ユーモア」は「遊び心」に溢れている（第 1 部）。その根底にある F/M の哲学は、人生を前向きに生きる「生き方の真理」を明らかにしている（第 2 部）。本書は、F/M という異色な哲学者が遺してくれた「人生を明るく前向きにする“処方箋”」である。

　経済全体が厳しい状況にあるにもかかわらず、このたび新典社は、3 冊目の翻訳書の出版を快く引き受けてくださった。F/M 全集編者によれば、ドイツ国外で F/M の作品がこのように出版されている国はなく、新典社のこの英断がどれほど偉大であるか計り知れない。全集編者ともども、新典社に敬意を表するとともに、岡元学実社長、小松由紀子編集部課長に心から感謝の意を表したい。

中村　博雄
Hiroo Nakamura

目　次

はじめに（中村博雄）…4／凡例…9

訳者序文（中村博雄）……………………………………………………11

編者序文——本書はひどく暗い気もちにさせる本だろうか？（デートレフ・ティール）…22

作品解説（デートレフ・ティール）………………………………………37

ようこそ、ミュノーナのユーモアの世界へ！………………………57
　　——1924 年 1 月 26 日「ヴァルプルギスの夜」招待状——

第 1 部　フリートレンダー／ミュノーナのユーモア

1. 歯磨き粉になった乙女（1918 年）………………………………62

2. とんでもない気晴らし（1911 年）………………………………67

3. 機知に富んだ小さな菓子屋製フォンダン（1910 年）……………69

4. 寓話のような話（1911 年）………………………………………73

5. 小さなリンゴ、コロコロどこへ？（1928 年）…………………78

6. 違うエンドウ豆の上に寝たお姫様（1928 年）…………………83

7. ミニ・グロテスクと逸話…………………………………………88

8. ザオトマート（1918 年）——リヒャルト・ツィーグラー挿絵（1931 年）……95

9. アルコーレスケ〔呑助〕（1929 年）……………………………109

10. やけを起こした老人とその最後（1910 年）……………………113

11. 一度も流されなかった涙（1921 年）……………………………115

12. フリートレンダー／ミュノーナの自画像（1922 年）…………120

13. あなたはどうしてそのようなペンネームになったのですか？（1926 年）…121

14. 笑っているヨブ（1935 年）とフリートレンダー／ミュノーナのコメント…123

6

第2部 フリートレンダー／ミュノーナと笑いの理論

1. カント ……………………………………………………………………138

2. ジャン・パウル ………………………………………………………147

3. ショーペンハウアー …………………………………………………150

4. ニーチェ …………………………………………………………………153

5. アンリ・ベルクソン『笑い』（1914年）………………………156

6. 笑いものにされた叙情詩（1910年）………………………………162

7. グロテスク（1919年）〔新訳〕……………………………………166

8.〔神自身が豚に変装──ユーモア作家の手法について〕（1923年頃）………169

9. 世界観としてのユーモア（1935年）……………………………173

10. 笑いの理論断片 ………………………………………………………180

11. ソネット2篇 …………………………………………………………204

附　録

パウル・ハトヴァニ書評「ミュノーナのために」……………………………207

ドイツにおけるフリートレンダー／ミュノーナ全集の刊行状況と『フリート
　レンダー／ミュノーナ研究』刊行等について　…………………………212

特別寄稿

ユーモアという哲学──笑いの幅と奥行き──（中村明：早稲田大学名誉教授）…217

索引凡例…228／人名索引…229／作品索引…241／事項索引…247

／おわりに…261／編者写真・プロフィール…263

Inhalt

Vorwort (Hiroo Nakamura) ···4

Einleitung des Übersetzers (Hiroo Nakamura) ·····················11

Einleitung des Herausgebers. Ist dies hier ein sehr trauriges Buch? (Detlef Thiel) ···22

Zu den Texten (Detlef Thiel) ···37

Herzlich willkommen zur Welt des Humors von Mynona! ·············57
—Eintrittskarte zur „Freinacht" am 26. Januar 1924—

Erster Teil. Humor von Friedlaender/Mynona

1. Die Jungfrau als Zahnpulver (1918) ·····························62

2. Der gewaltige Zeitvertreib (1911) ·······························67

3. Fondants aus der kleinen spiritualen Konfiserie (1910) ·······69

4. Fabelhaftes (1911) ···73

5. Wohin rollst du, Äpfelchen? (1928) ·······························78

6. Die Prinzessin auf der anderen Erbse (1928) ···················83

7. Minigrotesken und Anekdoten ·····································88

8. Sautomat (1918), mit Richard Zieglers Illustrationen (1931) ·········95

9. Alkoholeske (1929) ···109

10. Der Verzweifelte und sein Ende (1910) ·························113

11. Die nie geweinte Träne (1921) ···································115

12. Friedlaender/Mynonas Selbstporträt (1922) ···················120

13. Wie kamen Sie zu Ihrem Pseudonym? (1926) ···················121

14. Der lachende Hiob (1935) und Friedlaender/Mynonas Kommentare ···123

8

Zweiter Teil. Friedlaender/Mynona und einige Theorien des Lachens

1. Kant ·······138
2. Jean Paul ·······147
3. Schopenhauer ·······150
4. Nietzsche ·······153
5. Henri Bergson: „Das Lachen" (1914) ·······156
6. Ausgelachte Lyrik (1910) ·······162
7. Grotesk (1919 – neue Übersetzung) ·······166
8. [Gott selber im schweinernen Inkognito – Zur Methode des Humoristen]
   (um 1923) ·······169
9. Der Humor als Weltanschauung (1935) ·······173
10. Fragmente zur Theorie des Lachens ·······180
11. Zwei Sonette ·······204

Anhang

Rezension: *Für Mynona* von Paul Hatvani ·······207
Editionsplan der *GS* und *F/M Studien* in Deutschland ·······212

Gastbeitrag

Philosophie, die Humor heißt. Weite und Tiefe des Lachens ·······217
Akira Nakamura (Emeritierter Professor an der Universität Waseda)

Personenregister···228/Werkregister···241/Sachregister···24/
/Nachwort···261/Profile der Verfasser···263

凡　例

1. 人名、刊行物名、歴史事項、ラテン語引用語について

　人名のカタカナ表記は、原則的に『岩波西洋人名辞典』〔増補版〕（岩波書店、1981 年）および『独和大辞典』〔第 2 版〕（小学館、2003 年）に従った。また、刊行物名、歴史事項等については、上記 2 辞典の他に、増補改訂版『西洋人名よみかた辞典』（Ⅰ、Ⅱ）（日外アソシエーツ株式会社、1992 年）、『世界文芸大辭典』（中央公論社、1935 年）、『世界史小辞典』〔改訂新版〕（山川出版社、2007 年）、『ブリタニカ国際大百科事典』（2014 年）等を参考にした。ラテン語引用語の訳については、『ギリシア・ラテン引用語辭典』〔新増補版〕（岩波書店、1977 年）に従った。

2.「　」、ダーシ等について

　訳文中での「　」は、原則としてドイツ語原文での“　”を示す。原文での独立の‘　’部分は、訳文中では〈　〉とした（ただし、原文内の引用文として示されている場合は「　」にした）。訳文でのダーシ〔──〕は、原文でのダーシおよびセミコロン（ ; ）、場合によってはコロン（ : ）部分を示す。また、訳文を読みやすくするためにもダーシを利用した。原文で大文字による強調部分は、訳文ではゴチック体、原文中のイタリック体は、訳文では太明朝体にした。原文の面白さや文脈でのニュアンスを生かすために、また、訳の原語を明確にするために、原著者の特殊な用語・造語の訳語にルビとして原語を示した。脈絡によっては、原語をそのままカタカナ表記し、訳をルビとして示した。訳文中の〔　〕内の言葉および圏点〔・〕は、理解を助けるために訳者が付したものである。〔……〕は引用文中の省略部分を示す。

3. GS、『理性と平和』、『技術と空想』、F/Mについて

　GS は、現在ドイツで刊行中の *Salomo　Friedlaender/Mynona　Gesammelte*

Schriften（Herausgegeben von Hartmut Geerken & Detlef Thiel, Waitawhile, 2005-）を指す。『理性と平和』は、『理性と平和——ザーロモ・フリートレンダー／ミュノーナ政治理論作品選集』（ハルトムート・ゲールケン、デートレフ・ティール、中村博雄共編／中村博雄訳、新典社、2012 年）を、『技術と空想』は、『技術と空想——ザーロモ・フリートレンダー／ミュノーナ グロテスケ作品選集』（ハルトムート・ゲールケン、デートレフ・ティール、山本順子、中村博雄共編／山本順子、中村博雄訳、新典社、2014 年）を指す。全集編者の表記に倣って、訳文等の脈絡で特に問題ない場合は「ザーロモ・フリートレンダー／ミュノーナ」をF/M と略記した。

4. 訳文、訳語統一等について

F/M の難解な文章の訳出に際しては、全集編者の助言を基に、できるだけ日本語として読みやすい訳文になるように心掛けたが、原文の内容理解を優先させた。また、特殊な言葉・造語や用法、表現、時代背景、人名等々については、ルビや注によって原文の表現スタイルや時代背景が想像できるようにした。本書全体をとおしてできる限り訳語を統一するようにしたが、例えば、「笑う、大笑いする、嗤う、嘲笑う、嘲笑する、笑い飛ばす」（lachen, totlachen, auslachen, über...lachen）、「微笑む、薄ら笑いする」（lächeln）、「にたにたする、せせら笑う」（grinsen）等のように脈絡によって訳語を使い分けた。

訳者序文
Einleitung des Übersetzers

中 村　博　雄
Hiroo Nakamura

　20 世紀初頭のドイツに、「哲学のチャップリン」と呼ばれた哲学者がいた。そして、その哲学者自身はチャップリンを「映画のミュノーナ」と呼んでいた。ミュノーナ、本名をザーロモ・フリートレンダー（Salomo Friedlaender）という。21 世紀の今日、チャップリンの名を知らぬ者はない。しかし、ザーロモ・フリートレンダー／ミュノーナ（F/M）の名はどうであろうか？ チャップリンの名は国際的喜劇俳優として没後も不動である。それに対して、「哲学のチャップリン」は、ドイツ第三帝国成立直後（1933 年）パリに亡命し、帝国崩壊直後の 1946 年、極貧のうちに同地で不遇の死を遂げ、そのまま完全に忘れ去られてしまった。本格的な再評価が始まったのは 21 世紀に入ってからのことである[1]。

　　「すでに当時、私は、『哲学のチャップリン』と呼ばれていた。――どうもありがとう！（むしろチャップリンを映画のミュノーナと呼ぶべきだったろうに）。私は、現代の人気者でありたいとはぜんぜん思わない。〔……〕私の仕事は、深遠な読者にはあまりに諧謔的過ぎ、浅薄な読者にはあまりに『しわしわ』で読みにくい。〔……〕明朗さも、ほんのちょっとでも深められると、それを受け取ってくれる人を見出すのはもはや容易ではない。」
　　　　　　　　　　　　　　　　　　　　　　（本書附録＊(3)）

　チャップリンの存在は、今日、映画界でも芸能界でも不動である。辛辣な社会風刺の作品において、その「笑い」は視覚的に単純明快で誰にも分かり

やすく親しみやすい。一方、「哲学のチャップリン」の「笑い」は、あえてグロテスクな作品の中で、さまざまな歴史的・思想的・文学的背景を踏まえて遠回しに、あるいは捻って、さらに捻って裏側から表現されているので分かりにくい。「諧謔的」で「しわしわ」に表現されているグロテスクな作品は、それを理解するだけでもたいへんである。しかし、このような「哲学のチャップリン」ではあるが、一つだけ「映画のミュノーナ」同様、「視覚的に単純明快で誰にも分かりやすく親しみやすい」表現を我々に遺してくれていた。それは、彼自身の人生そのものである。彼は、自らの人生をとおして「笑いの本質」「人生の真理」を最も具体的な形で見せてくれていた。ユーモアを失わない楽観的な「哲学のチャップリン」は、ユダヤ人としての不遇の晩年と病弱な健康を見事に克服し、過酷な亡命生活を現実に13年間生き長らえたのである[2]。「たとえどんなに微かの優位であっても、常に楽観主義に優位を与えよ。」これは、亡くなる約2週間前の日記に記された最後の言葉である[3]。

　逆境の中でなぜこれほど楽観的にいられたのであろうか？　どうしたらこれほど前向きに生きられるのであろうか？　彼の人生観・世界観を貫く根本思想がそれを可能にしたことは間違いない。では、それはいったいどのような思想なのか？　……「思想」と言われた瞬間に「ユーモア」「笑い」の世界とは別世界に飛び越えてしまう。しかし、実は、F/Mにとって「ユーモア（笑い）」と「哲学」はコインの裏表のように一体だった。本書を『哲学とユーモア』と名づけた所以である。どこでどう一体なのか？　このあたりに、「哲学のチャップリン」の「前向きな人生」の答えがありそうである。哲学は難しすぎて重すぎる。ユーモア（笑い）は不真面目のようで軽すぎる。この二つがどこで、どう一体なのか？　実は、F/Mの作品の面白さ、思想の奥深さ、そしてその今日的意義がまさにここにある。──本書冒頭の「ヴァルプルギスの夜」を翻訳中、「円積問題の不可能」に言及しているF/Mの何気ない言葉が、思想史におけるこの異色な作家の存在感を改めて浮き彫りにしてくれた。

訳者序文（中村博雄）　13

　「円積問題」というのは、「与えられた長さの半径を持つ円と同じ面積の正方形を定規とコンパスで作図できるか」という古代からの幾何学の難問である。1882 年、ドイツの数学者リンデマン[4]によって円周率 π が超越数であることが証明され、作図の実現は不可能であることが証明された。古代から続いた難問の一つが解けた瞬間である。これは数学の世界の問題であるが、実は、人類には古代から問い続けられてきた難問が他にもある。その中でも特に人類の生存そのものにかかわる難問「人間とは何か？」「人間はいかに生きるべきか？」「人間社会はいかにあるべきか？」、これらの問題は、古来（たぶん有史以来）、決定的な解答がないまま 18 世紀に、そして 20 世紀に持ち越されていた。20 世紀の二つの世界大戦は、人間自身が意気揚々と発展させてきた自然科学の威力（魔性）と観念論の無力（限界）を人類に見せつけた。そのような中、リンデマンとほぼ同時代人である F/M の存在が改めて浮き彫りになってくる。円周率 π が超越数であるが故に作図できないのとは対照的に、人間存在が超越的であるが故に、すなわち人間理性が「自由」であるが故に「理念」、例えば「崇高」「平和」は実現可能であることが F/M によって証明されたのである。円周率 π の超越性にもかかわらず、円の中心は、思考の中の単なるイデアの 1 点にすぎないとはいえ、確実な 1 点として現実に存在している[5]。そして、この 1 点が（このような 1 点であるからこそ）、人間性の本質に関する問題に対して決定的な意味をもつことになる。確実で不動のこの 1 点に、自らの意志（自由）によって自我という理念（自由の主体、理性の自律、自我‐太陽中心）を置けば、角張ったもの、過酷な人生の矛盾対立の現実を丸く収めることが可能になるのである。

　F/M 以前に、F/M 自身が強調するカントとエルンスト・マルクス[6]の存在があることを看過してはならない。しかし、後世の我々から見れば、カントもマルクスも、それぞれの理論は「机上の理論」であって過酷な人生の現実によって試されていない。それをしたのが F/M だったのである。かつて、カントは、人間存在における超越論的（形而上学的）問題に関してはそれに否定的な者がその否定の根拠を証明しなければならないと指摘していたが[7]、

14

F/M がこのカントの確信をさらに実証によって裏づけたことになる。

　　「内的バランスは、一瞬一瞬、常に動揺に晒されているので、能動的
　に柔軟性が保たれなければならない。すなわち——笑うことである。
　　これは定言的命令でもある——**常に笑え！**〔……〕。——**自我**-太陽中
　心の優位。」
　　　　　　　　　　　　　　　　　　（本書第 2 部 1「カント」(15) 参照）

　　　　　　　　　　　　　　　　＊

　「笑いとは何か？」この問いは、古今東西の哲学者、美学者、心理学者、
文学者、詩人、作家、芸術家、等々によってこれまで繰り返し問い返され、
分析され、さまざまに説明されてきた。ここに、今、あえて F/M の名を加
えることに意味があるであろうか？　まして一見素朴に笑えそうにないこの
人の作品を日本に紹介する意味はあるだろうか？　——私は意味があると考
える。理由は三つ。(1) F/M がこれまで学界から完全に忘れ去られた存在
であり、その不遇の人生を前向きに生き抜く原動力となった思想（「**自我**-太
陽中心」「創造的無差別」）は、他のユーモア論とは違う「笑い」の世界を見せ
てくれると思われること。(2)「**自我**-太陽中心」「創造的無差別」といった
F/M の根本思想は、日本人に意外と身近で、日本人がどこか心の奥底で、
直観的に納得できる思想であること[8]。そして、(3) この F/M の思想は、現
代に生きる我々一人ひとりに「人生を前向きに生きる考え方」のヒントを与
えてくれるに違いないと思われること。
　全集編者によれば、F/M の作品はドイツ人にとっても難しいという。は
たしてこのような作品のユーモアが翻訳によって伝えられるであろうか？
私の見方は楽観的である。理由は二つ。(1) F/M の楽観的な生き方の実践
とその処方箋、(2) 笑いの本質。
　(1) F/M は、パリ亡命中、経済的にも健康面でもたいへん苦しい状況に
あったにもかかわらず、彼独自の思想（「**自我**-太陽中心」「創造的無差別」）に

よって精神的にいつも明るく前向きだった。ドイツ降伏後 4 か月ほどした 1945 年 9 月 12 日、支援者だったダーフィト・バウムガルト[9]に宛ててこのような手紙を出している。

　　「悲観主義に向かわせるようにすべてが挑発的に作用しようとも、それ故、それが実にたやすいことだとしても（私が貴殿に今こうして手紙を書いている間も、心臓がもう役に立たなくなっているので、私の肺は呼吸困難に喘いでいます）、私は依然として楽観主義者のままです。」

（本書第 1 部 1「カント」(20)）

　パリ亡命から 3 年ほどした 1936 年 7 月 4 日、亡命地から姪のエーファ[10]にこう書き送っていた。

　　「ですから私の処方箋は簡単です。——人生の全対立の統一に向けて**自我**（Ich inthronisiere）を王座につけなさい、すると対立は最後には丸く収まります！〔……〕**自我**は笑います、しかも自我の世界の馬鹿げた不完全を嘲笑います——するとこの笑いによってまさに強制的に自我は完全になります。」

（本書第 2 部 10「笑いの理論断片」(30)）

　「自我のばかげた不完全」という「極性」は、自我（「**自我**－太陽中心」）の「創造的無差別」の作用、つまり「笑い」（明朗さ）によって「丸く収まり」「強制的に完全になる」というのである。彼の作品を読むときにも、楽観的であること、そしてそのための上記「処方箋」が格好の指針となる。
　(2)「笑い」「おかしさ」の本質について、国語学者の中村明氏はこう指摘している。

　　「数学者が計算をまちがえるのも、謹厳な紳士がバナナの皮にすべって転ぶのも、見世物小屋のおならの名人の芸も、〔……〕、優越感による

喜びの笑いと考えるより、理屈でとらえがたい人知の及ばぬふしぎな現
象に対する反応が基本にあると素朴にとらえるほうが自然だろう。〔……〕。
　相手の欠点をあげつらって揶揄するとか、その人物を嘲笑するとかとい
う対人関係の攻撃的な笑いも、それが自分自身に向けられる自嘲も、
基本的には、そうあるべきでないという違和感や、それはおかしいとい
う信じられない現象に対する驚きに発しているはずなのだ。」[11]

　この見解は F/M のユーモア論と重なる。しかも、中村氏が指摘している
ように、昔から日本では、狂言・狂歌・川柳・落語等の実作の面でも文学作
品においても「笑い」が盛んだった[12]。「笑い」の本質からして、「日本の笑
いのセンス」は F/M のユーモアを楽しめるはずである。F/M のグロテスク
作品の中にこのような記述がある。

　　「かの高貴な日本人たちのように笑みの下に自分の深い悲しみを隠す
　ように、と私のよい趣味がしばしば私に勧める。——私のその笑みはきっ
　と多くの人の心を張り裂ける思いにさせただろう。」[13]

　建築家ブルーノ・タウト[14]は、日本滞在中の日記（1934 年 10 月 19 日）の中
で日本人の笑いについてこう記している。

　　「日本人の微笑は決して不可解なものではない。それは——ほとんど
　例外なく——親切な気持を表現しているのである。ドイツ人がこの土地
　に移住してきて数代住むとしたら風土に感化せられて日本的になるに違
　いないと思う。どちらも普遍的なものを求める傾向を多分にもっている
　からだ。」[15]

　「日本人のユーモア」の国際性を証明するよい例がある。それは、「イグノー
ベル賞」。同賞（1991 年創設）は、「人々を笑わせ、考えさせる研究」に対し

て授与されるノーベル賞のパロディーで、日本人の受賞者総数は世界第3位（2016年現在、第2位と僅差）である。「日本人のユーモアのセンス」は、F/Mのユーモアの世界を楽しむことができるはずである。

＊

F/Mの文章には独特の言い回し、用語法があって、その理解はドイツ人にとっても難しいという。独特の造語や言葉遊び・語呂合わせの表現が各所にちりばめられていて、それらが入り組んでくるほど翻訳は難しく、不可能に近くなっていく。解説や個々の説明が冗長になり過ぎると作品の面白さや深さが損なわれてしまう。かといって、原作者の意図が伝わらないと作品そのものを味わうどころか、理解できない。訳者を悩ますところである。例えば、本書の初めに紹介する「ヴァルプルギスの夜」はF/M独特の言葉遊び・語呂合わせで埋め尽くされており、直訳することは不可能である。ルビや注によって原文のニュアンスが伝わるように工夫したが、かえって見苦しい体裁になってしまった感がある。読者には、これらは「黒衣（くろご）」のようなものと思ってご容赦願いたい。本書で取り上げる作品は、大きく三つの観点からそれぞれに楽しみ方があるように思われる。

（1）表現の巧みさ・面白さ

F/Mのドイツ語原文には多くの言葉遊び・語呂合わせの表現が使われている。これらを言語体系がまったく違う日本語に翻訳することは不可能であるが、それぞれの意図を踏まえるとその巧みさを楽しむことはできる。人名等についても、一つひとつに裏があり、作者の思いを想像するといろいろな発見があって面白い。その際、訳者が付けた「黒衣（くろご）」が助けとなると思うが、訳者自身が気づいていない笑いや遊びを探すのも、あるいは「黒衣」の間違いや不手際を探すというのもまた楽しいのではないだろうか。それにしても、「黒衣」の存在を許し、楽しむとはなんとおおらかで豊かな文化であろう。

F/M 流に言えば、「黒衣」は、主役に対して「直径の端の対極、二元的外縁の対立物」のような存在として舞台で自ら無となって全体に溶け込み調和して芝居を支えている。観客の側も、この「黒衣」が用意する「無差別」の調和によって芝居の中に身を置き、芝居そのものを楽しんでいる。これも F/M が気づかせてくれる日本文化の特殊性の楽しい一面である。

(2) 時代背景・歴史的背景

　F/M の作品は、ギリシア以来の古典の教養はもちろん、近代、特に彼が活躍した 20 世紀初頭の歴史を踏まえており、時代背景や事実関係に新たな発見をする楽しさがある。本書では、できるだけ注によって説明を加えたが、作品中には訳者が気づかない歴史的・文学的・学問的背景や視点がまだまだ隠れていると思われる。F/M のユーモアとその理論は奥が深く、広大である。訳文の粗探しということではなく、さまざまな新しい可能性を探し、発見するというのも読者の楽しみの一つになるように思われる。また、F/M のユーモアとユーモア論をとおして人類の歴史とその本質を学び、そもそも今日の人間にとって何が大切であるかを知るというのも本書の楽しみ方の一つであろう。

(3) 思想の普遍性

　F/M のユーモアは、彼独自の根本思想（「**自我 - 太陽中心**」「**創造的無差別**」）に裏づけられている。文学的表現の翻訳は難しいが、思想は、その普遍性の故に翻訳が可能であると考えねばならない。F/M 自身が強調しているように、彼の思想がカント哲学の普遍性に基づいているとすればなおのこと、少なくともその思想の真意は国や文化の違いを越えて説明、理解が可能のはずである。そして、上でも指摘したように、F/M のこの思想の真理は、彼自身の人生をとおして実験、実証済である。F/M が身を以て証明してくれた「生き方の真理」は、現代人に「人生を前向きに生きる生き方」のヒントを与えてくれるはずである。「F/M 独自のユーモアとユーモア論をとおして笑

いと人生を学ぶ」、これこそ読者の最大の楽しみになるのではないだろうか。

＊

　1901 年、ドイツで『日本のユーモア』(*Japanischer Humor*)[16]という本が出版されている。日本の神話、おとぎ話、民話、社会生活、芸術作品等々に登場する日本人にはお馴染みのほほえましい戯画 257 点を紹介する画集である。同書は日本のユーモアをドイツに紹介するものであるが、著者の一人 C.A.ネットー[17]の序文と訳者のまえがきの言葉が、同書とはまったく逆にドイツのユーモアを日本に、正確には F/M のユーモアを現代日本に紹介しようとしている本書訳者の思いを代弁してくれている。

　　「説明を附けなければ理解できないような機智〈ウィット〉を理解して、それを笑うということは、読者にとって少なからず勇気を必要とすることで、それはわれわれも先刻承知していたところであるが、他面またわれわれは、ユーモアたっぷりのこれらの描写に反映しているような他国民の文化生活を洞察〈どうさつ〉するのも格別の魅力になるであろうという期待を抱いていた。」

(C. ネットー「序」)[18]

　　「『日本のユーモア』は、今日でも元気よく生きている、今日のわれわれもこの中の絵や説明で腹の底から笑わされるとともに、勇気づけられるに違いない──こう考えて、私はこの本の翻訳にかかったわけでした。
　　〔……〕、今日の私たちの頭上に覆い被さっている暗雲を吹き払って呉れることを祈念いたします。」　　　　　　　(高山洋吉「まえがき」)[19]

　1958 年当時の「今日の私たちの頭上に覆い被さっている暗雲」とは何を指しているのであろう？　イデオロギーの問題を抜きにしても、21 世紀の今日においても我々はいろいろな難問に直面している[20]。F/M の笑いの理論と

20

実践が明るい未来へのヒントになることを願ってやまない。

注

1　『理性と平和』「はじめに」4 頁参照。

2　『理性と平和』「ザーロモ・フリートレンダー／ミュノーナ年譜」69-75 頁参照。なお、『技術と空想』「巻頭言」12-13 頁（注 2）参照。

3　『理性と平和』31, 74 頁参照。なお、本書第 2 部 1「カント」(20) 参照。

4　カール・ルイス・フェルディナント・フォン・リンデマン（Carl Louis Ferdinand von Lindemann, 1852-1939）　1879 年からフライブルク大学教授、1883 年からケーニヒスベルク大学教授、1893 年からミュンヘン大学教授、1904 年、同大学長。

5　「知性は一つ〔点〕、感性は曖昧、つまり点の染み。」（1934 年 10 月日記 15）。本書第 2 部 5「アンリ・ベルクソン『笑い』」＊（日記 15）参照。

6　『理性と平和』80, 176 頁参照。

7　『カント全集』第 13 巻「理論と実践に関する俗言」、小倉志祥訳、理想社、昭和 63 年、181 頁参照。

8　『理性と平和』「訳者序文」13-16 頁参照。

9　ダーフィト・バウムガルト（David Baumgardt, 1890-1963）　ベルリン大学哲学教授。1935 年、スペイン経由でイギリスに亡命。1939 年までバーミンガム大学客員講師。1939 年アメリカ合衆国に移住。F/M とは 1921 年から友人で、支援していた。『理性と平和』113, 212 頁参照。

10　エーファ・ザムエル（Eva Samuel, 1901-1989）　F/M の妹アンナ（Anna Samuel）の娘。1932 年にパレスチナに移住。イスラエルで陶芸家として活躍。両親（母アンナと父ザーロモン）は、1942 年 10 月にテレージエンシュタット（現チェコ共和国のテレジーン）のユダヤ人強制収容所に送られ、殺されている。『理性と平和』102, 211 頁参照。『技術と空想』12-13 頁参照。

11　中村明『文章読本笑いのセンス』、岩波書店、2002 年、46-47 頁。

12　上掲書、28-29 頁参照。

13　「なぜ私はいつもこんなに悲しい気もちなのか？」（*Warum ich immer so traurig bin?*, 1921）、GS 7, 554-555.『理性と平和』45 頁参照。

14　ブルーノ・タウト（Bruno Taut, 1880-1938）　ケーニヒスベルク（現ロシア共和国カリングラード）に生まれ、同地の建築学校に学び、1909 年、ベルリンで建築設計事務所を開く。1913 年、ライプツィヒで開催された建築博覧会に「鉄のモニュメント」を発表し、注目を集める。1914 年、ケルンで開かれた第 1 回ドイツ工作連盟展で、パウル・シェールバルトの「ガラス建築」を基に「ガラスのパヴィリオン（ガラスハウス）」を設計。国際的評価を得る。1917 年、シェールバルトも寄稿している『都市の冠』を執筆、また、

『アルプス建築』の構想を始める。1920 年、『都市の解消——あるいは地球、素晴らしい住居——あるいはアルプス建築への道』等を執筆。1931 年、ベルリンのプロイセン芸術アカデミー会員になる。1933 年 3 月、ナチス政権に追われ、日本インターナショナル建築協会の招聘で夫人と共に来日。日本建築・文化に関する多くの著書を執筆。1936 年 10 月、トルコのイスタンブール芸術アカデミーからの招聘を受け、同建築部門主任教授に着任。同地で、国会議事堂、アンカラ大学等の建築計画に携わり、1938 年、心不全のため、同地で死去。

15　ブルーノ・タウト『日本雑記』、篠田英雄訳、中央公論新社、2008 年、319 頁。

16　Curt A. Netto & Gottfried Wagener, *Japanischer Humor*, Leipzig: Brockhaus 1901. 再版、Aptos, California: The Orient Cultural Service 1972, 257 Abbildungen. 邦訳：C. ネット、G. ワグナー『日本のユーモア』、高山洋吉訳、雄山閣、1958 年。

17　クルト・アードルフ・ネットー（Curt Adolph Netto, 1847-1909）　1873 年（明治 6 年）、工部省官営小坂鉱山冶金技師として来日し、1877 年から 1885 年まで現在の東京大学で採鉱冶金学を教えた。1885 年帰国時に勲四等旭日章。その後、『日本の紙の蝶々』（*Papier-Schmetterlinge aus Japan*, Leipzig: T. O. Weigel 1888）や上掲書（共著）を出版し、日本を紹介した。

18　『日本のユーモア』、上掲、13 頁。

19　上掲書、2 頁。

20　拙著『カント批判哲学による“個人の尊重”（日本国憲法 13 条）と“平和主義”（前文）の形而上学的基礎づけ』（成文堂、2008 年）52 頁、『理性と平和』16 頁、『技術と空想』27-29 頁等参照。

編者序文 —— 本書はひどく暗い気もちにさせる本だろうか？

Einleitung des Herausgebers. Ist dies hier ein sehr trauriges Buch?

デートレフ・ティール
Detlef Thiel

　フリートレンダー／ミュノーナ（F/M）は、哲学者であると同時にユーモ
ア作家、形而上学者であると同時に風刺作家である。彼は、一般的な理解か
らすると相容れない「真面目さ^{Ernst}」と「明朗さ^{Heiterkeit}」という二つの性質を結びつけ
た。しかし、この結合は、F/M にとって偶然ではない。根本的に本質を成
すものである。「両極端は相通じている、同一のものは異なっている」、これ
が彼の 極性哲学^{polaristische Philosophie} の原理である。すなわち、「真面目さ」と「明朗さ」
は、どれほど極端に違っていたとしても、それらが接触する無限小の１点[1]
が存在するはずであり、この１点から両極端は生まれている、というのであ
る。

　この１点から、F/M は、笑いとユーモアのまったく新しい理論と実例を
展開させている。それどころか、ヨーロッパの伝統の殻を脱ぎ捨てている。
このことを詳しく説明するために、私は、まだほとんど研究されていない領
域に読者をお誘いするというちょっと個性的な道を辿ってみたいと思う。

I

　ギリシア神話に次のような話がある[2]。——ゼウスの娘で愛と美の神であ
るアプロディーテは、火と発明と金属加工の神で足が不自由な神ヘパイスト
スと結婚する。ヘパイストスは、自分の家で妻がアレス（恐ろしい戦争、大虐
殺の神）と「密かに交わった」ことを知る。ヘパイストスは、絶対にほどけ
ない金属の網を夫婦のベッドの周りに、「蜘蛛の巣のように柔らかく」、見え

ないように取りつける。彼は、旅行に出るふりをする。するとまもなくアレスが再び家に入ってきてアプロディーテとベッドの中へ。すぐに二人は網にかかってしまう。ヘパイストスが戻って来て、不倫行為を目撃。他の神々を呼ぶ。「しかし、神々は、恥ずかしさのあまり自分たちの部屋にいた。」ヘパイストスの巧みを凝らした発明を見たとき、「大喜びしている神々のところで長い哄笑が響き渡った。」アポロ[3]がヘルメス[4]に尋ねる、「これほど頑丈な網〔絆〕に捕えられて理想的なアプロディーテとベッドで寝たいでしょう?」するとヘルメスが答える。おお、こんなことが起きてほしいものですよ。3倍の網で捕えられていたいものですよ!「そして、大きな声で、不死の神々は笑った。」

　また、ホメーロスの『イーリアス』第 1 巻の最後には、饗宴の際、歩行が不自由なヘパイストスがネクタル〔神酒〕の壺を持って忙しくお酌して回っている様子を見て、「抑え消せない笑いの声が、祝福された神々のあいだに沸き起こった」[5]と書かれている。

　今日まで版を重ねているこのドイツ語訳〔筆者使用テキスト〕はヨハン・ハインリヒ・フォース[6]によるもので、1781 年に出版されている。ちなみに、これはカントの『純粋理性批判』第 1 版の出版年にあたる。「長い哄笑」と「抑え消せない笑い」というドイツ語訳は、ギリシア語原文では両方とも ἀσβεστος γέλως (ásbestos gélōs)[7]で、直訳すると「消し難い哄笑〔unauslöschliches Gelächter〕」となる。

　ホメーロスでは、神々の哄笑が 3 回響き渡っている。我々は、次の点に注意しなければならない。それは、ヨーロッパ文学におけるこれら最古の笑いの情景には、多くの宗教や価値観からするとどこか軽蔑的なところがある、すなわち、上記の笑いは、人間がもっと相手のことを考えて感情を抑えるべき軽蔑意識のような心の動き、つまり毀傷の喜び〔Schadenfreude〕[8]と結びついている、という点である。この毀傷の喜びは、ギリシア・ローマのすべての古典が笑いの原因とする唯一のものなのである。これに関してポピュラーな絵がある。それは、「傍観者のいる難破船」[9]という絵である。誰かが安全な岸辺に立って、海上で一艘の船が——もしかしたら難民を乗せているのだろうか?——

転覆して沈みかかっている様子を見ている。ローマの哲学者ルクレティウス[10]は、この光景を詩の中でこう表現している。

「大海で風が波を搔(か)き立てている時、陸の上から他人(ひと)の苦労をながめているのは面白い。他人が困っているのが面白い楽しみだと云うわけではなく、自分はこのような不幸に遭(あ)っているのではないと自覚することが楽しいからである。」[11]

カントがこれを引用している[12]。F/M も、「自覚することが楽しいから」$^{quia\ cernere\ suave\ est}$ という最後の言葉をしばしば引用している。つまり、笑うということは、何かを避けることなのである。例えば、私が或る出来事を観察する、あるいは、或る説明を聞いたり読んだりして、こう判断する。自分自身が傷つけられたり、負傷したり、裏切られたり、等々、不幸に見舞われたとしたらどうだろう。私は、恐ろしい光景を体験する――目が覚める――それがただの夢だった。私は怪我をしていない――するとこの安堵が明るい気もち^{Heiterkeit}にしてくれる。

考古学者ニコラウス・ヒンメルマン[13]は、古代ギリシアの小型彫像の形状を初めて体系的に研究した。紀元前440年頃から410年頃の時代から出土した絵や陶土製(素焼き製)あるいはブロンズ製の特定の像を、彼は、「グロテスク」と呼んでいる。なぜなら、それらの像は、「数々の可笑(おか)しな、また、奇怪な歪みによって特徴づけられる」[14]からである。以下、その中の3例を紹介する。

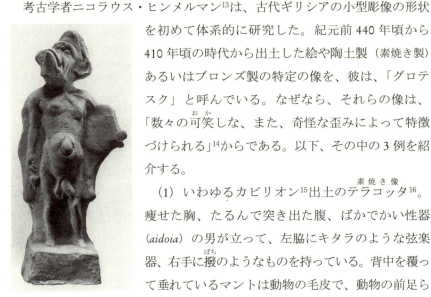

 (1) いわゆるカビリオン[15]出土のテラコッタ[16]^{素焼き像}。痩せた胸、たるんで突き出た腹、ばかでかい性器($aidoia$)の男が立って、左脇にキタラのような弦楽器、右手に撥(ばち)のようなものを持っている。背中を覆って垂れているマントは動物の毛皮で、動物の前足ら

しきものが顎の下で結ばれている。頭が風変りである——どんぐり眼をして、尖がって突き出た額、両脇に突き出た大きな耳、そしてカエルのような口 (90)[17]。

(2) 上記の像と似た体型で異なった頭部。完全な禿げ頭で、後ろに突き出ている。顔は、前に広がっていて、ふくれ面の口つき、ごく小さい顎、眉をひそめてひどく緊張している目つき、幅広の鼻、横に突き出た巨大な耳 (90-91)。

カエルのような口、禿げ頭、動物の毛皮、キタラ、これらの要素がしばしば繰り返し登場する。決まったタイプのバリエーションがあって (101)、それらがモデルによって作られていた (92)。どれもが馬鹿 (*moroi*, 105, 115) を表したり、また、驚いたり、あるいはうろたえたりしている様子を表している。たぶんそこで扱われていたのは、ヘラクレスや酔っ払っているディオニュソスの風刺、あるいは民衆に親しまれていた道化師たちだったのかもしれない (94, 101-102)。ホメーロスの『イーリアス』にしばしば登場してずけずけ真実を言う無礼な嘲笑家テルシテスは、醜男で後ろに突き出た頭 (phoxos kephalén) をしていた。

(3) ボルシャヤ・ブリスニツァ[18]墳墓第4墓出土のテラコッタ[19]。裸で座っている一人の淫蕩老婆が、自分のぶよぶよの腹を左手で引っ張り上げて、どうやら人工のファロス(男根)で自慰しているようである。馬鹿づらをして淫らに開いた口つきで頭を右肩に傾けている (111)。

ヒンメルマンはこう解説している。「これらの像の露骨な醜さや下品さにショックをうけてしまう。これらを嗤うのは現代人には難しい。」しかし、当時は、

今日ポルノと呼ばれるものが問題だったのではない。むしろ、卑猥な魔法
(baskánia) が禍を避ける力を活性化していたらしいのである。前ヘレニズム
時代では、可笑しなことは、「魔術的・宗教的効果」を狙っていた（115）。
身体的な奇怪さ、等々、もしくは病気や異常による奇形は、面白がらせるこ
とに役立っていたが、しかしまた、守ったりさまざまな禍を避けたりするこ
とにも役立っていたのである。

　カビリオンでは児童神（pais）も崇拝されていたので、子供の墓には、身
障者や老人（老婆）や卑猥な小びとたちの像だけでなく、子供たちや玩具の
像も発見されている。どれにも紐を通す穴があった。ということは、これら
はお守りとして首にぶら下げられていた（113-115）。ヒンメルマンはこう結
論づけている。「すべてのタイプに共通していることは、どうやらそれらの
滑稽さであり、その魔術的根拠がお守りに直接はっきり現れている。また、
滑稽さは、一見無邪気に見える子供の玩具にも感じ取れる。」[20]

　笑いによって恐怖を祓おうとする。初期のキリスト教では、復活祭のとき
に、死や地獄が笑いものにされていた。

　上記のグロテスクなテラコッタたちの同時代人であるプラトンは、他人を
笑いものにするときにいつも一緒に働いている両面価値感情を見ていた。プ
ラトンはこう説明している。可笑しさの本性は、不足している自己認識から
生じる悪徳にある、つまり無知にある。この「自己を知らない人」には3種
類ある[21]。

　a）財産——自分が実際にあるよりも、もっと金持だと思う。

　b）身体——大きさ美しさなど、身体的なことがらのすべてにわたって、
自分を実際あるよりも、もっとすぐれていると思っている人間は、もっと多
い。

　c）たましい——自分を徳においてすぐれた人間だと思いこんでいるけれ
ども、実際はそうではない。

　誰かが笑いものにされて、仕返しするには弱すぎるとき、その者は笑うべ
きものである。しかし、その者が仕返しできるときは、その者は憎むべき、

恐ろしい、恥ずべき、敵意に満ちたものとみなされる。我々が自分の友人たちのさまざまな可笑しさを嗤うとき、それは、我々が快感と嫉妬心を、つまり快と苦を混ぜているということである[22]。「人生そのものの悲劇、喜劇の全体までも入れて――そこには苦が快に同時に混入されている」[23]。

　アリストテレスは、影響力の大きな定義を与えていた。「ヒトだけがくすぐったがるわけは、皮膚の薄いこと、動物の中で笑うものはヒトだけであるということである。」[24] それ故、笑いは、人間らしさの一つの特徴である。アリストテレスは、こう書いている。喜劇、つまり愉快な劇は、「普通の人よりもどちらかと言えば下劣な人々のことをまねて再現するもの」[25]である。しかしそれは、悪いこと一般を真似する演技ではなく、醜いことだけを真似する演技である。可笑しいことはこの醜さの一部である。

　　「例えば、滑稽は確かに一種の失態であり、それゆえまた、醜態であり、
　　その意味では劣悪なものではあるが、別に他人に苦痛を与えたり危害を
　　加えたりする程の悪ではない。早い話が、喜劇用の滑稽な仮面は何かみ
　　にくくゆがんでもいるが、それでもこちらの苦痛を呼びはしない。」[26]

　捻じ曲げられ歪められた醜い人間を注視すると〔自分が〕明るい気もちになる。アリストテレスは、ヒンメルマンの結論が正しいことを裏づけている。

　それから約300年後、紀元前55年に、キケロー[27]は、『弁論家について』を書いた。長い対話の中で、彼は、滑稽な話〔冗談〕も扱っている。「ユーモアやウィットの類も大いに心地よいもので、しばしば（弁論に）役立つものである」[28]。実例は確かに多くあるが、それらは「学問によっては授けられない」（218）。「ユーモアとウィットの類には二種、すなわち、一類は言論全体に一貫して浸透しているもの、もう一類は当意で鋭いものの二類があり、前者を昔の人は冷やかしと称し、後者を揶揄と称して」（218）いる。

　「笑いそのものとは何か、それはいかにして引き起こされるのか、〔……〕、それはどのようにして同時に肺や口や血管や表情や目を領するのかといった

28

問題は、〔……〕、解き明かすと約束している当の著者たちすら知らない〔……〕」
（235）。「いっぽう、言わば滑稽なもののある場所、あるいは領域は〔……〕
ある種の醜悪さと無様さの中ということ」（236）になる。「笑いを誘おうと
するのは明らかに弁論家のなすべきこと」（236）である。なぜなら、それに
よって共感を得たり、反対者をやっつけたり、教養や洗練さを示すからであ
る（236）。弁論家はどの程度まで滑稽なものを取り上げるべきか、可笑しさ
にはどんな種類があるか、これらの問題が詳細に、実例によって説明される
（238-239）。

　ここでは次の点だけを確認しておきたい。──キケローはウィットを2種
類に区別している。一つは事柄の中に、もう一つは言葉の中にある（240）。
我々は思わず笑うが、それは、自分の間違いに気づいたり、期待が裏切られ
たり、予期しない何かが起こるときである（260, 284）。「いっぽう、人物描
写も大いに笑いを誘うもので、これは、たいていの場合、醜さや身体の何か
の欠陥に向けられ、それよりももっと醜いものになぞらえられながら語られ
る。」（266）

　これによってキケローはアリストテレスの定義を繰り返している。つまり、
毀傷の喜びである。何かが潰れるとか、失敗するとか、崩れるとか──そ
れが人の尊厳であろうが、価値表象や理念や計画であろうが、はたまた論理
やいつもの期待であろうが、物や建物であろうが。或る人が事故に遭うとか、
負傷するとか、傷つくと、人々は、助けようとするのではなく、その人を笑
いものにする。これが、笑いとは何かという問題に対するヨーロッパ古代の
一般的な答えなのである。しかし、これですべてが語られているであろうか?

Ⅱ

　別の次元がまだある。笑いは、ウンベルト・エーコ[29]のベストセラー小説
『薔薇の名前』（1980）の隠れた主題である。ちなみに、エーコは、学術研究
の傍ら小説も書くという数少ない大学教授である。『詩学』第2巻の中で、

訳者序文（デートレフ・ティール）　29

アリストテレスは、喜劇と笑いを論じたと言われるが、この第2巻は不明、あるいは失われてしまっている。ひょっとするとこの第2巻は書かれていなかったのだろうか？　エーコが小説の舞台にしている1327年当時、イタリアのあの修道院の蒙昧な文書館員が、第2巻のたぶん〔後にも先にも〕唯一の1冊を厳重に隠してしまった、それどころかそれを台無しにしてしまったのかもしれない。というのは、この文書館員にとって、笑いは最大の罪、最悪の害悪だったからである。

　　「笑いは、身体を揺らして、顔の形を歪め、人間を猿のごときものに変えてしまう。〔……〕。笑いは愚かさの徴なのだ。笑いながら、人は笑う対象を信じてもいなければ憎んでもいない。〔……〕。笑いは疑いのもとになる。」[30]

　笑いは、権威を徐々に破壊し、すべての秩序を掻き乱し、不服従へ、無神論へと導く。それ故、笑いは禁止されるべきである、というのである。
　数世紀後、トーマス・ホッブズが似たような論証をしている。笑いは、顔を歪める。しかし、次の点に注意しなければならない。ホッブズは、根本的には笑いそのものを厳しく非難しているのではなく、知性不足や劣等感を、また、自分よりも優れていると感じられないというただそれだけで他人を笑いものにする者たちの小心を厳しく非難しているのである。

　　「『突然の得意』は、《笑い》と呼ばれる『顔のゆがみ』をつくる情念である。思いがけずわれながら満足のゆく行為をやったばあいとか、他人のなかに何か醜いものを認め、それと比べることにより、突如自分を称賛することによってもたらされる。そしてこれがもっとも多く見られるのは、自分に能力がきわめてとぼしいことを意識している者のばあいであり、彼らは他人に欠点を認めることでみずからをいとおしく思わないわけにゆかない。

したがって、他人の欠点をよく笑うことは小心のしるしである。なぜなら、偉大な精神にふさわしい行為の一つは他人を嘲笑（ちょうしょう）から助けだし、みずからはもっと有能な者とのみ比べることだからである。」[31]

どうやら、あの偏狭な考えの顰め面とは関係ない別の笑いがまだありそうである。F/M はホッブズの上記の箇所を知らなかったかもしれない。しかし、彼は、間接的にこの箇所にコメントしている。

「多く笑うかどうかで人生の愚か者が分かるのではなく、笑いがないということで人生の愚者が分かる。ショーペンハウアーさえ明朗であることを勧めていた。他律は真面目で、他律の力が他律を嘲笑うことを禁ずる。自律は、人生そのもののユーモアである。自律は、死をも死ぬほど大笑いする。ただし自律は、真面目な人でなしどもにやはり取り囲まれている。」

(本書第 2 部 3「ショーペンハウアー」(3))

ニーチェは、ホッブズに反論したが、ただし、ホッブズが哲学と笑いの関係に非常に関心があったこと、また、笑いをけっして悪く言おうとはしていなかったことに気づいていなかった。ニーチェは、ホッブズのこの関心を、16 世紀初頭以来の指導的な人文主義者、カスティリオーネ[32]、ビーベス[33]、エラスムス[34]、ラブレー[35]といった人たちと一緒にしている。医師たちも、笑いを生理学的に、また心理学的に研究し始める[36]。しかし、決定的なのは、ニーチェが笑いと哲学のランク付けについて述べていることである。彼は、最高ランクに「黄金の哄笑」を据え、それどころか、神々を笑わせている。

「『笑いは人間の本性につきものの厭うべき欠陥であり、すべて思索する人間はこれを克服することに努めなければならぬ』と言うホッブズ――。この哲学者に抗して、あえて私は、その笑いの順位に応じて哲学者の位階が決せられると主張したい。――この位階の最上位には――黄金の哄

笑をなしうる哲学者が立つのだ。もし、神々もまた哲学するすると、たいての結論がすでに私を急き立てたように、神々も哲学する——多くの論拠から推して私はこう断ぜざるをえない——とすれば、そうなら神々も超人間的な新しい笑いをなしうるということを、私は疑わない。——それも、あらゆる真面目くさったことを笑いとばして笑うというそういう笑いだ！　神々は嘲笑好きのものだ。神々は神聖な行事がなされているときですら、笑いをやめることができぬものらしい。」[37]

　残念ながら、F/M はこの部分にコメントしていない。しかし、彼は、笑いには序列があることを認めている（本書第 2 部 6「笑いものにされた叙情詩」参照）。ニーチェは、新しい、まったく別の性質を笑いに与えたのである。

　　「一人の変化した者、一人の光に取り囲まれた者として、彼は、笑ったのだ！〔……〕人間の笑いでないような笑いを、わたしは聞いた。──　──」[38]

　ニーチェは、もはや個人についてだけでなく、「より高い人間」のグループ全体について述べている。

　　「笑う者のこの冠、このバラの花輪の冠、そなたたちに、わたしの兄弟たちよ、わたしはこの冠を投げ与える！　笑いをわたしは神聖なものと宣言した。そなたち、高等な人間たちよ、願わくは学べ──笑うことを！」[39]

　古典文献学者として、確かにニーチェは、禍を避けるあの魔術的な諸作用についてよく分かっていた。彼は、笑いが道徳の議論や政治の議論において一つの武器になりうることを見抜いていた。「怒りによってではなくて、笑いによって、われわれは殺すのだ。」[40]

32

　新しい笑いは、未来に響き渡ることになる。ニーチェの『善悪の彼岸』（1886）には「未来の哲学の序曲」という副題がつけられている。「われわれの徳」という節で、ニーチェは、「ヨーロッパ混血種族」がいつも新しい「衣装」、すなわち「道徳、信仰箇条、芸術的趣味、宗教」を必要としていることを嘲笑している。ニーチェが 19 世紀の同時代人たちについて述べていることは、そのままミュノーナのプログラムとなる。

　　「私の言っているのは、道徳、信仰箇条、芸術的趣味、宗教などの研究のことだが、この研究がじつによく整えられていて、そのため今やいかなる時代にも見られなかったような豪華なカーニバルが、つまり哄笑放縦をきわめる精神的お祭り騒ぎ、愚劣きわまる底抜け騒ぎのアリストファネス的世界嘲笑劇のクライマックスが、演じられようとしている。おそらくわれわれは、ここにこそわれわれの発明の国を、つまり、われわれですらもいわば世界史の戯作者・神の道化師として独創的でありうる国を、見つけるであろう。──おそらく、今日のもので未来をもつものはほかに何ひとつないとしても、ほかならぬこのわれわれの笑いだけはなお未来をもつであろう！」[41]

　　「十全の真理からして笑うとすればそうも笑うだろうように自己自身を笑うこと──こうしたことに対してはこれまで最良の者たちすら十分の真理感覚をもたなかったし、最も天分ゆたかな者すらも取るに足らぬほど僅かの天才しか持ち合わせなかった！　おそらくは笑いにとってもなお未来というものが必要である！〔……〕当分はあいもかわらず悲劇の時代、道徳と宗教との時代なのだ。」[42]

　ニーチェが目指しているのは、エーコにおいて、あの蒙昧な文書館員が警告し、禁じていたことに他ならない。すなわち、破壊的笑い、自由にする笑い、あらゆる秩序をひっくり返す笑いなのである。ニーチェはラブレーにつ

いて何も知らなかったけれども、バフチーン[43]の次の言葉に即座に賛同したことだろう。

　　「笑いは外的な形式ではなく、本質的には内的な形式であって、だからこの形式を厳粛なものに置き換えようとすれば必ず、笑いが明るみに出した真実の内容それ自体が破壊され歪められることになる。笑いは外的検閲から免れさせただけではなく、まず第一に大いなる内的検閲から自由にしたのである──聖なるもの、権威主義的禁止、過去、権力に対する、千年もの間にわたって人間の中に養い育てられた恐怖から解放したのである。〔……〕笑いは新しいもの、未来にあるものに眼を開かせた。」[44]

　ここで、F/M が、嘲笑や毀傷（きしょう）の喜びから自由な未来的笑い、アルキュオネのような笑いを育み、深めることになるのである。ギリシア語の「アルキュオネ」は翡翠〔カワセミ〕（Eisvogel）を意味している[45]。これは、明朗で穏やかな心の平静さを意味する詩的隠喩である。「素晴らしい日々も、**外的**には、ただ耐えるに任せるには辛いかもしれない。しかし、その外でその時間に〔空間的・時間的に〕気持ちの変化（Abwechslung）が致命的結末にならないなら、内的には、素晴らしい天気が永遠に続くに違いない。」（1935 年 9 月、日記 40）F/M は、このスペクトルの全容を数えきれない実例で見せてくれている。

注

1　∞記号をイメージするとよい。『理性と平和』171 頁, 192 頁（注 3）参照。

2　『世界古典文学全集』第 1 巻『ホメーロス』「オデュッセイア」（第 8 巻 261-343）、高津春繁訳、筑摩書房、昭和 39 年、367-368 頁参照。

3　光と技芸の神。美男子の象徴。

4　富・幸運・商業・盗人などの神。ローマ神話のメルクリウス（商売の神）。

5　『世界古典文学全集』第 1 巻『ホメーロス』「イーリアス」（第 1 巻 599-600 行）、呉茂一訳、筑摩書房、昭和 39 年、17 頁。

6　ヨハン・ハインリヒ・フォース（Johann Heinrich Voß, 1751-1826）　ドイツの詩人、翻訳家。

34

7 ἄσβεστος（ásbestos）〔アスベストス〕は、現代語のアスベスト（石綿）の語源。

8 この Schadenfreude というドイツ語は、他の多くのヨーロッパ言語でも借用語として使われている。

9 これは、哲学者ハンス・ブルーメンベルク（Hans Blumenberg, 1920-1996）の著書のタイトルである。『傍観者のいる難破船——現場に居合わせる隠喩の範例』（*Schiffbruch mit Zuschauer. Paradigma einer Daseinsmetapher*, Frankfurt: Suhrkamp 1979）。ハンス・ブルーメンベルク『難破船』、池田信雄・土合文夫訳、哲学書房、1989 年。

10 ルクレティウス（Titus Lucretius Carus, 前 97 頃-前 54 頃） エピクロスの思想を詩の形で表現した。

11 ルクレティウス『物の本性について』、樋口勝彦訳、岩波書店〔文庫〕、昭和 41 年、62 頁。

12 『カント全集』第 14 巻『人間学』（第 66 節）、山下太郎・坂部恵訳、理想社、昭和 55 年、198-199 頁参照。

13 ニコラウス・ヒンメルマン（Nikolaus Himmelmann, 1929-2013） ドイツの古典古代考古学者。1962 年、ザールラント大学教授、1966 年、ボン大学教授、1994 年に退職。ドイツ考古学研究所の中心幹部。

14 Himmelmann: *Realistische Themen in der griechischen Kunst der archaischen und klassischen Zeit*, Berlin/New York: de Gruyter 1994, 89-122 (Kapitel: „Grotesken"), hier: 89 u. 96.

15 ボイオチア（中部ギリシアの地方）の聖域。1887 年から発掘が行われている。

16 アテネ国立考古学博物館所蔵。

17 以下、（　）内はヒンメルマンの上掲書の頁を示す。

18 黒海のタマン半島、クリミアの東。

19 サンクトペテルブルク、エルミタージュ美術館所蔵。

20 ヒンメルマン、上掲書、120 頁。『技術と空想』3「新しい子供の玩具」81-87 頁参照。さらに、次の文献を参照されたい。Maya Muratov: *The world's a stage … Some Observations on Four Hellenistic Terracotta Figurines of Popular Entertainers*, International Journal of Humanities and Social Science 2, No. 9 (May 2012). http://www.ijhssnet.com/journals/Vol_2_No_9_May_2012/6.pdf

21 『プラトン全集』4「ピレボス」（48E）、田中美知太郎訳、岩波書店、1975 年、281 頁参照。

22 上掲書（49-50A）、282-285 頁参照。

23 上掲書（50B）、286 頁参照。

24 『アリストテレス全集』8「動物部分論」（第 3 巻第 10 章）、島崎三郎訳、岩波書店、1969 年、354 頁。

25 『アリストテレス全集』17「詩学」（第 5 章 1449a）、今道友信訳、岩波書店、1972 年、27

訳者序文（デートレフ・ティール） 35

頁。

26 上掲書、27-28 頁。

27 キケロー（Marcus Tullius Cicero, 前 106-前 43） ローマの雄弁家、政治家、哲学者。
ラテン散文の完成者。共和政末期の混乱の時代に、最高の教養と雄弁によって不正を弾劾
し、自由を擁護した。

28 『キケロー選集 7』『修辞学 II』「弁論家について」（第 2 巻 216）、大西英文訳、岩波書
店、1999 年、242 頁。以下、（ ）内の数字は、同書上欄に記されている Alexander Scot
版キケロー全集（1588-1589）の節番号を示す。

29 ウンベルト・エーコ（Umberto Eco, 1932-2016） イタリアの記号論哲学者、小説家、
中世研究者、文芸評論家、ボローニャ大学教授。

30 ウンベルト・エーコ『薔薇の名前』上、河島英昭訳、東京創元社、1999 年、209-211
頁。同書で、エーコは、多くの論争の中で大勢の中世の作家を引用している。

31 ホッブズ『リヴァイアサン』I、永井道雄・上田邦義訳、中央公論新社、2009 年、76
頁。

32 カスティリオーネ（Baldassare Castiglione, 1478-1529） イタリアの廷臣、外交官、作
家。主著『廷臣論』（Il cortegiano, 1513-1518）で、廷臣の側からルネサンスの人間像を
捉えた。

33 ビーベス（Juan Luis Vives, 1492-1540） スペインの人文主義者。主著『子供の正しい
教え方』（De ratione studii puerilis, 1523）、『魂と生命についての 3 編』（De anima et vita
libri tres, 1538）。近代心理学の父とも呼ばれる。

34 エラスムス（Desiderius Erasmus, 1466 頃-1536） オランダの人文学者。主著『痴愚神
礼賛』（Encomium moriae, 1511）、『平和の訴え』（Querela pacis, 1517）。人文主義の立
場から当時の新・旧キリスト教の腐敗を批判した。

35 ラブレー（François Rabelais, 1494 頃-1553 頃） フランスの物語作家。主著『ガルガ
ンチュアとパンタグリュエル』（Gargantua et Pantagruel, 1532-1564）。人間性を信じ、
エラスムスの思想を敷衍し、教会や神学者を批判した。

36 Cf. Quentin Skinner: Visions of Politics, Bd. 3: Hobbes and Civil Science, "Hobbes
and the Classical Theory of Laughter", Cambridge University Press 2001, 142-176.

37 『ニーチェ全集』第 10 巻「善悪の彼岸」、信太正三訳、理想社、昭和 42 年、305 頁。

38 『ニーチェ全集』第 9 巻『ツァラトゥストラ』「幻影と謎について」、吉澤傳三郎訳、理
想社、昭和 47 年、249 頁。

39 上掲書「高等な人間について」、467 頁。

40 上掲書「ロバの祭り」1、502 頁。

41 上掲書「われわれの徳」223、205 頁。

42 『ニーチェ全集』第 8 巻『悦ばしき知識』第一書、信太正三訳、理想社、昭和 41 年、54
頁。

43 ミハイール・ミハイロビッチ・バフチーン（Michail Michailowitsch Bachtin, 1895-1975） ロシアの思想家、記号論者、文芸批評家。対話理論・ポリフォニー論の創始者。

44 ミハイール・バフチーン『フランソワ・ラブレーの作品と中世・ルネッサンスの民衆文化』、川端香男里訳、せりか書房、1980 年、86 頁。

45 アルキュオネ（Halkyone）はギリシア神話に登場する風の神アイオロスの娘で「愛情深い女性」。夫婦仲の良さでゼウスに不敬を犯したために海鳥（翡翠に似た鳥）に変えられた。この鳥が浮巣で卵を抱く冬至の前後 2 週間はアイオロスが風を静め、海に嵐を起こさないとされた。

作品解説
Zu den Texten

デートレフ・ティール
Detlef Thiel

1924 年 1 月 26 日「ヴァルプルギスの夜」招待券

　原題 Freinacht〔直訳「自由夜」〕（4 月 30 日から 5 月 1 日にかけての夜）は、「ヴァルプルギスの夜」とか「魔女の夜」と呼ばれる（ゲーテ『ファウスト』第 1 部）。この夜、すべての社会的秩序、性的秩序が覆される。これに合わせて、F/M は、言葉遊びの花火を打ち上げる。それは、ちょうどキケローが揶揄[1]^{dicacitas}と呼んだものである。このような言葉遊びを翻訳することは、どの言語にとっても非常に難しい。ウィットを回りくどく説明しなければならないとすると、ウィットがウィットでなくなってしまう。ちなみに、F/M の原文が書かれている招待券はたった 1 部残っているだけで[2]、ちょうどエーコの小説『薔薇の名前』に登場するアリストテレスのあの『詩学』第 2 巻のようである。

第 1 部　フリートレンダー／ミュノーナのユーモア

1. 歯磨き粉になった乙女（1918 年）

　第 1 部で取り上げる作品は、年代順ではなく、テーマに沿って編集されている。1 番目に取り上げるグロテスク作品は、上記「編者序文」で述べた古代以来の「毀傷の喜び」の醜さを厳しく批判している。停留所でドタバタ劇のような場面が繰り広げられる（チャップリン[3]、ローレル＆ハーディ[4]、マルクス兄弟[5]のように）。F/M は、ドタバタに巻き込まれて腹を立てた老人の答

38

えをぞっとする結末へと導いていく。消えた、あるいは消えつつある微かに燃えるかまどの火、薄明り、過去の悲しみ、──これらは、1900 年頃広く使われていた叙情的光景である。

「かまどに　あゆみ寄れば
　熱 は　すべて消え失せて
〔……〕
きみらは　その灰の中に
土け色の指をさし入れて
〔……〕」[6]

　ホロコースト以来、灰は、もはや中立の対象ではない。F/M は、1926 年に書いたグロテスク作品（「極致」〔Nonplusultra, 1926〕）の中で、「突然、灰となった幻」の死後の自分自身を見ている[7]。ロシアの風刺作家アルカディ・アヴェルトシェンコ[8]に別のバリエーションがある。「一人のとても感じのいい青年が私に語った。自分は、自分自身の祖母の灰で歯を磨いたことがある……と。」[9]──ついうっかり！

2. とんでもない気晴らし（1911 年）

　雲の上に、長い白い髭を蓄えて老人の姿をした神様が座って、人間たちの運命を操っている。──ヨーロッパでは、こんな単純な比喩で子供たちや無学の者たちがキリスト教に親しいイメージをもつようにしていた。F/M は、この比喩を逆転させる。──意地悪い神が、無意味な雷の爆撃で退屈しのぎをしているのである。

3. 機知に富んだ小さな菓子屋製フォンダン（1910 年）

　ここにあるのは、極端に濃縮された教訓的な譬話、字数があまり多くない「考えさせる比喩」である（後に、ベンヤミン[10]、クラカウアー[11]、ブロッホ[12]、ア

ドルノ[13]らが同じようなテキストを書いている)。特に、F/M は、中国とヨーロッパの出会いのカルチャーショックを簡潔に記述している。

4. 寓話のような話(1911 年)

ここに取り上げる比較的長いテキストには、F/M の精神世界のさまざまなモチーフが編み合わされたグロテスク作品の雛形が含まれている。例えば、ゲーテに関する 2 番目の作品は、2「とんでもない気晴らし」と比べるとよいだろう。即決裁判で銃殺された者に熱狂的軍国主義者がなおも命令を下すと(4 番目の作品)、F/M は、聖書の天地創造の神話を嘲笑するコメントを付け加える。選りにもよって——生理学的に——不可能な愛の場面(6 番目の作品)は、ニーチェからインスピレーションを得たビジョン「星のような孤独欲」でクライマックスに達する。F/M は、このモチーフをしばしば繰り返している。例えば、あらゆる対立関係の間を「星のように漂っている」、「バランスをとる」、「星のような存在」、「星のような中間的位置」、「無限の中にいる」[14]、——要するに、創造的無差別。しばしば F/M は、さまざまな対立関係や極端が正確に捉えられないときにそれらがどのように混じ合うか示して見せる。すべての概念は揺れ動き、すべての感情はそれぞれの対立感情と接する無限小の 1 点を含んでいる。情愛／殺意、感謝心／復讐心、厳密な論理／途方もない空想、等々。これによって F/M が言いたいのは、日常世界が一つの点から、すなわち無差別によって支配されなければ、残るのは、無限のカオスの日常性の混乱した極性と、自己の位置づけができない相対主義である、ということである。 Alles das reine Nichts 全の純粋な無だけが、あらゆる差別の起点たりえるし、起点であるべきである。単純な読者は、F/M によって展開されている皮相を面白がるかもしれないし、あるいはそれに腹を立てるかもしれない。一方、より深く理解する読者は、その背後にもっと深い層、すなわち道徳性と人間性があることに気づくであろう。

40

5. ミニ・グロテスクと逸話

　ここで取り上げられる小品のほとんどは、今回、本書で初めて活字になる
ものばかりである。これらの大部分は日記からのもので、F/M は、パリ亡
命後の最初の数年、いろいろな着想をメモして、グロテスク作品に発展させ
ようとしていた。

6. 小さなリンゴ、コロコロどこへ？（1928 年）

　作家レオ・ペルーツ[15]は、ヨーロッパ大陸で最多の発行部数を誇るベルリ
ンの大衆週刊誌『ベルリン・グラビア誌』（Berliner Illustrierte Zeitung）に、
1928 年、『小さなリンゴ、コロコロどこへ？』（Wohin rollst du, Äpfelchen?）を
連載した。これは、第 1 次大戦当時、ロシアの戦時捕虜収容所で屈辱を受け
た一人のオーストリア人将校が、その収容所司令官に復讐を決意し、その後、
ロシア内戦の混乱の中、この司令官をイスタンブール、ローマ、ミラノ、トゥ
ルーズ、マルセーユ、パリ、そしてウィーンとヨーロッパ中を追跡するとい
う連載小説である。ベルリンの「ターゲスシャウ」で何か月も取り上げられ、
売上がおよそ 200 万部にまでなった。F/M は、いつもこのような集団暗示
に対して批判的だった。とりわけ、本のタイトルがすでに F/M の反感を掻
き立てた。「小さなリンゴ、コロコロどこへ？」は、いたるところで軽率に
繰り返される宿命論的な言い回しとなって、F/M に吐き気を催させ、殺人
幻覚を引き起こすまでになっていたのである。鶴嘴で殺された果物屋の青年
はペルーツである。当時 F/M の原稿が印刷されなかったとしても少しも不
思議ではない。

　なお、ペルーツのこのタイトルは、ロシア民謡（Yablochko〔小さなリンゴ〕）
の一つで、これにはエロチックなものから政治的なものまで数えきれないほ
どのバリエーションがある。1926 年、初めてラインホルト・グリエール[16]に
よってバレエ「赤いケシ」の中で「船乗りの踊り」として演出された。

作品解説（デートレフ・ティール）　41

7. 違うエンドウ豆の上に寝たお姫様（1928 年）

　ハンス・クリスティアン・アンデルセン[17]の有名な童話『エンドウ豆の上に寝たお姫様』に、F/M は、第 2 の層を重ねている。作品の最後に引用されるシラーの名言が、F/M 独自の極性論的モチーフ「**両極端は相通じる**」$^{les\ extrêmes\ se\ touchent}$を分かりやすく説明している。新婚初夜に「一つになる」、そのように強さと優しさが結合すると、そのとき快い響きが生まれる。F/M は、これをさらに瘭癧玉（子供の玩具）と結びつける。さらに、「小さなリンゴ、コロコロどこへ？」^{Äpfelchen}の話のあてこすりもある。「小さな眼球、コロコロどこへ？」^{Augäpfelchen}

8. ザオトマート──挿絵付 R. ツィーグラー自筆本（1918 年、1931 年）

　ジル・ドゥルーズとフェリックス・ガタリによって考え出された欲望する機械という概念[18]を、F/M は、問題なくすでに 54 年前に述べている。F/M は、それによって、この二人の「ポストモダニズム」のフランス人による精神分析批判、特にフロイト[19]やラカン[20]の精神分析批判をも先取りしていると言えるだろうか？　無意識なことは、計算機とか、あるいは言葉が一切与えられないような或るものなのだろうか？　これについては読者の皆さん自身で調べてみていただきたい。例えば、マルセル・デュシャン[21]の「独身者機械」（1913 年から制作）とか、特に F/M の機械モチーフ[22]や、F/M が 1919 年から 1924 年までの間に出版した 30 に及ぶ反フロイト作品の中で展開している性理論の逆転に注意を払うのもよいであろう。F/M は、その中で多くの実例によって、性欲は官能的喜び、抑圧、心的問題、等々に起因するのではなく、まったく日常的なつまらないこと──儀礼、機械的なこと、人間恐怖、渇き、寒気、退屈、肥満、不感症、等々──に起因するとしているが、その背後にはきわめてはっきりした一つのテーゼがある。それは、性的なことは、自己自身を支配する自由で理性的な自我が表れ出た一つの形にすぎないというテーゼである[23]。そして、読者の皆さんには、作品の中で、平凡な叙情詩人の官能的なキスの実演を遥かに凌ぐ破廉恥な提案をしているのは赤毛のレディーであるという点を見落とさないでほしい。

9. アルコーレスケ〔呑助〕（1929年）

　あらゆる芸術作品の「生理学的前提条件」としての創造的酩酊、つまり恍惚とした「創作力が上昇する感覚」、——このニーチェの芸術論「美学の生理学」の根本的特徴を、F/M は、この作品の中でまったく文字どおりに取って使っている。かつて、特にビールとシュナップス[火酒]に対する高い税金と、社会に広まったアルコール反対運動が原因してアルコール消費量が下がった時期があった。アメリカのような酒類製造販売禁止が議論されていたためである。作品中に登場する「ドゥッツェントシュタイン」という名前は、アルベルト・アンシュタインに対するあてこすりである。あるいは、話の内容からすると、人種衛生学者のアルフレート・プレーツ[24]やアウグスト・フォーレル[25]に対するあてこすりという可能性もある。

10. やけを起こした老人とその最後（1910年）

　この作品のテーマは、F/M の初期のグロテスク作品に多く見られるように、死の問題である[26]。或る老人が死にたいと思い、逸る気持ちを抑えきれず、逆戻りできない馬鹿げた儀式めいた行動をいろいろ考え出して、身の回りの物を壊している。それにしても、一人だけのこの孤独な場面をじっと見守っているのは誰だろうか？　カッコウ時計の音を聞いているのは誰だろうか？　F/M は、死を、一つの有害な自己暗示と捉えている。

11. 一度も流されなかった涙（1921年）

　この話では、ミュノーナ極性論の逆転のテクニックをじっくり考えることができる。一人の女の子の赤ちゃんが笑いながら生まれてくる。そして、この子は、この喜びの弾みを辛い全生涯を通じて守り続ける。塞き止められていた緊張は死によってやっと解け、死後のカタストロフィーが心を平静にしてくれる。終わりから2番目の段落に最も重要なことが述べられている。——人生の悲しみと喜びの調整〔平均化〕がなされるのは、人生が終わるときで

はなく、すでにその前である。「生きているときに死ね。〔……〕おまえの死はそれ自身不死である。」[27] 自殺を、F/M は厳しく禁じている。しかし、あの「生き続ける自殺、自身からの解放は、〔……〕幽霊のようで、〔他の者には〕感知されない。」この意味で F/M はこう主張できるのである――「自己抹殺者にして初めて真の自己創造者、世界創造者である。」[28]

12. フリートレンダー／ミュノーナの自画像（1922 年）

F/M の「合鍵小説」『灰色魔術』（1922 年，GS 14）は、20 年以上前からメディア理論家の宝庫である。この本には、空想的な技術ビジョンや哲学的会話の他に、ベルリンの多くの同時代人たちの人物描写も含まれていて、それらの中にこの F/M の自画像がある。

13. あなたはどうしてそのようなペンネームになったのですか？（1926 年）

これは、「ミュノーナ」というペンネームの最も詳しい説明である。日本語の「柔術」という表現があるのも面白い。柔術は、20 世紀初めアメリカやイギリス、ドイツで知られるようになった。

14. 笑っているヨブ（1935 年）とフリートレンダー／ミュノーナのコメント

1933 年 10 月 16 日、F/M は、妻と息子と共にベルリンから逃亡しなければならなかった。2、3 週間後、彼は、このショックをこの「精神の力のメルヘン」の中で消化する。妹夫婦にこう書いている。このメルヘンでは、「死の黒い壁が透明になり、不死が見えています。」精神は、「すべてのメルヘンを現実にするでしょう。精神は、私の墓の上で笑うでしょう。精神は、笑っているヨブです。精神を苦しめようとしたり、殺そうとしても無駄です。」[29]

F/M は、この作品を出版しようとするが、クラウス・マン社やその他の出版社に断られてしまう。1935 年 10 月になってようやくフェニックス叢書の薄い一冊として出版されることになる。このフェニックス社は、パリの亡命出版社で、1937 年初めにはもうなくなっている。このメルヘンの中で、

44

F/M は、上の 11 で触れた「自殺」をきわめて露骨に、辛辣に描写している。「最も奥の内面において不死身の魂は、魂自身の治癒力を信じて、外的に（肉体的に）、〔……〕どんな傷だって負うことができるであろう。」[30]

　神によって義とされ、試練を与えられるヨブという人物は、古代シュメールのテキストに手本があり、20 世紀には、多くのユダヤ人作家によって尾ひれをつけて描写されている。しかし、ヨブを笑わせた作家は一人もいない。ヨーズア〔ヨシュア〕は、旧約聖書では、モーゼの後継者で、イスラエルの人々を新たな故郷カナンに導く。F/M の作品でもヨーズアは似たようなことをしている。すべての人間を新しい時代に導いているのである。その時代というのは、精神、理性（カントの意味で）が自然を支配し、本能的であること、悪いこと、不調和を支配する時代である。しかし、その前に、ヨーズアは、自らを変えねばならない。自己自身を知らねばならない。ナチの残忍な
拷問がヨーズアの中で ^{Gegenkräfte} 抵抗力 を呼び覚まし、それがますます強力になっていく。自分で首をくくろうとする試みがヨーズアに生気を与える。その後、彼は、自分を刺して殺し、天使として復活する[31]。そして火の中で起こるのが最終的な ^{Transfiguration} 変 容 である。自己自身の内面において、ヨーズアは、自由を獲得する。つまり、理性法則だけに従属することを獲得する。こうして彼は、教祖たちが試みたこと、すなわち、死をとおして復活することに成功するのである。

第 2 部　フリートレンダー／ミュノーナと笑いの理論

　ここで本書は上記「編者序文」同様またもや真面目に、ひどく理論的になる——もしかしたら本書は、ユーモアの本ではなく、暗い気もちにさせる本なのだろうか？「わかき友よ、一切の理論は灰色。」（ゲーテ）[32] 禍なるかな、親愛なる本書読者の皆さん、笑ってはいけませんよ！[33]

　すでに仕事〔思索と執筆〕の理由から、F/M は、カント、ジャン・パウル、ショーペンハウアーの笑いの理論を扱っている。その際、彼は、これら 3 人

の哲学者の簡潔な定義を取り上げ、繰り返しそれらを考察し、また反論している。

1. カント

> 「およそ激しい、身体をゆすぶるような哄笑をひきおこすものには、何か理屈に合わないものが含まれているに違いない（それだから悟性は、かかるものに適意を見出し得ないのである。）笑いは、緊張した期待が突然無に転化することから生じる情緒である。」[34]

例えば、風船を膨らませる。風船はどんどん大きくなって、そして、破裂。——カントの説明は、かなり機械的〔力学的〕に聞こえるが、カントが言いたいのは、気持ちが短時間のうちに緊張と弛緩によって活性化されるということである。或る馬鹿げたことが知性の意に適わないとしても、そのことがかえって精神と肉体の間の相互作用を促進する。すると柔軟性のある身体部分、特に横隔膜が揺さぶられ、明朗さが元気を回復させる。このことを、F/M は、未刊の『芸術家のためのカント』[35]（問題形式の教科書）や多くの省察録の中で説明している。高まった緊張は、その逆に急変してはならず、無 Nichts に解消しなければならない。ただしこの無は、全 Alles の個人的無、人間の最も奥の核、ゼロ Null、創造的無差別 schöpferische Indifferenz である。これを F/M は「自我-太陽中心」とも呼び、カントが『人倫の形而上学』「法論」で言及している次のような指摘を裏づけている。——「おそらくやがては批判哲学者に、最後にそしてまた最もよく笑う番がやってくるにちがいない。」[36]

2. ジャン・パウル

ジャン・パウル[37]は、ユーモアを、「理念」との関係で、「世界」に対する態度と理解する。彼は、カントの崇高の定義を取り上げ、こう説明する。崇高が無限大に具体化するときは、可笑しさは無限小でなければならない。

「倒錯した崇高さとしてのユーモアは、個々のものを滅ぼすのではなく、理念とのコントラストによって、有限なものを滅ぼすのである。」[38]

F/M はこれに異を唱える。――ユーモアは、崇高のうわべ上の否定である。それ故、可笑しさは、崇高の逆ではなく、崇高と同類である。

3. ショーペンハウアー

「笑いが生ずるのはいつでも、概念と、なんらかの関係においてこの概念によって思考された実在の客観とのあいだにとつぜん認められる不一致からにほかならず、笑いはそれ自身、まさにこの不一致の表現にほかならない」[39]

例えば私が或る客観を概念化すると、その客観が実際はまったく概念と合わないことに突然気づかされる。F/M は、この定義にも完全には賛成しなかった。考えられたことと直観との間の不一致は、失望や驚きにも急変しうるからである。とは言え、F/M は、上記とは別の場所で、もっと深く考える良い材料を見つけていた。それは「点と染み」の比喩である（ショーペンハウアーのこの比喩の典拠は残念ながらまだ確認できていない）。教師が数学的（幾何学的）な点について説明する。――点には広がりがない、と先生はチョークで黒板に１点を示し、生徒たちの方にぐるり向きを変える。すると袖が黒板に触れてその点を擦ってしまい、かすれて染みのようなっている――それを見て生徒たちは大笑い。

4. ニーチェ
上記「編者序文」参照。

作品解説（デートレフ・ティール）　47

5. アンリ・ベルクソン『笑い』[40]（1914 年）

　1913 年から 1914 年にかけて、F/M は、ベルクソン批判に取り組んでいる。ちょうどこの時期はベルクソンの諸著書がドイツ語に翻訳されていた頃である。今日では古典的作品となっているこの『笑い』の中で、ベルクソンは、社交的関係に着目して滑稽さを説明している。我々を笑いへと誘うもの、可笑しいと思えるもの、それは、生き生きしたものが機械的なものに移行すること、つまり「生き生きしていることの中の機械的なこと」である。ベルクソンが手本としたのは、19 世紀に年の市（Jahrmärkte）で冗談を言って人々を楽しませていたひょうきん者たち、すなわち、一群の人々に共通する笑いだった。F/M はこれに異を唱える。――ベルクソンは、典型的な、硬い、型にはまった現象を嗤っているに過ぎない。ベルクソンの「社交的笑い」は、まだ人生の、理念の、理性の笑いではないし、「『現象』そのものを笑う『本質』の絶対的笑い」ではない。決然性に欠けている。

6. 笑いものにされた叙情詩（1910 年）

　この論評には複雑な背景がある。ドイツ舞台員組合長のヘルマン・ニッセン[41]は、ヘルヴァルト・ヴァルデン[42]があまりに前衛的な論説を載せるという理由で、『デル・ノイエ・ヴェーク』誌（*Der neue Weg*）の編集部から解雇した。そして、ニッセンは、組合員の集会のときに F/M もその争いごとに巻き込んだのである。彼は、ヴァルデンによって同誌に掲載された S.フリートレンダーの詩「どよめきと嘲笑の下で」（Unter Johlen und Hohngelächter）を朗読し、こう結んだ、「皆さん、ドイツの俳優は、こんな文学はまっぴらです。」[43]

　F/M の友人で支援者だったザムエル・ルブリンスキー[44]を揶揄する風刺文をテオドール・レッシング[45]が 1910 年初頭に出版し、それに対して F/M が直ちに応戦した。レッシングの攻撃は、反ユダヤ主義を巡って激しい公開論争を惹き起こし、この論争は 1920 年代まで及ぶこととなった。

　F/M のこのテキストは、ヴァルデンが大きな影響力をもつ『デル・シュ

トゥルム』誌の創刊号に掲載された。F/M は、まず、笑いとその反対の真面目さの両方に等しく注意を向ける極性理論の要点を述べる。「正義だけが笑うことを許されるであろう。」これは、上記のベルクソン批判を発展させたものである。「笑いには序列がある」という命題で、F/M は、ニーチェのホッブズ批判を引き合いに出している（上記「編者序文」II参照）。

7. グロテスク（1919 年）

　この作品は、手本となるテキストとして頻繁に引用されているが、本書では新たな翻訳を試みた[46]。「グロテスク」という表現は独特の歴史をもっている。F/M は、当時一般的だった説明を知っていたにすぎない。上記「編者序文」I で紹介したニコラウス・ヒンメルマンは、この語のもともとの意味を思い出させてくれる[47]。――15 世紀末、皇帝ネロの「黄金宮殿」$\overset{\text{Domus Aurea}}{}$に人工的に造られた洞窟（グロッテ）$\overset{\text{Grotte}}{}$の中で架空の動物や妖精が絡み合って生気に満ちた幻想的な装飾が発見され、これらがグロテスク[48]と呼ばれたのである。

　なぜ我々は、古代ギリシアの〔テラコッタに見られるような〕あの顰め面や異様な容姿に驚くのだろうか？ なぜ我々は、それらをアブノーマルであるとか、歪んでいるとか感じるのであろうか？ F/M は、こう説明する。なぜなら、あれらは標準$\overset{\text{ノーマル}}{}$からかけ離れているからである[49]。要するに、我々はあらゆることの正解、規則、法則をすでに知っている。自分たちのその時々の習慣でこの正解を変えたり、正解・規則・法則から逸れたりすることは許されない。しかしながら、我々は、本当の原型などまったく知らないし、そのような原型は「言葉では言い表せない」。我々はそれをただ予感したり感じたり期待したりできるだけである。そのような原型は、神秘に包まれたまま、「神のよう」で「パラダイス」のままである。この観念論的な考えに、F/M は第 2 の考えを付け加える。乳児は泣くが、泣いて初めて笑うようになる。つまり、笑うことは、時間と共に育まれていくことができ、また、そうすべきであり、こうして、笑うことがまったく「苦さ」（辛さ）のないものとなり、あらゆる毀傷の喜びから自由になる。そこで F/M は、二つの考え方を結び

つけ、自らのさまざまなグロテスクの目的と手段について語る。それは、う
わべ上、単純に聞こえる。——言いたいことを言わないでおけ——反対のこ
とを述べることで、それを隠し、守れ。断片の中、砕片の中に全体を示せ。
それが強烈だと、関心をもたないではいられない。——表面的なものの裏に
真相が、深さが隠されている。

8.〔神自身が豚に変装——ユーモア作家の手法について〕(1923 年頃)
　原文は無題。本書タイトルは本書編者による。
　F/M が処方を書いたすぐ後に、「ミスター・ストーンフェース」ことバス
ター・キートン[50]がそれを映画で上演した。その処方というのは、次のよう
なものである。——ユーモア作家は完璧に真面目な**ように見え**なければなら
ない。そしてこれが可能なのは、その者が善・真・美の理念に精通している
ときだけである。そのとき、彼は、低俗なこと、非難されるべきこと、冷酷
なことをも演じることで、極端に違う反対物を弄ぶことができる、それどこ
ろかショックを与えることさえできる。むろんそうすることでその中にまさ
に上記の理念がきらりと光るのである。「最高にユーモラスな主体は、客観
的に見た場合、豚のように見えるところで成功している。〔……〕」

9. 世界観としてのユーモア (1935 年)
　このテキストは、哲学に関心がある記者フリッツ・レムケとの会談から、
1935 年 5 月パリで生まれた (レムケは後にアルゼンチンに亡命している)。F/M
は、自らの極性論を語っている。自然科学的な相対主義ではなく、中道の法
則、理性法則が、真の、そして絶対的な価値基準である。極的な対立関係は、
解消されるのではなく、それらの対立関係を超越したものであるべき一つの
独立した法廷[51]によってバランスを取ることができるのである。ユーモア作
家は、この法廷、つまり自我を育む。

50

10. 笑いの理論断片

ここには、多くのさまざま視座からあらゆるテーマを論じている小論が年代順に集められている。あえて冒頭に F/M の師エルンスト・マルクスの言葉を引用した。物質的に貧しく、しばしば命さえ危ない状況の亡命地で、F/M は、かつて自分自身がさまざまなグロテスク作品や風刺作品の中で書いていた「笑い」の本質を改めてじっくり考え直している。それにしても、ここに紹介する笑いの理論[52]とかつての笑いの実践——これらはあれから 20 年以上たっている——との間にはどのような関係があるか？ この問題は、将来の学術研究の課題であろう。

11. ソネット 2 篇

この 2 篇は、F/M がパリ亡命中最悪の時期に書いた一群の 124 篇のソネットの一部である。「ユーモア」は 1943 年秋、「大笑い」は 1944 年冬に書かれている。1943 年 2 月、ナチ占領軍の命令でフランス警察が F/M の住居に闖入した。それは、F/M を死の収容所に送るためだった。しかし、すでに 72 歳（連行の年齢限度を 7 歳も超えていた）で、しかも寝たきり状態だった。代わりに妻のマリー・ルイーゼが、「アーリア人証明書」を呈示できたにもかかわらず、連行され、ドランシー収容所に抑留されることとなった。9 週間後、F/M はうまく彼女を自由にできた。1943 年 5 月、警察はまたしてもやって来て、従弟アンゼルム・リュースト[53]が F/M に預けていた書類や著書をすべて地下室から奪って行った。息子のハインツ・ルートヴィヒは、4 年前からフランスの収容所に囚われの身だった[54]。この 2 篇の詩は、老人の知恵であり、完熟していて、根本的である。——F/M は、自らの教説をもう一度まとめ直し、ユーモアの中で自分自身を語っている。心は、最も奥の内面は、光であり太陽である。苦痛がこの心を外から脅かし、ますます激しさを増していく。F/M は、苦痛の程度を音楽の音程になぞらえる。しかし、笑いと愛は、最もひどい苦痛にも打ち勝つであろう。二つ目のソネットのタイトル「大笑い」は、"sich totlachen"[55]というドイツ語の両義性の言葉遊びである。

作品解説（デートレフ・ティール）　51

普通、この動詞は、「死ぬほど笑う、笑い転げる」を意味するが、F/M は、この隠喩を「死」に関連付けて文字どおりにも利用しているのである。生は、長い、真面目な緊張であり、この緊張は、最後に無に解消する——それで、カントが言ったように、笑わないではいられない。

附録　パウル・ハトヴァニ書評「ミュノーナのために」

　パウル・ハトヴァニ（Paul Hatvani, 1892-1975）〔本名 Paul Hirsch〕は、オーストリアの表現主義作家、化学者、翻訳家（ハンガリー語）である。この書評は、1922 年 8 月 12 日付の『ベルリン株式新聞』（*Berliner Börsen-Courier*, No. 376, 12. Aug. 1922）に掲載されたもので、F/M の本質を的確に捉え、解説している。なお、ハトヴァニは、第 2 次世界大戦直前にオーストラリアに亡命し、そこで亡くなっている。本書では、ハトヴァニの書評の後に、F/M 自身の言葉を載せた。

注

1　『キケロー選集 7』『修辞学 II』「弁論家について」（第 2 巻 218）、上掲、244 頁。

2　ゲールケン資料（Archiv Geerken）として保管されている。

3　チャップリン（Charlie Chaplin, 1889-1977）の映画人生が始まったのは 1914 年であり、ヨーロッパで有名になったのはようやく第 1 次世界大戦後になって、つまり F/M の最初のグロテスク作品の 10 年後のことである。

4　かつてサイレントからトーキーの時代にかけて活躍したアメリカのお笑いコンビ。チビで気弱なローレルとデブで怒りっぽいハーディのコンビで、日本では「極楽コンビ」の名称で親しまれた。

5　アメリカのコメディ俳優兄弟。

6　シュテファン・ゲオルゲ『魂の四季』、西田英樹訳、東洋出版、1993 年、124 頁。

7　GS 8, 171.

8　アルカディ・アヴェルトシェンコ（Arkadi Awertschenko, 1881-1925）　1906 年から 1917 年までサンクト・ペテルブルクの *Satyrikon* 誌ジャーナリスト。1917 年の 10 月革命で逃亡。彼の著作はパリとベルリンで出版され、1922 年から 1931 年まで 30 作を超えるグロテスク作品が翻訳され、『ベルリン株式新聞』（*Berliner Börsen-Courier*）紙上に掲載

されている。1925 年、亡命先のプラハで客死。

9　アヴェルトシェンコ「葬式で人はどのように振る舞うべきか？ 風刺的考察」『ベルリン株式新聞』（Wie soll man sich bei einem Leichenbegängnis benehmen? Satirische Betrachtungen, *Berliner Börsen-Courier*, Nr. 181, 19. April 1925, 1. Beilage, 5）。

10　『理性と平和』82 頁参照。

11　ジークフリート・クラカウアー（Siegfried Kracauer, 1889-1966）　ドイツのジャーナリスト、社会学者。1933 年、ナチス政権が誕生するとフランスに亡命。

12　エルンスト・ブロッホ（Ernst Bloch, 1885-1977）　ドイツのマルクス主義哲学者。ナチスに追われ、スイスに、その後アメリカに亡命。旧東ドイツに戻るが、1961 年、西ドイツに亡命。

13　テオドール・ヴィーゼングルント・アドルノ（Theodor Wiesengrund Adorno, 1903-1969）　ドイツの哲学者、美学者、社会学者。ナチスに追われ、アメリカに亡命。

14　「フリードリヒ・ニーチェ」（1911）、GS 9, 37 参照。

15　レオ・ペルーツ（Leo Perutz, 1882-1957）　プラハ生まれでユダヤ系のオーストリアの作家。オーストリア軍将校。1938 年、イスラエルに亡命。公的な仕事は保険計理士だった。

16　ラインホルト・グリエール（Reinhold Glière, 1875-1956）　ウクライナ出身の作曲家。

17　ハンス・クリスティアン・アンデルセン（Hans Christian Andersen, 1808-1875）　デンマークの童話作家。

18　ジル・ドゥルーズ＆フェリックス・ガタリ『アンチ・オイディプス　資本主義と分裂症』、市倉宏祐訳、河出書房新社〔文庫〕、17 頁参照。

19　ジークムント・フロイト（Sigmund Freud, 1856-1939）　オーストリアの精神分析学者、精神科医。

20　ジャック・ラカン（Jacques Lacan, 1901-1981）　フランスの哲学者、精神分析学者、精神科医。

21　マルセル・デュシャン（Marcel Duchamp, 1887-1968）　フランスの画家。1915 年、アメリカに渡り、ダダイズムの運動を推進。その後、パリでシュルレアリズムの運動に協力。

22　『技術と空想』「蜃気楼マシーン」126-128 頁参照。

23　拙論「F/M における心理学、精神分析、心理療法」（Psychologie, Psychoanalyse, Psychotherapie bei F/M, in: hrsg. Ludwig Frambach & Detlef Thiel, *F/M und die Gestalttherapie. Das Prinzip „Schöpferische Indifferenz"*, Bergisch-Gladbach: Edition Humanistische Psychologie 2015）、312-351 頁、特に 324-326 頁参照。

24　アルフレート・プレーツ（Alfred Ploetz, 1860-1940）　ドイツの医師で、同じ医師のヴィルヘルム・シャルマイヤー（Wilhelm Schallmayer, 1857-1919）と共に「人種衛生学」という概念を造語した。シャルマイヤーは優生学の先駆者である。

25　アウグスト-アンリ・フォーレル（Auguste-Henri Forel, 1848-1931）　スイスの精神

作品解説（デートレフ・ティール）　53

科医、脳研究者。昆虫学者、哲学者、社会改革者でもあり、スイスの禁欲運動の最も重要な主唱者の一人だった。

26　本書では随所で「死」の問題に触れられている。例えば、「題辞」、第 1 部 3「機知に富んだ小さな菓子屋製フォンダン」、4「寓話のような話」、6「小さなリンゴ、コロコロどこへ？」、11「一度も流されなかった涙」、14「笑っているヨブとフリートレンダー／ミュノーナのコメント」、第 2 部 1「カント」(3)(13)(14)、11「ソネット、大笑い」等。

27　『創造的無差別』（*Schöpferische Indifferenz*, 1918, GS 10, 127）。

28　「論理学のカーニバル――或る火星人の講演」（*Fasching der Logik. Vortrag eines Marsbewohners*, 1912, GS 7, 167）。《訳者注》「大死一番、絶後蘇生」、F/M の哲学には禅宗の悟りに通じるものがあるように思われる。至道無難禅師（1603-1676）に次のような名句がある。「生きながら死人となりてなり果てて思いのままにするわざぞよき（諸行無常 是生滅法 生滅々巳 寂滅爲樂 此歌のこゝろなり）」（『仏教名言辞典』、奈良泰明編、東京書籍株式会社、平成元年、147 頁）。『至道無難禅師集』（公田連太郎編、春秋社、昭和 56 年）31 頁参照。なお、無難の法嗣は正受老人（1642-1721）で、この正受老人の法嗣の一人が白隠慧鶴（1686-1769）である（中村博二『正受老人とその周辺』、信濃教育会出版部、昭和 54 年、11, 105, 281 頁）。

29　1933 年 12 月 17 日付アンナ＆ザーロモン・ザムエル宛手紙。

30　「ウェルテルの悩み」（*Werters Leiden*, 1914, GS 2, 411）。

31　卑しむ敵に対して自身の 腸 を投げつけるという極端な意思表示には多くの例がある。例えば、モーリス・パンゲ『日本における自殺〔自死〕――文化比較』（〔ドイツ語訳〕*Der Freitod in Japan. Ein Kulturvergleich*, 1984, Berlin: Gatza 1991）。

32　『ゲーテ全集』第 2 巻「ファウスト」(2038)、大山定一訳、人文書院、昭和 35 年、61 頁。

33　これは筆者のミュノーナ的な逆説、ユーモアである！

34　カント『判断力批判』（上）、篠田英雄訳、岩波書店〔文庫〕、昭和 48 年、301 頁。

35　GS 23 に収録。

36　『カント全集』第 11 巻『人倫の形而上学』「法論」、尾田幸雄訳、理想社、昭和 54 年、26 頁。

37　ジャン・パウル（Jean Paul, 1763-1825）　ドイツの作家。「ゲーテ、シラーと同時代に生きながら、その系列とは違った独自の深大な詩境を開き、過度の感情と空想性と理性的な機智との不思議な混淆は、特に上流の婦人に多くの熱烈な愛読者を見出した。混沌無拘束な形式のなかに、ドイツ庶民の無限の生活感情が湛えられていて、ロマン派および写実主義の卓越した作家達に深い影響を与えた。懐疑と機智と諷刺の初期から、明るい牧歌的諧謔の中期を経て、教育者、モラリストとしての後期に至るまで全集 65 巻に及ぶ作品を遺した」（『岩波　西洋人名事典』〔増補版〕、岩波書店、1991 年、1007 頁）。

38　ジャン・パウル『美学入門』、古見日嘉訳、白水社、2010 年、138 頁。

39 『ショーペンハウアー全集』第2巻「意志と表象としての世界　正編（I）」、斎藤忍随ほか訳、白水社、1973年、134頁。

40 アンリ・ベルクソン（Henri Bergson, 1859-1941）が、1885年にコレージュ・ド・フランスで行った市民向け講義が最初「笑い」というタイトルで *Revue de Paris*（1899/1900）に掲載され、後に、「滑稽さの意味に関する試論」という副題をつけてアルカン社から出版された（Bergson: *Le rire. Essai sur la signification du comique*, 1900, [67] 1946）。

41 ヘルマン・ニッセン（Hermann Nissen, 1893-1980）　ドイツ舞台員組合長。1909年、F/Mの友人で表現主義の先駆者の一人だったヘルヴァルト・ヴァルデン（1878-1941）とニッセンとの間に争いがあり、ニッセンは、ヴァルデンが印刷して出したF/Mの詩も嘲弄した。これに対してF/Mが応えたのである。

42 ヘルヴァルト・ヴァルデン Herwarth Walden（1878-1941）　本書第1部7「ミニ・グロテスクと逸話」（1）参照。

43 1909年12月11日付カール・クラウス宛ヴァルデンの手紙（Walden an Karl Kraus, 11. Dez. 1909）。George C. Avery編『群れを成す敵たち　そこにある真の楽しみ――カルル・クラウスとヘルヴァルト・ヴァルデンの文通 1909-1912』（*Feinde in Scharen. Ein wahres Vergnügen dazusein. Karl Kraus — Herwarth Walden, Briefwechsel 1909-1912*, hrsg. George C. Avery, Göttingen: Wallstein 2002）116頁。

44 ザムエル・ルブリンスキー（Samuel Lublinski, 1868-1910）　F/Mの友人。『理性と平和』54頁参照。

45 テオドール・レッシング（Theodor Lessing, 1872-1933）　ドイツの哲学者。両親はドイツに同化したユダヤ人だった。ショーペンハウアーの影響を受け、生の哲学の代表者となった。主著に *Geschichte als Sinngebung des Sinnlosen*（1919）（『意味のないものの意味付与としての歴史』）がある。多方面に関与したが、邪魔ばかりする者と見なされていた。1933年、ナチス政権誕生後、逃亡しようとしたが暗殺された。F/Mの友人で支援者でもあったルブリンスキーをレッシングは陰険に嘲弄していた。F/Mがそれの仕返しをした形である。F/Mは、巨匠ゴットホルト・エフライム・レッシング（Gotthold Ephraim Lessing, 1729-1781）に重ねてあえて「レッシング」とカギカッコ付にして皮肉を込めたのである。

46 『ドイツ表現主義』5『表現主義の理論と運動』（河合出書房新社、1972年、303-305頁）にすでに早崎守俊訳がある。本書でもこの訳を参考にした。

47 ヒンメルマン、上掲書、89頁。

48 グロテスク（Grotesk）の語尾の-eskは「〜のような」の意。つまり、直訳すると「グロッタのような」ということになる。

49 これをすでにアリストテレスが指摘している（上記「編者序文」参照）。これまでの多くの笑い理論がこの論拠を使っている。例えば、コントラスト、不釣合い、誤結合、等。

作品解説（デートレフ・ティール）　55

50　バスター・キートン（Buster Keaton, 1895-1966）　アメリカの喜劇俳優、映画監督、脚本家。チャップリンやハロルド・ロイドと並ぶ「世界の三大喜劇王」と呼ばれる。

51　カント『純粋理性批判』（上）、篠田英雄訳、岩波書店〔文庫〕、昭和50年、16頁参照。

52　本書第2部5「ベルクソンの『笑い』」＊（日記15）も参照されたい。

53　Anselm Ruest　本名エルンスト・ザムエル（Ernst Samuel, 1878-1943）の綴り文字を入れ替えて作ったペンネーム。1939年9月にパリで拘束され、収容所送りとなり、1940年「重病人」として釈放されるが、1943年11月18日、南フランスのカルパントラスで死亡した。『理性と平和』80頁参照。

54　1939年9月にパリで拘束され、1945年9月12日に両親のところに戻ってきた。『理性と平和』73-74頁参照。

55　sichは「自身」、totは「死」、lachenは「笑う」の意。

ようこそ、ミュノーナのユーモアの世界へ！
—— 1924 年 1 月 26 日「ヴァルプルギスの夜」招待券[1] ——

Herzlich willkommen zur Welt des Humors von Mynona!
— Eintrittskarte zur „Freinacht"[2] am 26. Januar 1924 —

ヴァルプルギスの夜（1924 年）

Freinacht（1924）[3]

最も蹂躙されている皆さん[4]（Meine verheertesten Herrschaften）、さあ、ユーモアの革命へ！ この唯一うまくいく革命へ！ 他の革命は、その真面目さのために潰（つい）えるでしょうから。1 月 26 日、皆さんは、友愛協会（Brüdervereinshäuschen）で、友愛（フラテルニテ）と、それとは別のテ[5]（お茶(Tees)）の真ん中で、大笑いして我に返ります[6]。本当の生は、笑って、笑って、大笑い——このことをけっして忘れないようにしましょう！ あとはごまかしです[7]。生きることに歓呼の声をあげる魂にますます輝いてもらいましょう。そうしないとその魂は、出来損ないで、病弱で、死ぬ運命で現れます。ヒポクラテスの顔[8]はヒュポクリーティッシュ[9]（見せかけの顔）にすぎません。うわべだけ最高に装っている如才ない道化師の仮面、私たちが〈死〉と名づける仮面にすぎません。今、みごとにその企（たくら）みの裏をかいてやるのです。なるほど好みはまちまちです。或る者にはメシアでも、他の者にはメフィストーフェレス[10]ですから。しかし、**退屈なもの以外はすべてよし**[11]。笑いは気もちを晴らし（kurzweilt）ます[12]。定言的馬鹿馬鹿示唆[13]（kategorischer Klimbimperativ）をぞんぶんにお試しあれ！ ここは創造的精神の大集会。団体に反対する者全員が集う団体、人見知り同士の巨大な集まり（Kolossalanhäufung）。救済者さんたちを来させなさい！ 皆さんの復活（ルネサンス）をもっと楽に可能にするために。（ただの付け黒子[14]（ぼくろ）の点にすぎないとしても）さまざまな立脚点と視点が集まる素敵な協会、ここに設立。さあ、さあ、皆さんの赤髭馬毛の褥の墓[15]か

ら生の舞踏会へ！信心ひまし油[16]のたっぷり入った瓶を窓から投げつけてお
やりなさい！　鞍にしっかり^{sattelfest}、聖書にルーズに[17]！　外にいる連中で
毀傷の喜びの涙^{Schadenfreudentränen}をお流しなさい！　そうすれば、皆さん、仲睦まじく、ヨー
ロッパの不快な雑音が直接聞こえなくなる^{turteltaubstumm}[18]でしょう。ボールのように^{kuglig}、同
時にサイコロのように^{kubisch}笑い転げて大笑いなさい[19]。そうすれば不可能[20]を経
験します。戦争闇商人ども^{Kriegswolkenschieber}[21]を全員殲滅^{pereant}せよ！　人間は、それでもやはり、**将
来**の単なる屍とは別のもの。自らの幸せは自らの手で築くもの[22]。エートシュ
ミット^{シュミート}[23]だけはごめん……。ダダ存在[24]のための戦いに向けて、いざ**前進**^{en avant}！！！
ここで、お互い、思っていることを言わなかったら、どう言えばよいでしょ
う？？？　ただしあまりに二重含羞的^{bigamiemosenhaft}[25]態度はだめ！！！　上品ぶった連中^{Etepetetiker}[26]
を全員摘み出せ！！！　明日^{あす}はまだ、残念ながら、いっそう喜び多い人生の
明後日^{あさって}ではありません。あるのは、まだ当分、ヨーロッパのみじめな虚脱感。[27]

注

1　「ヴァルプルギスの夜」仮装パーティー・プログラム、ベルリン、1924 年 1 月 26 日。
　　GS 8, 43-48 に実際の招待券の写真がある。招待券等については GS 8, 532-533 参照。招
　　待券の右上にはゲーテの詩（『温和なクセーニエ』*Zahme Xenien*, Erste Reihe, I 最後の 2
　　行）が大文字体で書かれている。原文を直訳すると、
　　「君は知っているか、人生の楽しさ^{SPASS}がどこにあるか？
　　愉快に！^{LUSTIG}──それがだめなら、陽気に。^{VERGNÜGT}」

2　原題 "Freinacht" の背景には、ゲーテ『ファウスト』「ヴァルプルギス夜祭り（Walpur-
　　gisnacht）」（3834-4610）がある。聖ヴァルプルギスの祝日の前夜（4 月 30 日夜）、魔女た
　　ちがブロッケン（Brocken）山に集まって酒宴を催し踊ると言われる。本書では、原題を
　　直訳せずに「ヴァルプルギスの夜」とした。

3　GS 8, 47-48.

4　原文は Meine verheertesten Herrschaften で、成句 Meine verehrtesten Herrschaften
　　（最も尊敬する皆さん）の語呂合わせ。verheertesten は、verheert（蹂躙された）の最上
　　級形で、ここでは直訳した。

5　「友愛」のフランス語フラテルニテ（fraternité）の té〔テ〕と「お茶」（Tee）〔テー、
　　ティー〕が語呂合わせになっている。ここでは、F/M の言葉遊びを生かして、「テー」を
　　あえて「テ」とした。

6　原文は Sie geraten vor Lachen <u>in</u> das Brüdervereinshäuschen. で、成句 <u>aus</u> dem Häus-

ようこそ、ミュノーナのユーモアの世界へ！ 59

chen geraten（狂喜してすっかり我を忘れる）の逆の意味。友愛協会（Brüderverein zu gegenseitiger Unterstützung）は、貧しい会員を支援するために 1815 年に設立された。その後、ベルリンのユダヤ人協会（1912 年には会員数 1500 人）となり、クールフュルステン通り（Kurfürstenstraße 115/116）に文化センターがあった。しかし、その建物に、1939 年に帝国保安本部、1940 年からはアードルフ・アイヒマンの指導でユダヤ人担当部局が置かれた。

7　原文は Der Rest ist Schwindel. で、Schwindel〔シュヴィンデル〕を「シュヴァイゲン（Schweigen）〔沈黙〕」に変えるとハムレットの言葉 "Der Rest ist Schweigen."（「あとはもう何も言わぬ。」）になる。

8　ヒポクラテスは、ギリシアの医師で医学の父と言われる。「ヒポクラテスの誓い」で患者に対する医師・医術の使命を強調した。医師の顔〔表情〕は、例えば患者の重篤、臨終を無言で表している。

9　ヒポクラティッシュ（hippokratisch）〔ヒポクラテスの〕とヒュポクリーティッシュ（hypokritisch）〔見せかけの〕の語呂合わせ。

10　ファウスト伝説に登場する悪魔。

11　原文はフランス語 Tous les genres sont bons, hors le genre ennuyeux. ヴォルテール『放蕩息子』（L'enfant prodigue, 1738）序文。

12　原文 kurzweilt は F/M の造語。langweilen（退屈する）の lang（長い）を kurz（短い）に変えた言葉遊び。

13　原文 Klimbimperativ は、カントの kategorischer Imperativ（定言的命令）の Imperativ に Klimbim（くだらないもの、馬鹿馬鹿しい大騒ぎ）を重ねた F/M の造語。F/M の言葉遊びに倣って、ここではあえて「馬鹿馬鹿示唆〔ばかばかしさ〕」とした。

14　立脚点（Standpunkt）・視点（Gesichtspunkt）の点（Punkt）を「付け黒子」に重ねている。「付け黒子」のドイツ語は Schönheitspflästerchen で、直訳すると「美しく見せる小さな絆創膏」。

15　原文は Barbaroßhaarmatratzengrüfte で、Barbarossa（赤髭王）と Roßhaar（馬の毛）と Matratze（マットレス）と Grüfte（Gruft〔墓、墓所〕の複数形）を重ねた F/M の造語。Roßhaarmatratze は「馬の毛を敷き詰めたマットレス」。Barbarossa は神聖ローマ皇帝フリードリヒ 1 世（Friedrich I., 1122-1190, 在位 1152-1190）のことで、は赤みを帯びたブロンドの髭をしていたことから赤髭王（Barbarossa）と呼ばれた。Matratzengruft（褥の墓）はハイネの表現。さまざまな組み合わせが考えられるが、ここでは「赤髭馬毛の褥の墓」とした。

16　原文は Bigotteriezinusöl で、Bigotterie（信心ぶった態度）と Rizinusöl（ひまし油）の合成語。

17　原文は Seid sattelfest und bibellocker! で、sattelfest は「しっかり鞍にまたがる、乗馬上手」の意。bibellocker は bibelfest（聖書に精通している）の捩りで、locker をここで

は「ルーズ」と訳した。

18 原文 turteltaubstumm は、Turteltaube（コキジバト）と taubstumm（耳が不自由）の
合成語。Turteltaube は、雌雄が仲睦まじいことで知られる。

19 原文は Lacht Euch kuglig, aber zugleich kubisch で、直訳すると「球のように、しか
し同時に立方体のように笑いなさい」となる。ドイツ語に "sich kugelig lachen"（腹を
抱えて笑う）という成句がある。F/M は、kugelig〔クーゲリヒ〕（球形の）に kubisch
〔クービシュ〕（立方体の）を重ねて言葉遊びしている。

20 原文は die Quadratur des Zirkels で、直訳すると「円積問題」（与えられた長さの半径
を持つ円と同じ面積の正方形を定規とコンパスで作図できるか）。この問題は、古代から
難問とされていたが、1882 年、ドイツの数学者リンデマン（Carl Louis Ferdinand von
Lindemann, 1852-1939）によって解答が与えられた。本書「訳者序文」参照。

21 原文 Kriegswolkenschieber は、Krieg（戦争）と Wolke（暗雲）と Schieber（悪徳商人）
の合成語。Wolkenschieber は人工的に無理やり天気を変えようとする者。

22 原文は Sie［Menschen］sind ihres Glückes Schmiede. で、直訳すると「人間はそれぞ
れが幸福の鍛冶屋である」。ドイツの諺に "Jeder ist seines Glückes Schmied."（「幸せは
自らの手で築くもの」）という言葉がある。F/M は、「自我‐太陽中心」の思想を強調して
いる（『理性と平和』195-198, 200 頁参照）。Schmied〔シュミート〕（鍛冶屋）が次のエー
トシュミット（Edschmid）と語呂合わせされている。「エートシュミット」を「えーと、
シュミット」と読むと面白いかもしれない。

23 カージミール・エートシュミート（Kasimir Edschmid, 本名 Eduard Schmid, 1890-
1966）ドイツの作家。表現主義運動の先駆者の一人。F/M にしばしば嘲笑された。また、
ナチスによって講演・執筆を禁止された。

24 原文は Dadasein で、Dada（ダダイズム）と Dasein（現存在）の合成語。F/M はダダ
イズムの基礎を築いた一人だったが、袂を分かつことになる。

25 原文 bigamiemosenhaft は、Bigamie（二重結婚）と mimosenhaft（神経過敏な）の合成
語。Mimose は「含羞草（オジギソウ）」のことである。F/M の手法に倣ってあえて「二
重含羞〔にじゅうがんしゅう〕的」とした。「神経過敏にいつもびくびくしている」の意。

26 原文 Etepetetiker は、etepetete（ひどく気どった）と Ethiker（倫理学者、倫理的な人）
の合成語とも読める。

27 原文ではこの後にワルツ風の陽気な詩が続くが、本書では割愛した。

第1部

フリートレンダー／ミュノーナのユーモア

62 第1部 フリートレンダー／ミュノーナのユーモア

1. 歯磨き粉になった乙女 （1918 年）

Die Jungfrau als Zahnpulver （1918）[1]

　リゼッテ・ヴィシェルンは、いつか自分が歯磨き粉として使われようとは夢にも思っていませんでした[2]。かわいそうな乙女！

　この乙女に目をつけたのは、知能があまりよく働かない一人の男でした。実は、この男には両面ありました。そこそこの分別はありましたが、かなり知的障害の面もありました。リゼッタに惚れ込むだけの分別はありました。それ以外にさらにこの男に分別があったか、私は知りません。彼は、ほとんどいつも奇妙な笑みを見せていました。上唇がとても短かったので、その笑みで歯がむき出しでした。ここだけの話ですが、彼の歯は、もしかするときれいかもしれませんが、いずれにしても恐ろしいほど乱れた乳歯のようでした。きっぱりと求婚の言葉がこのような口[3]から突然聞こえてきたときのヴィシェル嬢の 喜 び ^{Beglückheit} [4]を、まあ読者の皆さん、想像してみてください。「フローラ、気つけの香水瓶を！」[5] 彼女はこう言うだけでもう精一杯でした。これに対して友だちのフローラ・ブーゼが言いました。「あらいやだ、あなた、愛をさえずる前に歯をお磨きなさい！ 緑青でも召し上がったの？」

　二人の娘は、優美な腰に腕を交互に絡ませて、姿を消しました。マックス・ベメル[6]は、にたにたしながら彼女たちをじっと見ていましたが、右の人差し指を歯ブラシのように自分の唇の間を行ったり来たり擦っていました。このひどくそっけないあしらいを横にいて一緒にじっと聞いていた一人の気さくな 爺さん $^{alter Bursche}$ が話しかけてきました。「お若いの、ここだけの話だけど、女の子はいいことを教えてくれたね。あんたは、人生で女にもてるかどうかというのが見かけのつまらないことでたいていどうこうなるなんてまったく思っていないよね。あんたはもともとすごくいい男だ。ほら、一度よく見てみたまえ。アポロ〔のような美男子〕に団子鼻をつけてみたまえ、そうすりゃディアナは大理石の背を向けるさ。出っ張った耳をしたフェイディアスのゼウス[7]には誰も目もくれたくない。最も数少ない者たちこそ、犬の死体でも輝く白

い歯をうやうやしく賛美したすばらしい賢者[8]に似つかわしい。つまり、付け黒子はごく小さいものだけが許されるということさ。あんたが歯をきれいにしたら、同じ女の子がどう追いかけるか、気をつけて見てみるんだね。悪く思わないでくれよ。——じゃあな！」

　こう言ってそのきさくな爺さんが市電に乗り込もうとして片足をステップに乗せたその時、マックスが爺さんの上着の袖を強く引き寄せたので、二人は躓いて大きなゴミ溜めの中に重なり合って倒れました。本当はまったく可笑しくないそのような時に公衆はいつも心から笑います。二人が互いに〔ゴミ溜めの〕糞をはたき落すと、マックスがにたにたしながら尋ねました。「おじさん、おしえてよ、ぼくはなにではみがいたらいいの！」「あぁそう！」不機嫌になって悪意を抱いたその老人は言いました。「あぁそう！〔自分にひどいことをしたおまえは〕強盗、人殺し〔みたいなものだ〕！〔それなら〕ちょっと〔悪意のある笑いを浮かべて〕……へ、へ、へ……　灰[9]。コーレンアッシェ〔灰〕を使ってみたまえ、お若いの。——効果抜群、わしの面目にかけて！　じゃあな！」そう言って立ち去りました。

　マックスは先へと歩いて行きました。歯をむき出してにたにたしながら、絶えず「こーれんあっしぇ、こーれんあっしぇ」とぶつぶつ言っていました。ドラッグストアーで 1 本のブラシを買い求めました。それで灰を擦り取ろうと思ったからです。ドラッグストアーの主人は、しばらく思案しました。そこで彼にトイレ用ブラシと手ブラシの中間のものを勧めました。マックスは回らない舌で、「これはいいぶらしだ」と言ってお金を払いました。主人は、マックスが言うのを正しいと認め、しきりに確認しながらうなずきました。マックスは、ブラシを包んでもらうのを忘れました。弧を描いてブラシを振り回したり、試すように自分の歯の前にもっていってみたりしながら、道をぶらぶら歩いて行きました。通行人たちは、それをまったく不快と思わず、誰一人として悲しく思いませんでした。「こーれんあっしぇ、こーれんあっしぇ」とマックスはぶつぶつ言っていました。

　その時、リゼッテが家に入っていくのを見ました。挨拶するようにブラシ

を帽子の縁にあげて立っていました。リゼッテは、振り返りつつ、それに気づいて大笑い。すぐに上で窓を閉めてしまいました。マックスは、ブラシを手に、彼女の窓のまわりをうろうろしていました。

　突然、耳を劈(つんざ)くような恐ろしい悲鳴が家から外に聞こえました。人々が、男たちも、女たちも、子供たちも、犬たちも、猫たちも、みんな動き出して、その家の中に飛び込みました。同じ建物の住人たちも興奮してそれぞれの住まいから急いで出てきました。その恐ろしい悲鳴は、まもなくだんだん弱くなっていきましたが、それはリゼッテの部屋から漏れてきた悲鳴でした。あいにくその部屋はしっかり鍵がかけられていたので、ドアを破って開けるまでにかなりの時間がかかりました。

　悲鳴はとうに収まっていました。その小さな部屋は、濃い煙でいっぱいでした。霞んでほとんど見えない床の上の小さな塊から炎がちらちら出ていました。煙で息が詰まりそうで、誰も思い切って部屋の中に入ろうとしませんでした。急報で消防がかけつけました。火を消して、部屋の中に突入し、換気して、そして小さな堆積物の中に、焼死体となったリゼッテを発見しました。（もちろんこの火事騒ぎは、爆発しやすい湯沸しをまたしても軽率に扱ったせいでした。）

　さて、全員がこの大事故に衝撃を受けて、この娘の不運を悲しんでいると、炭になったその娘の亡骸(なきがら)にあのマックスがにたにたしながらちゃっかり近寄ってきました。周りの人たちも警察官も消防士も、彼の次の行動を見たとき、誰もがぞっと寒気がして、誰かが止めようにもできませんでした。警察官や消防士さえ凍りついて立ち竦んでしまったのですから。みんながそれを見て、信じようとしませんでした。——マックスが幅広のブラシを死体の灰の中に何度も軽く押しつけて灰を擦り取っていたのです。「こーれんあっしぇ、こーれんあっしぇ！」とマックスは歓声を上げました。そして、入念に自分の歯をこすって磨きました。するととつぜん彼の目蓋(まぶた)から大粒の涙が溢れ出ました。彼に事の推移が分かったのです。それで、にたにたしないで泣きながらリゼッテの灰で歯を強く磨き続けました。

1. 歯磨き粉になった乙女（1918年）　65

　ああ！　ああ！　精神病院の中は快適だ。マックスは、黒いブラシをもって
庭を散歩しています。彼はにたにたしています。彼の歯は、日に当たってとっ
てもピカピカです。──

　それにしても、頼まれてもいない忠告をする気さくな爺さんたち、あんた
方の言葉がどれほどたやすく強い影響を与えるかよく考えなさい！　冗談で
口にした「コーレンアッシェ」が一つの運命を引き起こしたのです。口から
出た灰という言葉は現実になりうるのです。そうです、だから、気をつけな
さい！　もっと慎重に話しなさい！　もっと慎重に考えなさい！　冗談にも運
命を擽ったりしてはいけません。人生という移動動物園の中にいるこの残
忍な人間をからかうなど、とうぜん禁止されねばなりません。

　聞くところによると、マックスの死体も（彼はリゼッテより長く生きなかった
そうです）焼かれたとのことです──。

注

1　『デル・シュトルム』誌（*Der Sturm*, Nr.11, 15. Feb. 1918, 170, 172）に「わたしの
　パパとオルレアンの乙女」として初出。GS 7, 341-343.
2　リゼッテ（Lisette）という名前には、フランス語に "Pas de ça, Lisette." という成句
　がある。「おっと、そいつはごめんだよ。」の意。
3　「そのような口」の原文 Gehege solcher Zähne の由来は、ホメーロス『イーリアス』
　（IV 350）。「アトレウスの子よ、何という言葉が、あなたの歯並みの墻を漏れてきたので
　す」（世界古典文学全集第1巻『ホメーロス』「イーリアス」、上掲、51頁）。
4　「男女間の喜び」の意。これは F/M のイロニー。
5　これは、リゼッテが隣にいた友だちのフローラに言った言葉であるが、もとはゲーテ
　『ファウスト』のグレートヒェンの言葉。「おとなりのかた、どうぞ気つけの香水瓶を──
　（失神して倒れる）」（『ゲーテ全集』「ファウスト」〔3834〕、上掲、117頁）。フローラ
　（Flora）はローマの「花と豊穣と春の女神」。ここでは、ヴィシェル嬢の女友だちの名。
　Fläschchen（小さな瓶）は栓がついている小さな香水の瓶。
6　原文は Max Bömmel で、Bömmel〔ベメル〕は Bummel〔ブンメル〕（ぶらぶら歩き）
　と語呂合わせされている。
7　古代オリンピアにあったフェイディアス作の巨大なゼウス坐像で、古代の世界七不思議
　の一つ。
8　これは、ゲーテ『西東詩集』の中で触れているペルシャの詩人ニザミ（Iljas ibn Jusuf

66　第 1 部　フリートレンダー／ミュノーナのユーモア

Nisami, 1141-1209）を指す。『ゲーテ全集』第 1 巻、大山定一訳、人文書院、昭和 35 年、
324 頁参照。
9　原文は Kohlenasche〔コーレンアッシェ〕で、直訳すると「炭〔石炭、木炭〕の灰」と
なるが、ここではあえて「灰」と訳した。ロシアの風刺作家アルカディ・アヴェルトシェ
ンコの例にあるように、当時は〔現代でも〕、灰は、歯磨き粉として普通に使われていた。
本書「作品解説」第 1 部 1 参照。

2. とんでもない気晴らし（1911年）

Der gewaltige Zeitvertreib（1911）[1]

　一人の老人が、雲の上に座って、雷鳴を轟かせていました。天空を放浪している一人の男がそこを通りかかり、不思議そうにちょっと足を止めました。「そこで何をなさっているのですか？」──そのとき、老人は、つっけんどんにそっけない返事をしようとしましたが、一度だけ、お人よしの気分になりました。顔に情愛のこもった皺を寄せて、灰色の毛深いまつ毛からその巡礼者を親切そうに見つめ、信じられないほど簡単に言いました、「雷を起こしとる」。「そうですか、でも退屈にはなりませんか？」「とんでもない」、老人は、ずっと雷鳴を轟かせながら言いました、「下の方を見てみなさい」。巡礼者は、雲の下に、草原で一軒の家が炎上しているのを見ました。こもったような叫び声が上まで届いてきました。救出すべき住人を人々が運び出し、消火蒸気ポンプがブーンブーン、シュッシュッと音を立てていました。「楽しいですか？」、巡礼者は尋ねました。「そうじゃな、命中すれば楽しいね。男の連中はむろんあれ〔防御用品〕を持っていて、一撃を避けるんじゃが、今日は、家からそう遠くないところで、二三頭、雄牛に命中させてやったよ。わしは、これから雲を滑らせてちょっと別のところに行かにゃならん。」「いったい」、耳を塞いでいた巡礼者は尋ねました、「いったい下のあの人たちはこれをどう思っているのですか？」「あらゆることさ」、老人はぐるっと一回りして、雷を落とすのを中断しました。「楽しいのなんのって最高じゃよ！　蠅は蠅叩きをどう思ってるね？　おまえさんに話してやろう、すばらしいなん
_{jroßartig ist}
てもんじゃない[2]！　まあ一度この証言を読んでみたまえ。これを書いた男の
_{nischt gegen}
実験室に、わしがこの手で一度雷を落としてやったんじゃが、避雷針があった。やっこさん、狂ったように這いずり回って、計器という計器の表示盤をつかんで、読みあげて、記録しよった。わしは、大笑いして、矢継ぎ早に雷を落としてやった。すると、若造、ついてこれなかった。おかしいだろう！」老人は、涙を出して大笑いして、下に向けて雷を落としました。それから、

68 第1部 フリートレンダー／ミュノーナのユーモア

別れを告げて、巡礼者に握手し、雲に乗ってどこか他の地方に去って行きました。

注

1 『ディ・アクツィオーン』誌（*Die Aktion*, Nr.32, 25. Sept. 1911, 1010-1011）に *Eine sachliche Studie*（「事柄に即した草稿」）という副題と共に初出。GS 7, 145. 訳出に際しては、英訳を参考にした。Laurence Senelick, *The Violent Pastime. An Objective Sketch*, in: *Cabaret Performance*, vol. I: *Europe 1890-1920. Sketches, Songs, Monologues, Memoirs*, selected, transl., commentary by L. Senelick: New York: PAJ Publ. 1989, 187 sq.

2 原文 jroßartig ist nischt gegen は、großartig ist nichts dagegen のベルリンなまり。

3. 機知に富んだ小さな菓子屋製フォンダン[1]（1910 年）

Fondants aus der kleinen spiritualen Konfiserie（1910）[2]

老数学者が微笑みながらぼんやりと言いました。「確かに、天文学上の天空全体も地球の中に含まれており、地球の表面はこの天空を──凸面で──取り囲んでいる[3]。我々には謎めいた逆説の視点があるのだよ。無限というのは、神のウィットさ。そう、そうなんだよ。」

若い数学者が、力の限り大声で叫びました。「僕は、プロイセン人だ！ 君たちは僕の色[4]を知ってるか？」──これは、ひどく政治的な返答だったのではないでしょうか？

＊

5 人の男性と 5 人の女性の 10 人が、一緒に旅行することに決めました。計画を実行に移すとなったとき、女性たちが「寝台車」の名称に拘りました。それにしても、羞恥心の残余はなんと奇妙な片隅に退却することでしょう！

＊

きれいな若い女性が、肘を曲げ、自分の崇拝者たちに上腕二頭筋を見せました。「奥様！」、一人のおべっか使いが叫びました、「この 肘 をいつか自分の 凱旋門 にする男はなんて幸せでしょう！」「わたしがあなたに」、とその美人は言いました、「造形表現をお見せしても、あなたがそれで建築物を作るなんてお断りよ。」

＊

70　第1部　フリートレンダー／ミュノーナのユーモア

　マウトナー[5]とかいう人が、人間の言葉を完全に批判しつくしてしまった
とき、この「完全」という言葉の価値がかなり上がりました。これはどうい
うことでしょう？

　　　　　　　　　　　　　　　　＊

　この世で一番の賢者の男が 26 年間沈黙していました。この期間の後、彼
が発した最初の言葉は、**沈黙**（silentium）！

　　　　　　　　　　　　　　　　＊

　甲冑の蝶番が騎士を不快にさせました。キーキー音がしたからです。騎士
は、蝶番に油をさしました。しかし、それ以来、彼は、いくじなしになった
ので、その甲冑を非難と感じて、甲冑を脱ぎ、絹の服を身に着け、廷臣とな
りました。この上さらに道徳のことを口に出して言うのは不道徳でしょう。

　　　　　　　　　　　　　　　　＊

　足がインクにはまって[6]〔運筆よろしく〕線を引きずっている蠅は、自分の
手書きしたものに「意味」があるのではと思い違いしている文豪と同じ。お
お、精神の不遜（Hochmut）！　おお、蠅の謙遜（Demut）！

　　　　　　　　　　　　　　　　＊

　深く思索していた或る男が、疲れてもう考えることができないのではなく、
〔考えに〕ちょっと重みをもったときはいつも、自分の豪奢な安楽椅子に腰か
けていました。その男が亡くなったとき、この安楽椅子は、この男の伝記を
書き、語りました。そこにはこう書かれていました。──彼は、1 ツェント

ナー[7]から 2 ツェントナーまでの間の目方だったということを除いて、彼には何の功績もなかった。

＊

「生きるというのはなんて単純だろう」、カエルが言いました、「$\overset{Quak}{\text{ケロケロ}}$と鳴くと、それですべてが言われていることになるのだから」。「そうだね」、雨傘がカエルに答えました、「僕は一言も言わずに、広げられるままに任せておく。すると空から雨が降ってくる」。「ということは」、カエルが言いました、「ケロケロに任せるためなんだね！」。

＊

或る中国人がヨーロッパに来て、すべてに驚きました。国に戻って、彼は、この驚きを一冊の本にしました。──そのヨーロッパにすべてのヨーロッパ人も驚きました。

＊

死──死んでしまうには非常に不器用な手段。[8]

注
1　糖衣をかけた柔らかい飴。口の中ですぐ溶ける。
2　『デル・シュトルム』（Nr.92, 8. April 1910, 69）および『ディ・アクツィオーン』（Nr.26, 14. August 1911, 820）に「S.フリートレンダー『ローザ、美人の警官夫人』」と題して初出。GS 7, 100-101
3　老数学者は、深い形而上学的洞察をほのめかしている。F/M は、『論理学』の中でこう書いている。「極性のこの最高の世界法則をちょっとした例ではっきりわかりやすく見るために、一個の球をイメージしてみるといいだろう。球の表面は、2 種類の空間を取り囲

72　第1部　フリートレンダー／ミュノーナのユーモア

んでいる。つまり、内に向かうより小さな空間と外に向かう巨大な空間である。」(*Logik*, 1907, GS 5, 112)

4　プロイセンの旗の色は黒・白・赤。F/M 自身に、『黒‐白‐赤』(GS 7, 227-230) というタイトルのグロテスク作品がある。

5　フリッツ・マウトナー (Fritz Mauthner, 1849-1923)　オーストリアの作家、ジャーナリスト、会陰劇批評家。風刺小説・歴史小説の他に、言語に関する哲学的著作がある。

6　原文 mit einem Beinchen in die Tinte geraten は、ふつうは「窮地に陥る」の意であるが、ここではあえて直訳した。

7　重量の単位。1 ツェントナーは 100 ポンド、50 キログラムに相当。

8　本書第1部 10「やけを起こした老人とその最後」参照。

4. 寓話のような話 （1911 年）
Fabelhaftes （1911） [1]

とても教養のありそうな〔本当は愚かな〕王様が、なかなか美人の、といって教養のなさそうな顔つきの〔本当は賢い〕ガチョウ番の少女に一目惚れしました。王は、ブタ番に変装して、その少女に愛を告白し、少女は彼に身を任せました。そのブタ番は、例えばポマード、蜂蜜ケーキ、防水ウール等々3着、名刺、獣脂ロウソク、スカーフで彼女を贈り物攻めにしました。彼女は喜んで、彼の首に抱きつきました。そこで、彼は、自分は王であることを彼女に白状したのです。彼女は驚いて、どれも受け取らないで、ガチョウの番をしに行ってしまいました。もう彼女は王に近づくように心を動かされませんでした。高齢で彼女は死にましたが、最後の言葉はこうでした。「愛が王国のことを無理にでも黙らせておかないブタ番め、ただではおかない。」

*

ヨハン・ヴォルフガング・フォン・G.[2]が、とても寛大な聖職者に告白しました。

「私は、或る村に放火して、さらにその上、生きている一匹のパグを炎の中に投げ込みました。」「すると、あなたは（その聖職者は鼻声で言いました）、確かに罪を犯しましたね。――けれど（ここで彼は弱々しく微笑みました）、けれどそのパグはあなたを救います。というのは、魂のことをよく知っている者は、辛い後悔の念に気づいて、その気もちが〔消火のために〕倫理的消火器に手を伸ばすようにパグに手を伸ばすからです。おお、わが子よ、恐ろしいことが、もっと恐ろしいことによってどれほどたびたび取り消されることか！ 行きなさい、あなたは無罪です。」

*

倉庫管理人のヴァルター・ヴァルトヘル[3]にシャンデリアが落ちてきて頭頂骨に命中し、その先端が頭骨深く達して、そこにまっすぐ嵌りこんでしまいました。4人の部下に支えられて、5人がなんとかそれを引き抜こうとさんざん苦労している間、ヴァルトヘルは、瀕死の状態で呻いていました、「イテ、テ、テ、テ、テ、テウウウウウウウウウ。」ベルクフーン医師が言いました。「言語中枢は残存してまだ機能しているようですな。私にはよく分かります[4]。」部下たちは叫びました、「違います、彼に〔嵌りこんでいる……〕。」部下たちはシャンデリアのことを言っていたのです。——認識とウィットには、ひどい無情さが必要です。そうすれば、苦しんでいる者に本能的にそのように距離を置くほど、その者から教訓と明朗さを引き出すことができるでしょう。諸君、死を楽しみたまえ！ 苦痛を嗤うことを学びたまえ！

＊

　一人の若い軍人が即決裁判によって銃殺されました。その死体は、完全な死体となるまで、まだしばらくぴくぴく動いていました。なんとブルラウホ少佐がその死体に命令していたのです、「死んでろ、悪ふざけするな。」いったいこのように言うことは必要だったでしょうか？ ——これはひどすぎます！ おまけにそれはまったくの反射運動だったのですから。反射運動とはいえ司令官ぶったしぐさが本物の死体に対しても畏怖の念を起させるのです。軍人の産科医が分娩を命令しているところでも思い浮かべてみてください。いくらなんでも将軍の命令一下〔聖書の創世記のように〕1週間で全被造物が生まれたなんてことはないでしょう。ですから後になってからの命令行為はすべて後作用にすぎませんが、とにかく死体たちにも手足の中に服従を感じ取るわずかの残余があるのです。

＊

或るとき、たまたま一匹の鮭^{Salm}が聖水盤[5]の中に落ちていました[6]。高位聖職者のオームケは、このことを教区の人たちに神の示唆として説明しようとしました。そこで彼はこう話しました。動物にも、小さな魚にも信仰の秘儀を明かそうとする願望が芽生えています。貧しき魂は皆この鮭のようなものですが、必ずしもすべての者がこの鮭のように祝福に与るという幸福を授けられるわけではありません、と。「ボクがそいつをなげこんだんだよ[7]」、と生徒のペーター・メケルレが言いました。かの高位聖職者は答えました、「おまえは、たぶん悪さをするつもりだったのだろうが——それとは知らずに、神の操縦の従順な道具だったのだよ。」——（神がこのような代弁者を持つかぎり、間違いなく神は実在しています。）

*

華奢で魅力的な若い女性が、不幸にも、或る男に気に入られてしまいました。その男というのは、ここでは特に必要なただ一つのことを除いて可能なすべての資質に恵まれていました。とうとうこの気の毒な女性は、悲しい事情のあのことを言わずにおくことがもうできなくなって言いました、「あら、あなたはあのことをどう思っていらっしゃるの？　でも、結局は、家庭を築くということは、ある種の……前提条件に結びつけられていて……」。「さて——その件に関しては」とそのしっかり者の男は答え、そして少し白目をむき出して言いました——「その件に関しては、僕は、こう思っています。私たち二人は、純粋に崇高な人間存在、無条件に理想的連帯、星のような孤独欲……」、ここでその女性は気を失いました。

*

森の中の或る居酒屋に、火災にならない程度の落雷がありました。農夫た

ちはみんな酔いが醒め、酒をやめてしまいました。いつもしらふでむっつり
していた一人の男だけはその落雷で元気づきました。後で彼は言いました。
自分はこの落雷を、暗い気もちを捨てろという本当の勧告と感じた、──あ
たかも最愛の天が「ヨホヘー」と叫んだかのようだった、と。──これは、
自然現象を解釈するすべての者にとって最も素直な例です！　単に蓼食う虫
も好き好き[8]というというのではありません──突然、ナイチンゲールが
「ホーホー」と鳴くと、一方でいきなりフクロウが「チオチオチョチ」「タン
ダラダイ」と鳴くといったまったく奇妙なことだからです。

＊

　或る老婆のところで押入り強盗事件が起きました。盗賊たちは彼女からす
べてを奪い、さらについには彼女の命までも取ろうとしました。老婆は嘆願
し、すすり泣きましたがその甲斐なく、強盗たちはしつこく迫り、とうとう
彼女はばったり倒れて死んでしまいました。強盗たちは、その体を細かく切
り刻んで、火の中に投げ入れました。──次の夜、一味の皆が同じ夢を見ま
した。おばあちゃんが、再び火から吐き出され、刻まれた小片が再び一緒に
なり、復活したのです。ところが、仕返しするどころか、人殺したち一人ひ
とりの手にうやうやしく口づけして強奪品の所有が合法的であることをはっ
きりと認めたのです。──強盗たちは、打ちのめされ、涙でぐしょ濡れになっ
て目を覚まし、警察に自首しました。ここからの結論。夢を見ないで安眠で
きる能力がなければ、強盗殺人は、この上なくセンチメンタルな　感傷　と
同じである。

＊

　家族ぐるみの友人でそつがないベルトホルト・ネルケは、およそ牧歌的な
家庭生活というものを24時間以内に破壊する、と請け合いました。或る夫

4. 寓話のような話（1911年） 77

が、大胆にもこの男と賭けをしました。自分の奥方をこの男に紹介し、二人を運命に委ねたのです。ネルケは、ほい来たとばかりすぐに奥方と寝て、勝利に必要なあらゆる保証を携えて賭けをした相手のところに改まった態度で赴きました。賭けをした相手は、じっと彼を不思議そうに見つめ、そして言いました、「あなたの負けだ。あなたは牧歌的生活を破壊していない。あなたは、ずっと前から計画されていた離婚の手助けをしたのさ。」――容易な勝利というのは、常に疑わしい。むしろ敗北の臭いがする。よくもまあ「家族ぐるみの友人」などと立派な名前で呼んだものです！

注

1　『デル・シュトルム』（Nr.64, 1. Juni 1911, 507-508）に「S. フリートレンダー『ローザ、美しの警官夫人』」と題して初出。GS 7, 118-121.

2　ゲーテ（Goethe）のこと。

3　Magazinver<u>walter</u>, <u>Walter</u>, <u>Wald</u>herr 同じ音〔ヴァルター〕が反復。

4　原文は mir ist ein großes Licht aufgesteckt で、二つの成句「まっすぐに嵌りこんでいる（aufrecht stecken bleiben）」と「分からせる、真相を教える（ein Licht aufstecken）〔直訳：ロウソクを立てる〕」が語呂合わせされている。電燈がなかった時代は、ロウソクが暗がりを照らす明かりだった。

5　教会の入口に置かれていて、信者が教会に入るとき聖水に指を浸したのち十字を切る。

6　教会の聖水盤に鮭が落ちているとはいかにも F/M らしい突飛な書き出しである。

7　原文は Ich hab'n ja 'neig'worfe で、ドイツ南西部シュヴァーベンなまり。

8　原文は Des einen Eule ist des andern Nachtigall. で、直訳すると、「一方はフクロウ、他方はナイチンゲール」。フクロウは「ホーホー」、ナイチンゲールは「チオチオチョチ」「タンダラダイ」、それぞれ鳴き声が違う。

5. 小さなリンゴ、コロコロどこへ？（1928年）

Wohin rollst du, Äpfelchen? (1928)[1]

　どんなことが私に起きたかですって？　3人の看視員が、真珠母のような目つきで私を看視しています。彼らは本当に看ているわけではありません。身体的な眼を持っているだけで、心の目も持っているわけではないからです。私は、この特別施設の公園の真ん中で緑色の芝生の上に座って、割れた張り子の球と遊んでいます。その球というのは、巨大なリンゴで、もう昔のようには転がりません。私は、この巨大リンゴで顔を、全身を覆います。私だってかつては一端の男でしたし、夫でも父親でもありました。しかし、結婚生活はことのほか強靱で、あらゆることに耐えられますが、ただ一つ、現実というやつには耐えられません。どうやら両親は逆の意味で死刑執行人のようです。生に導く[2]のですから……。

　ことの起こりですって？　——みなさんは、拷問−実験というのをご存知でしょう。みなさんの頭に冷たい水滴をポタリ、ピシャン、シューと落とし、それが何千回もすると、頭蓋を打ち砕き、みなさんを完全にだめにしてしまうのです。こんなことが私に起きたのです、決まり文句の「コロコロどこへ」……とても最後まで言えません、ゾッとします。これを何十万回と聞き、読み、自ら叫び、興じ、演じ、嘔吐し、そして、——それから後は分からない——こんなことをしていて、私は、酒で精神錯乱した者が幻覚を抱くように、いたるところに小さなリンゴを見るようになり、それがコロコロ転がり続ける音を聞くようになったのです。夜、いつも妻を起こして言いました。「コロコロ音がする！」妻は、「雷がゴロゴロ鳴ってるのよ」とグーグー大いびき[3]。まっとうな雷なら、何を書かれても黙っている紙と同じで[4]、目に光って見えるし、リンゴは赤いまま、報道機関は強権のままで、何も気にすることはありません。おお、ダブルベットの溝[5]！　ピカッと光る愚かさのいびきの雷！[6]　妻には、私自身がずっと前から転がるリンゴになってしまっていて、そのリンゴ自身の転がりがこんなにも考え込ませていたということが

5. 小さなリンゴ、コロコロどこへ?（1928年）　79

まだ分っていませんでした。夢うつつに彼女は、私が徒(いたずら)に自分の皮を剝(む)こうとしていたのをちらっと見ました。彼女は私からカミソリと取り上げました。一方、私は、私の気の毒なリンゴの皮がひどく痛みました。ああ、理解してもらえない……。

　数年前のこと、ひょんなことから、私は、一人の名うての若い果物屋[7]を打ち殺してしまいました。彼自身はそのことを私ほど悪く思っていませんでした。ふとしたことで鶴嘴(つるはし)を振り回すと、それが誰かに当たった――まあ、こんなことなのです。私たちは彼の奥さんに誠心誠意詫びました。奥さんはすぐに未亡人パーティーに出たほどです。検察官はあやうく泣くところでした。それは同情からで、私は無罪になりました。しかし、私の良心は、今でもリンゴのように転がっています。見かけは忘れているようでも、不意にハムレットのモグラ[8]のように姿を現すのです。昼間は打ちひしがれ、夜は安定した静寂がもうありません。妻が朝食のときに私に言いました。「あなた、夜、お腹がグーグー鳴っているわよ。食べた方がいいわ！　そうしないとまた雷ゴロゴロなんて思うわよ。」殺人者でないということはそれほど簡単なことなのでしょうか?　その時私が妻に向けた眼差しは、すんでのところで私を男やもめにしてしまったかもしれません。昼食のとき、息子[9]が笑いながら言いました。「父さん、今日、国語の作文の授業でとっても変な課題が出たよ。ベルリン・グラビア誌にある小説で、それはどんな主旨の小説かっていうんだ。」私は不機嫌に言いました、「なんだって?　ホッペガルテンのアリアドネー[10]！? いったい高校の先生方は気は確かなのか?」妻が私の額をチョンとつついて言いました。「あなた、小さなリンゴさん、どこへ転がっていくおつもり?」（私のお腹、お腹。）「レオ・ペルーツ[11]作」、と若者が叫んだ。ああ、ブーメランのようにいつも元に戻り、ハッピーがエンドする[12]小さな腐ったリンゴ。ロシアは野蛮、パリは軽薄、ウィーンはまさに帝都。吐き気を催しました。勤勉は燃えても精神は弱い[13]。月並みな決まり文句。ペルーツのリンゴは柔らかい洋ナシ(weiche Birnen)[14]を思い出させる。ぶつぶつ言っている私を遮って息子が言いました。「父さん、いったいペルーツは何が言いたかっ

妻（マリー・イーゼ）、息子（ハインツ・ルートヴィヒ）とともに　1928年8月
Foto: Friedrich Schulze-Maizier

たの？」「もっと言わせてくれ！　強力な宣伝メドゥサの眼差しが読者を石に変える[15]。もちろん主旨は明らかだ——私は、自分の敵に復讐してやるために危険な回り道をした。そしてその敵がすぐ近くで好感がもてたので、私たちは争いの種〔不和のリンゴ〕^{Zankapfel}を焼いて一緒においしく平らげた。冗談だが、これをみんなが似たようにいろんな帝国リンゴ[16]^{Reichsäpfel}で味見したら、ヨーロッパが平穏になるだけではないだろう。」妻も息子も私が何を言っているか分かりませんでした。「すべての禍を」、ハイネが言っています、「リンゴがもたらした」[17]。……私の耳の中で、また転がり始めました。私はじっと耳を傾けました。一方、妻と息子は私を注意深く観察していました。私は、地球が自転して転がるのを聞きました。そのとき地球はまさに1個のリンゴでした。私自身は、かつて妻の目の玉〔のように大切なもの〕^{Augapfel}だったのではなかったか？それが今、私の斜視の　眼球^{Augäpfelchen}　よ、おまえはどこに転がって行くのか？　妻

5. 小さなリンゴ、コロコロどこへ？（1928年） 81

はなぜ大声を出すのか？　息子はなぜ泣くのか？　あの若い果物屋の血がなぜ
鶴嘴《つるはし》に貼り付いているのか？？

　私は一軒の紙屋に飛び込みます。その紙屋で、人間大の張り子のリンゴを
注文して作ってもらいます。私のそのリンゴにはあのいまいましいラベルが
印刷されています——「コロコロどこへ」……。私は、大樽に閉じ込められ
たレグルス[18]のように、このリンゴの中に自分を閉じ込めます。疑問符〔？〕
のように足を曲げて何度も自分を揺らします。私は、わんぱく少年のボール、
サッカーボールになります。張り子のリンゴは、よりによって警察署の前で
破裂しました。警察は、妻に、この有名な施設に私を転がり入れるようにさ
せました。割れたリンゴから、私を引き離すことはできませんでした。しか
し、いったいそのリンゴはそんなに優雅に行先不明の Wohin どこへ[19]向かってまだ
転がっているのでしょう？　死は、向かうべきどこかではありません。死は
見え透いているので、不死の光がすでに透けて見えています。……それにし
てもあの若い果物屋の名は何だったのでしょう？

注

1　未刊原稿。GS 8 で初めて出版。GS 8, 278-280.

2　原文は sie bringen zum Leben となっている。Leben（生）を Tod（死）に換えると
　 zum Tod bringen で、「死刑にする」の意味になる。

3　原文では "Rollen", schnarcht sie, "tut nur der Donner!" となっている。妻のいびき
　 と雷の音とリンゴが転がる音が重ねられている。

4　原文は auf dem selben Papier, das so geduldig ist で、"Papier ist geduldig." は「紙
　 は何を書かれても黙っている」の意。

5　「溝」の原文 Schürzengraben〔シュルツェングラーベン〕で、F/M の造語。「塹壕」の
　 意の Schützengraben〔シュッツェングラーベン〕と語呂合わせされている。Schürzen は
　 「エプロン」、Graben は「溝、壕」で、造語の Schürzengraben を直訳すれば「エプロンの
　 溝」〔妻との溝〕となる。

6　原文は Schnarchender Donner blitzender Dummheit! で、ここでは直訳した。

7　原文は ein famoser junger Obsthändler で、famos を「名うての」と訳した。ここでは、
　 リンゴを売る流行作家〔ペルーツ〕のことが暗に言われている。

8　シェークスピア『ハムレット』第 1 幕第 5 場。

82　第1部　フリートレンダー／ミュノーナのユーモア

9　F/M の息子ハインツ・ルートヴィヒ（Heinz Ludwig）。『理性と平和』63 頁参照。

10　『ホッペガルテンのアリアドネー』（*Ariadne im Hoppegarten*, 1928）は、ユダヤ人の作家・映画監督ルートヴィヒ・ヴォルフ（Ludwig Wolff, 1876-1958）の娯楽小説。1928 年、デンマークの監督 Robert Dinesen（1874-1972）によって劇映画化。

11　本書「作品解説」参照。

12　原文は happy endet となっている。

13　原文は Fleiß ist willig, Geist schwach. 新訳聖書（マタイによる福音書 26: 41）の言葉 Der Geist ist willig, aber das Fleisch ist schwach.（心は燃えても肉体は弱い。）を捩（もじ）っている。

14　原文をあえて直訳した。本来の意味は「頭がおかしい」。

15　原文は verullsteinert で、versteinern（石に変える）と Ullstein（出版社ウルシュタイン）の合成語。当時、ウルシュタイン社は巨大出版社で絶大な影響力をもっていた。ペルーツの『小さなリンゴ、コロコロどこへ？』は同社の『ベルリン・グラビア誌』に連載されていた。本書「作品解説」参照。

16　原文は複数形。Reichsapfel（帝国宝珠）は、神聖ローマ帝国皇帝の象徴である十字架付きの宝珠。リンゴのような球形の上に十字架がついている。原文では、「ヨーロッパ各地の君主たちの権威の象徴」の意味で使われている。

17　「待てよ　お待ちよ　げんきな船乗り

　　〔……〕

　　りんごがすべての　わざわい生んだ〔……〕。」

『世界名詩集大成 6』『ドイツ篇 I』「歌の本」〔ハイネ〕、井上正蔵訳、平凡社、昭和 45 年、245-246 頁。

18　Marcus Atilius Regulus（前 267-前 256）　ローマの軍人、政治家。釘で打ち付けられた樽の中に閉じ込められたと言われる。

19　「コペルニクス以来、人間は中心から　X（未知数エックス）　の中へと転がっている。」（ニーチェ『遺稿 1885 年秋-1886 年秋』2〔127〕）。「コペルニクス以来人間はある斜面に落ちこんだようだ、──いまや人間は、いよいよ速力をまして中心点から転落してゆく──どこへ？虚無のなかへ？」（『ニーチェ全集』第 10 巻「道徳の系譜」第 3 論文 25、上掲、502 頁）。

6. 違うエンドウ豆の上に寝たお姫様（1928年）[1]

Die Prinzessin auf der anderen Erbse（1928）[2]

　若い娘——可愛らしさなし——シルバー・ブロンドの髪の頭とサイズ34
の小さな足、その間に納まっている歩くボンボン詰め合わせ。大金持ちの
（とはいっても実直と言える）両親と一緒に、この娘が、ボクシングの試合を観
戦するため、ロールス・ロイスを降りました。甘やかされてわがままに育っ
たこの怪物は、肉と化した月光のような妖女で、力の限り荒っぽい試合に惹
かれると同時に反発する気もちにもなりました。彼女の怖い気もちは願望を
秘めていました。その願望とは……。

　さて、フェー[3]は、ボクシング世界チャンピオンのヨーク・シュタフェン
に死ぬほど惚れ込んでしまいました。彼女は、両親に無理を言って、彼が行
くところにはどこへでも追っかけて行きました。彼と知り合いになりたいと
いうのでもなく、彼の姿を見るだけでいましたが、或る夜のこと、本心が分
かってしまいました。ヨークが今にもノックアウトされそうになったとき、
彼女は、異常なほどのひどい失神状態に陥ってしまったのです。もちろん、
結局、彼は勝ちました。億万長者の跡継ぎ娘が観戦していたことがヨークに
話され、（彼は私欲のない慈善家の一人でした）すぐにフェーのボックス席に赴
きました。そこには5人の専門医が、なす術（すべ）もなく、フェーの周りで相談し
ていました。

　か細い優美な[4]（sylphidisch）その女の子にヨークが近づいたとたん、その娘は目を覚ま
し、彼の首に抱きつき、彼に（親密な言い方の）「ドゥー[5]」の（あなた）気もちを打ち明
けたのです。もし男がいきなりこんなふうにきたら、もちろんヨークは即座
にアッパーカットしたことでしょう。しかし、この妖精のように柔らかい接
触は、電光石火、彼のすべての筋力を萎えさせてしまいました。ヘラクレス[6]
の胸と鋼（はがね）の脚（あし）をがたがた震わせながら、彼は、試合で出血した（blutende）唇で華麗な[7]（blühende）
唇にキスしました。フェーの両親は、——嘆かず、耐えることを学びつつ[8]——、
国の定めるところによっていつでも来てくれる戸籍役場の職員に急報しまし

た。とにかくまず、フェーのパパは、ボクサーに、周りに誤解[9]が生じるかもしれないことを（パパは奇妙な微笑みを浮かべていましたが）はっきり分からせようとしました。パパは、彼の気持ちを尊重して、ちょっとしたキスをなかったことにするために、ポケットから札入れを取り出しました。ああ、みなさん、この時のヨークをちょっと見て欲しかった！　血の気を失ったヨーク（人々が十分に補償しようとしなかったときのかの前皇帝[10]のように）、しかし、それから両眼球(Augenäpfel)に赤みが差してきましたが、頭から——小さな眼球(Augäpfelchen)、コロコロどこへ？　——転がり落ちんばかりでした。あの妖精(フェー)が、彼の険しい額を左の小指でそっと軽く触れたのです——父親は義理の息子を抱き締めました。フェーは、大男ヨークを仄かな香りで支配しました。ヨークは彼女の奴隷になり、彼女は彼を絶対服従させて面白がりました。それが度を越して、彼の怪力をひどく馬鹿げた気まぐれの原動力に変え、或るときなどは、自分が乗って走って来るポニーもろとも高々と持ち上げさせました。自分の小型車で慎重に彼を無理やり轢かせようとしました。彼女が飼育係を買収した後、ヨークは、猛獣がいっぱいいる檻の中でランチしなければなりませんでした……。

正式な結婚式の直前、義理の母がこっそりヨークを連れ出して、話を切り出しました。「ヨーク、婚約期間は、それはそれ。でも、結婚したら、あなた、フェーを教育した方がいいわよ。はっきり言うわ。新婚初夜の経験が結婚生活を決めるものよ。フェーにべったりでないふりをちょっと見せてやって、お願い。あなたには難しいと思うけど、あのフェーに思い切って反抗なさい。すぐに従順な女になるはずよ。それか、みすみすチャンスを逃して、あの小さな尻にしかれる羽目になって、頭がおかしくなるわよ。ああいうわがままな女の子は、一番乱暴なボクシングの試合よりも消耗するものよ。」まあヨークだってずっと前からそのような奴隷反乱を起こすつもりでしたから、言いなりの花婿から絶対に言いなりにならない夫になろうと思いました。一方、何も知らないフェーは、それとは反対の決心をしていました。彼女はこの素敵な結婚式は完全勝利への幕開けすぎないと思っていたのです。

新婚の二人が初夜のベッドへの敷居を越えるその時が近づいてきました。

6. 違うエンドウ豆の上に寝たお姫様（1928年） 85

真四角で低いベッドが白い絹張りの部屋の真ん中にありました。フェーは、夫を外で待たせました。「わたしが呼んだら来なさい」、と命令しました。まだ彼は服従していましたが、すでに反乱を起こす気もちで、すぐにも彼女の主人になるつもりでした。ドアの前でその時を待ち焦がれていました。とつぜん悲鳴が耳に入りました。びっくりしてドアを開けました。ピンクの
Kimono
着物を着て、フェーが泣き叫びながらベッドの前に立っていました。彼女はうめき声をあげて、必死に両耳をふさいでいます。「どうした、フェー？」、彼が声を張り上げました。「痛いのか？」「ああ、ヨーク、ベッド、ひと所だけ、とっても硬いの。ちょっと調べてみて！ 何かしら？ それに、圧迫感あったけど、ベッドに入っていたら、爆発したみたいで、すぐに飛び起きたの、………耳が、耳が！ ああ、ヨーク！」ヨークは態度を大きくしました。義理のお母さんの警告を思い出したのです。「フェー」、命令口調で言いました、「横になれ！」フェーは目を丸くしました。「怖いひと」、囁くように、ちょっと興味をもって、言いました、「でも、お願い、とにかく調べてみて！」「おまえは、きっと」、ヨークが唸るように言いました、「エンドウ豆の上に寝た
　　　　毛綿鴨
本当の姫だ。このケワタガモの綿毛は朝雲のように柔らかい。」「ヨーク、そのとおりよ」、フェーは気づきました、「きっと硬いエンドウ豆よ。ちょっと調べてみて！」「こりゃたまげた」、ヨークは驚きました。本当にマットの上にエンドウ豆のようなものを見つけたのです。同時に彼は強い口調で命令しました。「フェー、横になれ！ こいつはこのまま入れておく。おまえの超過敏はもうこのままにしておけない！ 妻としてこれからおまえはもっともっ
　　Wehwehchen
といやな痛い痛いに慣れなきゃならんだろう。こんなちっぽけなもので大騒ぎするとは、信じられん。さっさと横になれ、フェー！」彼女は泣き出し、ちっちゃな手で耳の穴を塞ぎました。「ヨーク、ひどいひとね！ わかったわ、エンドウ豆はそのままにしておくから、とにかくベッドに入って、わたし、とっても怖かったの！ 何か爆発するかも？」「ヒステリックなやつだ」、彼はぼやくように言いました。「それじゃ、気をつけてろ！ 今、おれが片側からベッドに飛び込むから、そうしたらおまえが反対側から………いちにさ

ん——それッ！」二人は、寝具の中へ突進、そして、ズスン！ 骨の髄を揺り動かすような衝撃がありました。「思ったとおりよ」、フェーが叫びました。ヨークはふとんを全部エンドウ豆の方に投げつけました。そのエンドウ豆は、^{Erbse}痼癪玉^{Knallerbse}でした。彼は甲高い声で笑い、震えているフェーを彼の巨大な二頭筋の中へと抱きしめました。「フェー、きみは、痼癪玉の上に寝た姫だ、けど、これはまあ、もう破裂しないだろう…………」

　夫になりたての花婿の友人たちは、なんとも気の利いたビックリを考え出すものです。フェーの夫は賢明でした。つまり、文字どおりシラーのお馴染みの処方に忠実だったということです。「強いものと弱いものとが、しっくりとよく混ざり合えば、そこに必ず一つの美しい響きがうまれてくる。」[11]〈破裂音〉は、もちろんシラーには、フェーの結婚のようにぴったり合っていなかったでしょうけれど。

注

1　デンマークの童話作家アンデルセン（Hans Christian Andersen, 1808-1875）著『エンドウ豆の上に寝たお姫様』のバリエーション。

2　『ベルリン株式新聞』（Nr.603, 25. Dez. 1928, 6）に「クリスマスの童話」という副題と共に初出。GS 8, 285-288.

3　娘の名 Fee。Fee は、普通名詞としては「妖精、仙女」（メルヘンに登場する美しい女の精で、魔法の力をもっている）の意。

4　Sylphide（空気の精、ほっそりした優美な少女）の形容詞形。

5　英語の you にあたるドイツ語には敬称（Sie）と親称（du）の2種類があって、du は、恋人、夫婦、家族、親友、同級生等の間で使われる。

6　ギリシア神話最大の英雄。

7　blutend〔ブリューテント〕（出血した）と blühend〔ブリューエント〕（華麗な）の語呂合わせ。

8　僅か在位99日で病死したドイツ皇帝フリードリヒ3世（Friedrich III., 1831-1888）の言葉。"Leiden lernen, ohne zu klagen."（嘆くことなく、耐えることを学べ。）

9　過去においてドイツでは、両親の前でキスするということは結婚を意味していた。

10　ヴィルヘルム2世（Wilhelm II., 1859-1941）ドイツ帝国最後の皇帝（在位1888-1918）。第1次世界大戦の勃発とドイツの敗北を招き、1918年、オランダに亡命した。

11　『世界名詩集大成6』『ドイツ篇I』「シラー詩集（抄）」、小栗孝則訳、平凡社、昭和45

6. 違うエンドウ豆の上に寝たお姫様（1928年）　87

年、136 頁。この詩は、さらに次のように続いている。
　　「それゆえ、永遠に結び合おうとする者は
　　　心と心とのつながりを、よくためしあってみること。」

7. ミニ・グロテスクと逸話[1]

Minigrotesken und Anekdoten

(1)〔……〕しかし、私がすぐ隣のテーブルにそのまま腰を落ち着けていると、ヘルヴァルト・ヴァルデン[2]の『シュトルム』誌の面々、エルゼ・ラスカー–シューラー[3]、デープリン博士[4]、S. フリートレンダー–ミュノーナ博士、そしてカール・アインシュタイン[5]がウィーンからの訪問を受けていました。これらベルリン人たちに、カール・クラウス[6]とアードルフ・ロース[7]が、新たに発見した人物、画家のオスカル・ココシュカ[8]を紹介しています。奇妙な動きの線、支離滅裂の引っ掻き傷だらけのような何枚かの肖像デッサンが一同に回覧されて、「ココ」が分かりにくい言葉で難解なことをさらに不明瞭にして面白がっています。例えば、それとすぐには分からない額の筋の

1915 年から 1920 年頃のミュノーナ。パリのアパートの壁に残されていた写真の一枚。『理性と平和』28 頁参照。Foto: Atelier Ebert, Berlin

ようなものについてウィーンなまりでこう主張しています。「これは、<ruby>きもちわるぅい線虫です。<rt>Dös is so a grauslicher Worm</rt></ruby>」

　ミュノーナは、社交嫌いで臨場恐怖症、見るからに居心地が悪い様子です。手は震え、汗が額から玉のように流れています。とつぜん私は気づきます。彼が、形見の時計を密かにカバンから取り出し、水の入ったグラスを引き寄せて、その懐中時計を冷たい水の中に鎖でゆっくりと滑り入れているのです。私の怪訝そうな目線を感じると、彼は満足げにため息をついてこう言うのです。「ああ、さっぱりした。」そうして、そんな**クウィー・プロー・クウォー**[9]（或る事が他の事の代りに）が世界中であたかもまったく当たり前のことでもあるかのようにその時計を再びしまうのです。**プロバートゥム・エスト！**[10]（それは証明せられたり）

　　　　（ヨーン・ヘクスター[11]「カフェー・デス・ヴェステン[12]での或る日のこと
　　　　『私たちはこんなふうに暮らしていた──ベルリン・ボヘミアンの25年』
　　　　〔*Ein Tag im Café des Westens*, in John Höxter: *So lebten wir. 25 Jahre Berliner Bohème*, Berlin: Biko 1929〕、38-39）

《参考》カール・クラウスは、1910年1月12日にベルリンに到着し、1月13日、17日、20日とパウル・カッシーラーの芸術サロンで朗読している。この年、ココシュカは、ベルリンに引っ越し、1910年7月11日、パウル・カッシーラー・ギャラリーで彼にとっては最初の展覧会を開いている。これがその後の画家としてのキャリアのスタートになった。カフェー・デス・ヴェステンで一同に回覧されたのはココシュカの自画像（画題「精神錯乱の肖像」）で、上記のF/Mの行為はこの作品に対するF/Mの反応だったと推察される。

(2) 淑女と紳士。紳士が**喫煙**している。その喫煙のことで、**小犬を抱いてい**る淑女が苦情を言う。淑女は、紳士の口からシガレットをもぎ取って、窓から放り投げる。すると紳士は、小犬を窓から放り投げる。──〔窓の下では〕停留所で、小犬が口に**シガレットをくわえている**。　（1937年3月、日記74）

(3) 犬は、口を塞がれると、尻で吠える[13]。人類は、自由な理性をこれまでずっと塞がれてきた犬のようなものだ。その結果として、人類は獣のようになった。今からでもそれを逆にすれば、つまり、理性を自由にして、獣性を封じれば、人類は、理念(Ideen)を〈声高に口にする[14]〉であろう。

(1945年3月14日、日記168)

(4) 風が吹いて、知らない婦人の喪のベールが一人の紳士の頭に絡みつく……これはまいった(tableau)。[15]　　　　　　　　　　　　　　　　　　（1933年12月終わり、日記3）

(5) 最近、リーゼ[16]は、通りでこらえきれない笑いの衝動に駆られました。――メトロ〔地下鉄〕から一人の実直そうな紳士が出てきたときのことです。こ

F/Mの妻マリー・ルイーゼ・シュヴィングホーフ（Marie Luise Schwinghoff）17歳頃（1900年頃）。Foto: Atelier Steinbacher, Salzwedel

の紳士の後ろを一人のマダムがゆっくり歩いていました、黒い喪のベールをつけて。突然一陣のものすごい突風*ein furchtbarer Windstoß*が吹いて、黒いベールの中にその紳士の頭を包み込んだのです。するとその紳士、纏わりつくベールから逃れようとまるでラオコーン[17]のような動きをしなければなりませんでした。その時、紳士は**大真面目**で、**かの未亡人**も大真面目、ところがリーゼはまったく。ついにリーゼは大笑い、私の未来の未亡人——〔「黒い喪のベール」と「リーゼ」と「風」〕（リーゼの笑いを私はこう分析しました）リズロン*Liseron*〔リーゼ〕はフランス語でヒルガオのこと——つまりドイツ語ではWinde〔風*Wind*〕[18]。

（1934年1月18日付アンナ・ザムエル[19]宛手紙）

（6）**朗読レストラン**。俳優が、食糧難の間ずっと**暗示的**に料理本を朗読している。

（1937年5月、日記80）

（7）80ポンド[20]の体重の若い女性が結婚する。銀婚式のときに彼女は2ツェントナーの体重になっている。祝賀を受ける男性への乾杯の辞、「若き日の願いは年老いて心ゆくまで充たされる。」〔ゲーテ〕[21]

（1934年4月8日、日記8）

（8）ユーモアは、〔いわば〕判決なしの、すなわち無言の裁判である。ウィットが本質的に言葉に因る——それ故、シュレーゲル[22]が強調するように音楽と同類である——のに対して、ユーモアは〔無言の〕執行に因る。〔……〕。ユーモアにおいては、客観が**客観**として公平に取り扱われる。〔……〕。判決の下され方は二とおりでありえる。——人格の不可侵性が守られるか、人格がきっぱり無視されるかである。〔一般には〕違法であるとしても、〔ユーモアにおいては〕両方とも人格の不可侵性を**傷つけ**ない。赤ん坊[23]が泣いて困る、と奥さんが愚痴る。投げ捨ててしまいなさい、というフリートレンダーの応えは、古典的なユーモアの一例である。この赤ん坊は、人格が無視されながら公平な扱いを受け、泣く権利は許されている。

92　第1部　フリートレンダー／ミュノーナのユーモア

（ベンヤミン「ユーモア」〔1917 年 9 月から 1918 年 4 月にかけて書かれた
断片〕*Der Humor* [Fragment, vermutlich zwischen Sept. 1917 und April
1918], *Gesammelte Schriften*, Bd. VI, hg. Rolf Tiedemann & Hermann
Schweppenhäuser, Frankfurt a. M.: Suhrkamp 1985, 130）

（9）1915 年、戦争の年、F/M が召集令状[24]とともに「身の証が建てられた身
体」〔徴兵身体検査合格の 体（からだ）〕で、いわゆる「殺人委員会（Mordkommission）」[25]〔徴兵最終審査〕の
前に立った時のことです。カー・ファオ（kriegsverwendungsfähig）〔*k.v.* 甲種合格〕（前線勤務向き）を
宣告した軍医少佐に彼はこう言い返しました。「間違いです！ 外見はあてに
なりません。英雄という観点からすると、私は、軍人としてまだ 成 熟（geschlechtsreif） し
ていません。」（F/M は「責任能力不足」として送り返されました。）

（ヴァルター・メーリング[26]「ミュノーナの私的傍注」*Private Rand-*
bemerkungen zu Mynona, Die Weltwoche, Zürich, 10. Dez. 1965, 53）

（10）これから、私は、ベーネ[27]のところに行きます。ミュノーナが、新しい
本『カント、乳児のおしめの代わりに』[28]の一節を朗読します。

（ハンナ・ヘーホ[29]「クルト・シュヴィッタース[30]宛手紙、1923 年 6 月」、ハ
インツ・オーフ『ハンナ・ヘーホ』*Hannah Höch*, hrsg. Deutsche
Gesellschaft für Bildende Kunst, Kulturverein Berlin, Berlin: Mann 1968,
22-23）

（11）ところで（A propos）、「トイレットペーパー」のこともお伝えしなければなりませ
ん。ミュノーナは、或る時[31]、「紙屋」に入って店主にこう説明しました。家
族に不幸があって、どうしても死亡通知の黒枠にトイレットペーパーがいる
のですが、と。その店主、たいへん気の毒がって、残念ですがそのようなも
のはうちにはありません。

（ハインツ・ルートヴィヒ・フリートレンダー、ハルトムート・ゲールケン
宛手紙、1986 年 6 月、ゲールケン資料）

7．ミニ・グロテスクと逸話　93

　それともいったいこの世は喪から臭い匂いがするので、結局トイレットペーパーさえ黒枠[32]に垂らすなんてことになるだろうか？？？

　　　（「シュナーダヒュプフェルンの中のカント」*Kant in Schnadahüpferln*, 1923,
　　　GS 8, 39）[33]

注
1　全「逸話」は GS 18, 192-408 に収録されている。
2　ヘルヴァルト・ヴァルデン（Herwarth Walden, 1878-1941）　芸術評論家。雑誌『デル・シュトゥルム』で表現主義を主張。
3　エルゼ・ラスカー–シューラー（Else Lasker-Schüler, 1876-1945）　女流詩人。ヘルヴァルト・ヴァルデンと結婚。ナチス政権成立の 1933 年にエルサレムに亡命。
4　デーブリン（Alfred Döblin, 1878-1957）　雑誌『ダス・ゴルデネ・トーア』を主宰。『理性と平和』82 頁（注 44）参照。
5　カール・アインシュタイン（Carl Einstein, 1885-1940）　芸術史家、作家。
6　カール・クラウス（Karl Kraus, 1874-1936）　オーストリアの作家。
7　アードルフ・ロース（Adolf Loos, 1870-1933）　オーストリアの建築家。
8　オスカル・ココシュカ（Oskar Kokoschka, 1886-1980）　近代オーストリアを代表する画家の一人。雑誌『デル・シュトルム』の同人にもなっている。
9　Qui pro quo.
10　Probatum est!
11　ヨーン・ヘクスター（John Höxter,1884-1938）　表現主義、ダダイズムの画家、作家。
12　当時ベルリンで活躍していた作家連のたまり場だった。『理性と平和』54 頁写真参照。なお、同書では、人物の説明に誤りがあった。正しくは、左からアンナ・シェールバルト、ザムエル・ルブリンスキー、F/M、パウル・シェールバルト、エルゼ・ラスカー–シェーラー、ヘルヴァルト・ヴァルデン。
13　「口輪をはめられた犬は、尻で吠える」（Heine, *Gedanken und Einfälle*, IV（Lutetia））。
14　原文では前段の犬の例にあわせて bellen（直訳：吠える）となっているが、ここでは「声高に口にする」と訳した。
15　F/M は、作品の中で使う材料を日記にメモしていた。この日記のメモが次の（5）の着想の基になっている。1933 年 10 月 16 日にパリに亡命してから、F/M にとって、日記と手紙が自分の創作意欲をつぎ込む唯一の場所となった。
16　リーゼ（Lise）は F/M の妻マリー・ルイーゼ（Marie Luise）のこと。
17　トロイアの神官。ギリシア軍の残した木馬を市内に入れることに反対し、大蛇に絞殺さ

94 第1部 フリートレンダー／ミュノーナのユーモア

れた。

18 ドイツ語で Wind は「風」、Winde は「ヒルガオ」の意。

19 F/M の妹。『理性と平和』58, 202, 211 頁参照。

20 1ポンド＝500グラム。100ポンド＝1ツェントナー。

21 『ゲーテ全集』第9巻「詩と真実」（第2部題辞）、菊盛英夫訳、人文書院、昭和35年、189頁。

22 フリードリヒ・シュレーゲル（Friedrich Schlegel, 1772-1829） シェークスピアの翻訳者アウグスト・ヴィルヘルム・フォン・シュレーゲルの弟。哲学者、評論家、詩人。ドイツ・ロマン派の理論的指導者。

23 F/M の息子のハインリヒ・ルートヴィヒは、1913年1月12日に生まれた。

24 ゲールケン資料によると、F/M は5回召集令状を受け取っている。第1回目は1893年6月20日（22歳）、第1次召集扱いの後方勤務予備役。第2回目は1910年6月22日（39歳）兵役不適格。第3回目は1914年12月16日（43歳）登録のみ、兵役猶予。第4回目は1915年9月15日（44歳）徴兵検査の結果、予備役。第5回目は1916年10月30日（45歳）。

25 「兵隊は殺人者である」。この言葉を巡っては複雑な経緯がある。GS 11, 34, 249 参照。

26 ヴァルター・メーリング（Walter Mehring, 1896-1981） ダダイズム、表現主義のユダヤ系ドイツ人作家。1933年の「ナチス・ドイツ焚書」の対象となり亡命するが、1939年、パリで拘禁。1941年アメリカへ逃亡。戦後、ヨーロッパに戻り、1981年、チューリッヒで没す。1967年、テーオドール・フォンターネ賞受賞。

27 アードルフ・ベーネ（Adolf Behne, 1885-1948） 建築家、芸術史家、評価家。雑誌『デル・シュトルム』の協力者。1919年頃、想像的建築家の仲間のヴァルター・グロピウス、ブルーノ・タウト、ヴェンツェル・ハープリクらと「ガラスの鎖」（パウル・シェールバルトのガラス建築の影響）結成。フンボルト大学教師、1933年に解雇される。戦後は1945年から1948年まで東ベルリンの国立造形技術大学教授。約1400の出版物がある。

28 1924年、『子供たちのためのカント』というタイトルで出版。

29 ハンナ・ヘーホ（Hannah Höch, 1889-1978） グラフィックデザイナー。ダダイスト。

30 クルト・シュヴィッタース（Kurt Schwitters, 1887-1948） 画家、詩人、コマーシャルグラフィックデザイナー。

31 1923年と推定。GS 8, 39 参照。

32 喪の黒枠は、今日では死亡通知の郵便とか封筒に使われている。ちなみに、現在のような巻いた形のトイレットペーパーの製造販売を始めたのはイギリスの Scott Paper Company で、1890年から。ドイツでの最初の製造会社はルートヴィヒスブルクのハークレ（ハンス・クレンク）社で1928年から（同社は現在マインツにある）。

33 ヨーデル付で、ときにきわどい内容の即興の民謡。『技術と空想』138頁, 192頁（注103）参照。

8. ザオトマート（1918年）[1] ── リヒャルト・ツィーグラー[2] 挿絵（1931年[3]）
Sautomat（1918）, mit Richard Zieglers Illustrationen（1931）

当クラブの次なる 上 演（Vorführung）、──聞き手の期待とすればむしろ 誘 惑（Verführung）は、後に世間が

ザオトマート

と呼んだ話です。

「売春に関しては、もうこのままにしておけません」、と枢密顧問のゼンメルマンが活発な会議で発言しました。「それで、ご出席のみなさん、改善の見込みのない性欲の 猖 獗（しょうけつ）をもはや食い止めることはできませんので、この性欲が可能な限り害を及ぼさないようにするために、是が非でも何か手を打たねばなりません。この公益的な試みに取り組むにあたり、どなたか、名案はありますでしょうか、いかがでしょうか？」

赤みがかったブロンドの目立つ髪、鷲鼻で緑色の鋭い目をした一人のレディーが最前席で即座に椅子から立ち上がり、ちょっと前かがみの姿勢で柄付メガネを目の前にかざし、驚くべき知的冷淡さで本題に話を進めました。まず彼女は、叙情詩人ピプカフェル[4]の提案を退けました。その提案というのは、簡単に施せる予防措置のもと、キス〔クス〕（Kuß）[5]が、深刻な不道徳や不満足より重大な行為の代わりをするような

96　第1部　フリートレンダー／ミュノーナのユーモア

　　　　　　　　　　　　　　Kußbordell
　　　　　　　　　　　キス處を開設すべきである、というものでした。反対意見に対して、ピプカフェルは異議を唱えました。彼は、少し突き出た鼻のような口つきをしたブロンドの温和な大男で、その口を突き出して唇をピチャピチャさせるようにして、率直に自分が卑猥と思うようなキスを実演して見せ、自分もこのようなキスは異常であるとして退けました。そのようなキスではないキスがあ
　　　　　　　　　　　　　　　　　　　Kuß
るのではないか、〔口を突き出して〕ク……！　彼は、そうでなくても甘ったるい眼差しを和らげました——キス、まさに義務的にするキスがある。このキスは、下品な性的喜びの代わりをするだけでなく、この上ない幸福感をもたらすという点において優れていて、下品な性的喜びなどどうでもよくするであろう。この場でお許しがあれば、漠然とイメージしてもらうために、3列目の左に座っている婚約者とちょっと実演したいが……だめでしょうか？　やはりだめでしょうな！　しかし、彼は、自分の意見に固執しました。一同は彼に静かにするよう求めました。先ほどのレディーが綿密な根拠づけを基に本題へと話を進めました。キスで彼女自身はいやな経験をしていました。ピプカフェルはきっかけの言葉を作りました。「よくキスすれば、半ば生んだようなもの」[6]。しかし何の役にも立たず、彼の提案は否決されました。そこで、レディーが意見を述べました。〔「〕現実に性欲を克服するなど、自分の見解では、ほぼ不可能に近い。
　　　　　　　　　　　　　　　　　　　　Atavismen
性欲は、言うまでもなく、最も困った最も根深い先祖返りの一つであります。しかも、少し前に、国家資格のある禁欲主義者ベシェーラー[7]医師が、堕胎幇助の容疑で刑務所にぶちこまれています。幻想は抱かないでいただきたい。

行為はまさに行為、それはまったく代用が利かないし、予想のしようがありません。それでもちゃんとできることが何かあるとしたら、それは婚姻外でこの性行為~Verrichtung~を完全に無害にすることです。子供を作ることは厳格に婚姻内でなされるべきである。他方、婚姻外の性的満足を拒むことはできない——故に、性的満足を……中和すべきです。どのような考えであるか、さっそく詳しくご説明しましょう。〔」〕そして本当に、彼女は、天賦の才能で、大胆極まりない

無類のプランを述べました。そのプランは、かつて誰も考えつくことさえできないものでした。彼女が述べたあらゆる点で実現可能な提案とは、確認済みの同衾の優れたところを自慰の喜びと一つにするというもので、それは、普通の相互的な性的関係と単なる一方的な行動のベクトル成分から極めて巧みに合力を引き出すというものでした（なるほど扱いの難しいテーマではあります——しかし、きれい好きであるということは、つまりは絶対に汚さないということにあるのではなくて、入浴すること、洗浄すること、また、汚れがけっして染みついていないであろうことが確かなので汚れを恐れる必要のない効果がずっと続く清潔さにあるのです[8]。）出席していた生理学者たちは、レディーのプロジェクトの信用を失墜させようと全力を尽くしましたが無駄でした。或る者たちは、レディーの提案に、ベールに隠されたオナニーしか見出そうとしませんでした（ああ、そうではありません！　レディーが反論。最も思い切った方法で、相互的なものです！）、これに対して、他の者たちは、この相互性は生命と心を欠いているが、相互性という点では正常な状態に似ているとみなして、どんな犠牲を払ってもどんな危険を冒してもむしろ完全な自然性を優先すべきである~coûte que coûte~、と主張しました。しかし、多数がレディーの提案に理解を表明し、こうしてその議案は帝国議会に送られました。嵐のように激しい審議の末、ここでも提案は過半数の得票となりました。党員~Genosse~[9]エーベルシュヴァイン[10]

98　第1部　フリートレンダー／ミュノーナのユーモア

は、卑猥な当てこすりのために、議事を妨害しないよう何回も注意されました。これらの御仁には、それ自体汚い内容や泥だらけの素材でも手を加え磨き上げることによって宝石になるということはけっして理解できないでしょう。政府は、実現に向けて本気で取り組む前に、国の最高機関の諸官庁の前で披露する模型を要求しました。工学博士ナターナエル・シュッツロヒェルが、コンペティションで賞を獲得しました。

これは専門家だけが参加するコンペではありませんでした。女も男も最高齢の年寄から下は最年少の小娘やギムナジウム2年の生徒まで、誰もが、自分の発明力を発揮して、工夫を凝らした見本を提出し、この機械的性生活――何しろお目当てはこれだったのですから――に加わりました。特許庁は、綿密に検査する目的で特別の部局を併設しました。シュッツロヒェルが獲得した賞は……「勝利の栄誉」と呼ぶべきでしょうか？　彼の模型は1等の賞品を獲得しました。その賞品は古風に仕上げられた記念メダルで、上部には細長い経線儀の形をしたプリアポス[1]が見て取れました。それを作った芸術家は、正式の婚姻によ

らない楽しみごとのこの新しい形の意味をほどほどに工夫して寓意化しようとしたのです。まず、首都に、然るべき建物の建設が始まりました。これまでは拒絶されていたあれほど

汚い文明の分枝が今や確実に最高の保証の下で純化されるということを考慮して、また、これから新たに始まる評価に模範を示すために、首都で最も重要な場所ヴェルサイユ・プラッツ[12]にある貴族院のすぐ近くにその建造物は建てられました。もうその半年後には、それとなくプリアポス風に作られた美しい塔をもつルネサンス様式の宮殿のような建物が、そうでなくてもすでに誇らしげな周囲を超えて誇らしげに聳え立っていました。諸官庁のトップたちがそれぞれ一巡しました。その宮殿のような建物には、天井に採光用のドームのある立派な待合室があって、事務局、診断のための医務局、芸術局が置かれていました。この芸術局には、選り抜きの名人（マイスター）たちが器具の製作、つまり陳列用の男性と女性のイミテーションの製作に取り組んでおり、これらの名人たちには技術スタッフがつけられていました。実際の部屋は **小 別 室**（chambres séparées）システムで配置され、しかもデラックスクラス・中級クラス・簡素クラスの3クラスありました。その他の点では、利用は可能な限り自動的に行われるようになっていました（これを、口汚い、しかし本当は好意的な 世 間（フォルクスムント）は、〔アウトマートを〕ちょっと違えて標記のように〔ザオトマートと〕呼んだのです）。すべて用意万端だったにもかかわらず、この公益施設の実際の業務開始に困難が立ちはだかりました。宮廷が最後の心の抵抗を感じたのです。この抵抗も宗教顧問たちの、特に女官たちのところで徹底した意見聴取が行われた末、ようやく一掃されました。最後に、最高位にある人たちが、絶対に分からないようにお忍びでこの共同の場所（locus communis）を視察しました。するとどうでしょう、あの抵抗

は見る見るうちに衰えたのです。その上さらに、とりわけ下層の人々に人気で、しかも色事で悪名高かった若い皇子ティティーノ・フォン・バックシュタット[13]の最も強い賛成意見が人々の耳に入ってきました。

「顎の下に黒子のあるユミ製の<ruby>こ<rt>Kleene</rt></ruby>[14]は素晴らしい、そう思わないかね、シュトゥルプナーゲル[15]？」と、皇子が副官に大きな声でお聞きになったので、女官の一人が皇子の方を振り向きました。その日のうちに婚外交渉が禁止され、法的に最も重い罰、重犯の場合は死刑に匹敵する刑、つまり懲役130年、と脅されました。つまりこういうことです、生きている人間との性交渉も、屁理屈をこねるような<ruby>輩<rt>やから</rt></ruby>が墓や同類の棺桶から取り出してこようとする死体との性交渉も禁止。婚姻外で満足を得たい者は、<ruby>自動喜び處<rt>das automatische Freudenhaus</rt></ruby>に行かざるをえなくなったということです。この<ruby>共同の館<rt>Gemeinplatzpalais</rt></ruby>が、最も遠いところにある町や村に至るまで全市町村に<ruby>聳<rt>そび</rt></ruby>え立ち、始めのうちはただ好奇心から行く者がいましたが、すぐにもっと堅実な目的に使われるようになりました。一人の侯爵夫人の提案で、有名な雛形を手本に享楽模造品が芸術的に製作され、気もちよさが有益性と結合されたのです。例えば、最も性欲をそそる標本の一つであるボッティチェリのヴィーナスがそれでした。バチカンのアポロは、統計的計算によると最も修理の必要な対象でした。スローガン「芸術を民衆に！」[16]の支持者たちにとってはまさに大勝利になりました。そのとおり芸術が大衆のものとなったのです……それどころか表現主義者の諸施設まで用意されました。エルスベト・ツーア・ヴィントミューレン[17]がダ・ヴィンチの最後の晩餐[18]からとって

8. ザオトマート（1918年）—— リヒャルト・ツィーグラー挿絵（1931年）　101

kubistisch
立体派風に光沢仕上げした使徒の一人は、あまりにも熱烈に賛美する女性ファンによって2次元に押し戻されてしまいました、つまり文字通り平らにされてしまったのです……**最上のものの濫用は最悪となる**[19]。或る夜のこと、役所が、自然に反することが純粋な理念を汚すことになってしまっていることを探り当てました。獣姦的、少年愛的、レズ的、サド的、マゾ的トレーニングが見つかって、善良な人々を驚愕させました。当局はもちろんこれらをやめさせました。国境を越えてものすごいセンセーションを巻き起こしたのは、上手にこっそり忍び込んで自分が装置の代わりになる方法を心得ていた
hypergeil
超多淫な男女が機械的愛欲を現実的

愛欲に密かに変えていたことでした。それに対して、残念なことですが、二三の医者[20]は、科学的研究という口実で、処罰を覚悟することなく、それどころか人類の恩人、科学の支援者として最高の賞賛を得て、彼らが強く勧める性欲で最もふしだらなことをすることが許されました。実際、彼らは、時には、そんな気がないこともありました。そう、彼らは、汚い情欲を真理の探究というベールに包み隠しながら、文化に、最も神秘的なことに関するいっそう優れた学識にしばしば無意識に——世界は何と見事にうまくいっていることでしょう——現実に貢献していたのです。しかし、詩人たちは、ここで、

　まったく新しい宝庫を得て、利用し尽くしました。例えば、愛しても不幸な者たちがいましたが、彼らもやはり少なくとも自動的に幸福になりました。愛されても不幸な者たち自身は、自分たちの模造品に心の底から喜んで同意しましたが、喜んでいるその人間性自身は無感覚の目に涙を浮かべているのでした。また、同時に、やきもちの問題がすべて、好きなようにオリジナルをコピーすることで楽々解決しました——これは悲劇俳優にとっては奇妙な損害です。他面、こともあろうに結婚の悲劇が増えました。性的倦怠感はよくある話です。これは、夫婦生活の間に退屈という形で片方あるいは双方によく生じ、かつては輝くように綺麗だった花嫁が、あるいは昔は元気もりもりだった夫があまりに急速に老化したときに生じます。あの公共施設のデラックスクラスは、時折、絶望している夫を親切に迎え、老人を技術的に若返らせてくれました。老人は、人間の廃墟の青年時代の写真を基に模型を復元してもらいました。この代用品は、それぞれの性格に応じて、幸福をもたらすような、あるいは魔法にかけるような作用をもっていました。或る場合は、青春時代を再び思い出すことによって老人をますます感動させ、ありがたく思わせ、楽しませました。とは言っても、官能の野卑な関心が心の中で度を超した場合、まったく逆説的な矛盾した夫婦生活の思い違いが生じ、物品淫欲症的な模型の偏愛が、厳密に言うと夫に関してなのですが、いわゆる誠実な不誠実から、夫婦関係をだめにしました。

　「あんた、きっとまたあのあきれた機械(Maschine)のところにいたわね、ブルーノ！」、

8. ザオトマート（1918年）── リヒャルト・ツィーグラー挿絵（1931年） 103

と最愛の夫に向かって白髪のパウラが腹を立て
て言いました。

「おまえにブルーノを作らせてくれ。喜んで
金をやる」、とブルーノがあっさり、堂々と答
えました。

多くの夫婦がほとんど毎日のようにこんなふ
うでした。ちなみにこんなことがありました。
或る妻が自分自身の姿の人形を爆破したのです
それでその夫は、新品と取り換えるのを警察に
禁じられたとき、自殺してしまいました──つ

まり、それは、自然のままでは素気なく撥ねつけていたその妻への愛からで
した。ここで、こんな替え文句ができました──それで芸術が勝利すると、
自然は消え去らねばならない[21]。

皇子ティティー
ノ・フォン・バッ
クシュタットの
生々しいハーレム
は、とっくの昔に
潰れてしまいまし
た。このエキセン
トリックな皇子
は、人工的な愛が
好きで、それを極

め、スキャンダルになったほどです。この方面で集中した彼の発明の才能の
頂点は、自分自身を製作させ、こうして自分自身と交わり合ったことでした
（！）。彼の姿は、模型として女性化されました。哲学者レイムント・プッサー
ル[22]は、皇子に喜んでもらうためにわざわざ一つの理論を打ち立てました。
その理論によれば、誰しも根本において自分自身にだけ性的欲望を抱くとい

うのです。その著書は『性愛——鏡像問題(Spiegelproblem)』と名づけられ、皇子に献呈されました。人間は、まさに同じ人間であったが故に、相互に求め合っていた。プッサールは、数学的に確立されている反射光学の一章を拡大して、プラトンの伝説[23]を再び甦らせたのです。残念ながら、彼は、それによって皇子が命を落とすきっかけを作ったばかりでなく、機械仕掛けの愛の全施設が終わりとなるきっかけを作りました。つまりこういうことなのです。強烈に皇子の関心を引きつけたプッサールの著書の内容を皇子になんとか教え込もうとするアカデミー全体と4学部[24]全学部の協力で、皇子はその内容をすぐに我がものとしてしまい、その内容を実行に移すように主張して譲りませんでした。大勢の技術者たちが何か月もこの鏡像問題の解決に取り組みました。才能のある一人の男がついに可変鏡の設計に成功しました。その鏡はゴムの弾性をもっていて、ねじの仕組みで平たくしたり曲げたりできたので、鏡の中に映し出す原像を望みのままにあらゆる形にしました。もちろんこれによって模型の操作がものすごく単純化しました。今やもう器具など必要なくなり、また、公のあの場所も必要なくなりました。誰もが私的にそのような鏡を持つことができるようになり、それぞれ自分で思うような形で楽しんだのです。当分の間、皇子の独占が続きました。皇子が恋し、その中で**彼が楽しんだ**(be enjoyed himself)鏡ベッドは、諸現象の現象でした。そんなふうに全身全霊、全力で長いこと何ごともなく自分自身を《知る[25]》ことなどできないということは、ア・プリオリに明らかです。皇子は、自分の鏡もろともエクスタシーの驚きと共に果てました。私は、ここで危険な

8. ザオトマート（1918年）── リヒャルト・ツィーグラー挿絵（1931年）　105

気もちにさせる使い古されたドリアン・グレイ・モチーフ[26]を避けます。割れた鏡には鋭いギザギザの縁がある、そうでしょう？ このように、皇子は、官能的エクスタシーのまさにその時……、判じ絵のように言うと、彼は省略符号〔'〕をつけられたのです[27]──もちろんこれは控えめな表現です！ 彼は、自分がこの世で一番愛したモノからの別れに耐えられず、ただちに身罷(みまか)りました。諸施設は潰れました。そして、結局、鏡でなされた馬鹿げたことはとんでもないことだったので、その鏡の使用にひどい懲罰が課されることになり、自然は、再び本来の自然に戻されました。悔い改めて、全世界が腕の中に──ああ、単なる腕の中ではありません、売春の腕(股)の中に戻ったのです。当クラブ〔「あざける者たちのベンチ」〕自身にとって、たぶんもうお気づきのことでしょうが、大衆娯楽を維持するということは問題でなくなりました。当クラブは楽しさ(Spaß)を愛していましたが、楽しさというものは〔花火のような〕ぱっと変わる気持ちの変化(Abwechselung)にあるのです。ヴェルサイユ広場には、もちろん今日でもまだ、シーバーマン・ウント・クリークレンダー−シュトゥルルト館(Palais)[28]の近くに見事な建物が建っています。しかし、その建物は、その本来の目的以外のことに使われて、人工的な愛の博物館として、かつてあれほど感激した夜を悲しみのうちに過ごしています。── ── ──

これらのページは、リヒャルト・ツィーグラーによって筆写、素描され、パンドーラ-刊本の No.16 として印刷された。
ベルリン、1931 年 1 月。

1
R. Ziegler

106　第1部　フリートレンダー／ミュノーナのユーモア

注

1　『あざける者たちのベンチ──非小説』(*Die Bank der Spötter. Ein Unroman*, 1920)
の一部。同書は1918年から1919年かけて執筆され、1919年にKurt Wolff社（München
/Leipzig）で印刷、1920年の復活祭の時に出版された。本書で取り上げたのは、GS 4に
あるリヒャルト・ツィーグラー自筆稿の部分（GS 4, 369-404）である（本文はGS 4, 234-
241）。翻訳に際してはフランス語訳（Claude Riehl, Mynona: *Méganique*）を参考にした。
同フランス語訳は未刊原稿で、ハインツ・ルートヴィヒ・フリートレンダー〔F/Mの息
子〕を介してゲールケン資料に収められている。この*Sautomat*は、1988年11月3日、
舞台監督Nika BrettschneiderとLudvik Kavínの脚色によってウィーンで初演されてい
る。オーストリア共産党機関紙が酷評。GS 4, 444-445参照。

　　なお、Sautomat〔ザオトマート〕はF/Mの造語で、ザオ（Sau〔雌豚〕）とアオトマー
ト（Automat〔自動装置〕）の合成語。ドイツでは、雌豚は低級、不潔、淫らの象徴とさ
れる。『理性と平和』(68, 232頁)で「猥褻自動販売機」と訳して紹介したが、正しい訳
ではなかった。なお、Claude Riehlのフランス語訳では*Méganique*となっている。音の
響きを重視したものと推察される。本書では、カタカナ表記の利点を生かしてあえて「ザ
オトマート」とした。

2　リヒャルト・ツィーグラー（Richard Ziegler, 雅号Jean Georg Vincent, Robert Ziller,
1891-1992)　ドイツの画家、グラフィックデザイナー。1919年、ゲルマン学でドクター
号取得（ハイデルベルク大学）、その後、独学で芸術分野に進んだ。1937年、イギリスに
移住。『エコノミスト』(*Economist*)等の有名雑誌にグラフィックアートを連載。1948年、
イギリス国籍取得。戦後、東西ドイツの出版社のために膨大なイラストを描く。1962年
からマヨルカ、時折、カルフ（Calw）、1989年から亡くなるまで生まれ故郷のプフォル
ツハイムに居住。

3　1931年5月3日に40歳となったツィーグラーは、その次の日（1931年5月4日）に
60歳の誕生日〔還暦〕を迎えるF/Mに、25部謄写版印刷された最初の1冊である自筆
本（30 ×41 cm）を贈呈した（全35頁、丁付けなし）。

4　名前の由来、不詳。

5　「キス」のドイツ語は「クス」(Kuß)。ちなみに動詞「キスする」はküssen〔キュッセ
ン〕。

6　ドイツに次のような諺がある。"Frisch gewagt ist halb gewonnen."（断じて行えば半
ば成功。）〔ホラティウス〕あるいは "Gut gekaut ist halb verdaut."（よく噛めば半ば消
化したようなもの。）

7　マックス・シェーラー（Max Scheler, 1874-1928）が背景にある。シェーラーは、イエ
ナ大学でF/Mと一緒にカント哲学を学び、文通もしていた。主著『倫理学における形式

8. ザオトマート（1918年）── リヒャルト・ツィーグラー挿絵（1931年）　107

主義と実質的価値倫理学』（*Der Formalismus in der Ethik und die materiale Wertethik*, 1913-1916）等。イエナ大学、ミュンンヘン大学講師。愛人とのスキャンダルから裁判となり、1910 年に教授資格認可が取り消され、爾来、自由な作家となった。ドイツ語の普通名詞 Beschäler〔ベシェーラー〕は「種馬、同衾相手の男」の意。

8　『技術と空想』5「潔癖症」参照。

9　Genosse（党員）は左翼系政党の党員を指す。

10　Eberschwein は、フリードリヒ・エーベルト（Friedrich Ebert, 1871-1925）のことで、ヴァイマル共和国（1919-1934）の初代大統領。ちなみに、ドイツ語のエーベル（Eber）は「雄豚」の意。シュヴァイン（Schwein）は「豚」の意。

11　ギリシア神話の豊穣の神 Priapos は巨大な男根の持ち主で性欲の象徴とされる。

12　「ヴェルサイユ・プラッツ」の名称は、1919 年 6 月のヴェルサイユ平和条約調印以来のものと思われる。

13　女流詩人エルゼ・ラスカー゠シューラー（Else Lasker-Schüler, 1876-1945）の著書『バグダッドのティノースの夜』（*Die Nächte Tinos von Bagdad*, 1907）と『テーベの皇子』（*Der Prinz von Theben*, 1914）が基になっている。GS 4, 445 参照。

14　Jummi（ユミ）、Kleene（クレーネ）はベルリンなまり。標準語は「グミ（Gummi）」、「クライネ（Kleine）」で、意味は「ゴム」、「可愛い娘」。

15　人名 Stulpnagel の由来は不明。Stulpe は「軍隊のブーツの折り返し」、Nagel は「靴底に打たれた釘」の意。プロイセンの軍人のイメージである。

16　1890 年に創設されたベルリン自由民衆劇場（Freie Volksbühne Berlin）の基本方針。

17　オーストリアの女流作家・翻訳家ヘルミュニア・ツーア・ミューレン（Hermynia zur Mühlen, 1883-1951）。社会主義的児童文学の創始者の一人である。

18　ミラノのサンタ・マリア・デッレ・グラツィエ修道院の壁画（420 × 910 cm）。

19　原文は *abusus optimi pessimus.*『ショーペンハウアー全集』第 13 巻「哲学小品集（IV）」、秋山英夫訳、白水社、1980 年、166 頁。

20　例えば、性科学者マーグヌス・ヒルシュフェルト（Magnus Hirschfeld, 1868-1935）、イーヴァーン・ブロッホ（Iwan Bloch, 1872-1922）、等。ヒルシュフェルトは同性愛者の権利の擁護者だった。ブロッホは皮膚科医で、史上初の性科学者と言われる。

21　シラーの詩「ゲーテに寄す、彼がヴォルテールのマホメットを上演せしときに」の一節が背景にある。
　　　　「仮象はけっして現実とはならない。
　　　　それで自然が勝利すると、芸術は消え去らねばならない。」

22　エトムント・フッサール（Edmund Husserl, 1859-1938）　現象学の創始者。F/M は、現象学を「諸現象の現象」と言っている。GS 4, 446 参照。

23　プラトン『饗宴』の中でアリストファネスがエロース〔恋〕について語っている話。──その昔、人間本来の姿は球形で、男男、女女、男女（アンドロギュノス）の 3 種類が

いた。それぞれ頭が二つ、手が4本、足が4本、隠し所は二つあって、強くて腕力もあり、驕慢な心をもっていて、神々に刃向かっていた。そこでゼウスは、思案の末、頭一つ、手2本、足2本になるように二つに切った。そして、人間が自分の切り口を見てもっとおとなしくなるようにと、切った人間の顔と半分になった首とを切り口の方に向け換えるよう、アポロンに命じた。アポロンは、顔を向け換え、皮膚を四方八方から引き寄せて、腹の真中で結び上げた（これが臍と呼ばれる）。二つに断ち切られた人間たちは、皆それぞれ自分の半身を求めて一緒になろうとした（『プラトン全集5』「饗宴〔恋について〕」〔189E-190D〕、鈴木照雄訳、岩波書店、1974年、47-50頁参照）。「このような大昔から、相互への恋（エロース）は人々のうちに植え付けられているのであって、それは人間を昔の姿へと結合するものであり、二つの半身を一体にして人間本来の姿を癒し回復させようと企てるものである」（同書〔190D〕、51頁）。

24　学芸学部（下位の順から、3学科：文法・修辞学・論理学〔後に哲学〕、4学科：算術・幾何学・天文学・音楽）、神学、法学、医学。

25　原文は erkennen で、あえて「知る」と訳した。古くからの隠語で、「知る」は「寝る、同衾する」を意味している。

26　ワイルド（Oscar Wilde, 1854-1900）の長編小説『ドリアン・グレイの肖像』（*The Picture of Dorian Gray*, 1890）のモチーフ。

27　つまり「先がない」ということ。

28　20世紀初頭のドイツの大実業家フリードリヒ・ヴィクトール・フォン・フリートレンダー－フルト（Friedrich Viktor v. Friedlaender-Fuld, 1858-1917）を捩っている。1896年に、建築家エルンスト・フォン・イーネが、ベルリンのパリーゼル・プラッツに「フリーレンダー館（Friedlaender-Palais）」を建てている。GS 4, 446参照。

9. アルコーレスケ〔呑助〕（1929 年）

Alkoholeske（1929）[1]

　ツァイゼヴィーゼル父さんは、もちろん禁酒主義者ではありませんでした、断じて。しかし、奥さんと子供たちの、というかそもそも社会全体の禁酒環境の道徳的圧力でどうしても救世軍に入隊させられることになりました。地域全体がアメリカの酒類製造販売禁止令の虜になってしまっていたのです。たまに思い出したように会う或る大酒呑みがツァイゼヴィーゼル父さんにちょっと耳打ちしたときのこと、ツァイゼヴィーゼル父さんは、死ぬほど驚きましたが、すぐにそれは勇気を奮い起こす喜びの驚きとなりました。その大酒呑みはこう耳打ちしたのです。「グリューンフォイエルデシュティレ[2]のヴィルトフーン[3]母さんは最高に切れのいいウォッカを売ってくれるぜ、おっちゃん——シュナップスは老人のミルク[4]！」ツァイゼヴィーゼル父さんは悲しい思いで家に戻り、おとなしくしていたものの、しょんぼりしていました。

　奥さんと子供たちが尋ねました、どうして泣いている[5]の。……このヴァイェンという言葉だけが彼の頭から離れませんでした。「ヴァイン」、口ごもって言いました、そして、支離滅裂にこうつぶやきました、「ヴァインヒェン、ヴァインライン！ おお、アイン・クラインネス・ヴァインネルル[6]。」突然にんまりして言いました、「母さん、赤ん坊のシュナップスをくれないか！」ツァイゼヴィーゼル夫人はものすごく驚いた顔をしましたが、きっとミルクが欲しかっただけだと分かって、表情を穏やかにしました。彼は、シュナップスが欲しくてたまりませんでした。しかし、年を取るにつれて、あの唆しは利かなくなっていきましたが、心の内ではますます厳禁のアルコールを手に入れたいと思うようになっていきました。

　グリューンフォイエルデシュティレは、酒の小売がまだ黙認されているところにある数少ない居酒屋の一つでした。ここでは、表向きはただ「ミルク」が注文されましたが、ヴィルトフーン未亡人は承知の助とにんまり。そして

彼女が出すミルクは火のようにカーッと美味いのでした。或る夜のこと、ツァイゼヴィーゼル父さんは、この飲み屋にふらふら歩いて行って、そこで密かに、それどころかものすごく飲んで酔っ払いました。側溝の中で寝て酔いを醒まし、それから足を忍ばせてこっそり家に戻りました。奥さんは、病気のように見えたので、ベッドに寝かせ、心配そうに聞きました。「父さん、何か臭わない？」ツァイゼヴィーゼルは小さな声で言いました。「ベンジン、ベンジンだよ、母さん。」すぐに彼は大鼾で眠り込みました。ひどく鼾をかいただけでなく、おまけに寝ながら笑って、つかえながら満足げに言い続けたのです。「ヴァイン、ヴァインヒェン、ヴァインネルレ……ラララ……。」

　ツァイゼヴィーゼル母さんは、子供たち全員と一緒に自治体の長老のところに行きました。彼女は訴えました、「長老、夫がどうやら呑助になったようです！」「ほんとですか？」、びっくりして長老は言いました、「いったい何を飲んでいるのですか？」「うちの人は、グリューンフォイエルデシュティレに行って、ミルクを求めているようです。ところが、ヴィルトフーン未亡人がシュナップスを出しているようなのです。彼女をもっと厳しく監視してください！ うちの人には責任ありません。」「**ありません！**」、その長老はひどく大きな声で言いました。「確かにあそこには他のものは何もありません。」（この長老もそこでいつも「ミルク」を求めていたのでした。）「ですが、とにかく**あのミルクとやらを化学的に検査してもらいます**」、ツァイゼヴィーゼル母さんは迫りました。実際に息子が、宣誓をした裁判化学者にあのミルク瓶を届けました。裁判化学者は40年前から禁酒で意欲満々でした。化学者はアルコールを理論的に知っているだけでした。息子が持ってきたミルク瓶の内容物に関して、夥しい試薬による検査が行われました。ところが、ツァイゼヴィーゼル母さんは、冗談半分に、本当のミルクを高い濃度で混ぜておいたのです。「何らかの形で汚染されたミルク」と化学者は判断し、いっそう精密な検査をするためにその瓶を大学の実験室に送りました。

　この研究所のトップには、ノーベル賞を狙っている一人の男がいました。アルコールと関連したミルクが話題となったとき、このトップは耳をそばだて

9. アルコーレスケ〔呑助〕（1929年） 111

ました。彼には長いこと一つの超科学的疑念が 燻 っていたのです。この先生
の頭の中にはいつも真っ先に浮かんでくる概念が君臨しています。この高貴
な頭脳の頂点の概念とは、**酩酊**、ディオニュソス[7]、バッコス、生、エヴォエ[8]、
酔い、（こう呼んだ方がいいかもしれません）**エラン・アクアヴィタル**[9]でした。
いずれにしても、ドゥッツェントシュタイン[10]教授にとっては、この瓶は、
自らの世界観を実証するのに絶好のチャンスでした。彼は、用意万端、「創
造は酩酊である！」[11]と講義しました。彼は、あらゆる元素、地・気〔風〕・
火・水の中に高濃度のパーセントの 火水 [12]を発見したのです。彼の研究論
文はアカデミーに行き、またたく間に受賞となりました。

　ただちに、禁酒は、生に反するナンセンスとなりました。土のちょっとし
た香り、そよ風、ちょっぴりの水、言うまでもなく火、これらすべてに、人
は、すでに、無意識に酔っていたのです。酔いは、はなから現実に存在する
もの**だった**のです。アメリカが結論を出すや否や、ヨーロッパもそれに続き
ました。……今や、ツァイゼヴィーゼル父さんの行為も倫理的に正当化され
ました。ヴィルトフーン未亡人は、世界の神聖さのシュナップスで評判にな
りました。職務上、役所も、生と死を酩酊状態にするために熱心でした。ツァ
イゼヴィーゼルは、科学・芸術連合アカデミー（酩酊連合）同席の前でうわ
ごとを言いなら息絶えました。酩酊のエクスタシーから、救世軍全軍は、新
しい宗教を醸造しました（この宗教にとっては戦争も生の酩酊にすぎませんで
した）。人間の永続的な酩酊の最初の発起人として、ツァイゼヴィーゼル父さ
んは、ぐらぐら動く台座の上で、揺れる記念像になりました。そのぐらぐら
状態の周りに、アルコールの混ざったあのミルク瓶をもって、家族が千鳥足
で亡き父の記念碑に乾杯します。ツァイゼヴィーゼルの棺がスプリングの上
で飛び跳ねるように踊ります。その棺のうしろを人々がグラスをかかげて振
りながら歩き、行進リズムで叫んでいました。

　　　　　「しゃっくり！しゃっくり！」

112 第1部　フリートレンダー／ミュノーナのユーモア

注

1　『ユーゲント』誌（*Jugend*, Nr.12, 16. März 1929, 188-189）に *Anti-Alkoholismus*（「反 - 飲酒癖」）と題して初出。GS 8, 301-304.

2　居酒屋の名前。

3　原文 Wildhuhn は、wild（野生）と huhn（鶏）の合成語

4　ローマの諺 "*Vinum lac senum.*"（酒は老人の乳なり。）「シュナップス」は、アルコール分の多い蒸留酒の総称。火酒。

5　「泣く」のドイツ語は weinen〔ヴァイネン〕。Wein〔ヴァイン〕は「ワイン」。

6　原文 Weinerl は、ドイツ南部・オーストリアの表現で Wein の縮小名詞 Weinchen, Weinlein と同じ。Wein（ヴァイン）への愛着の気もち。「アイン・クライネス・ヴァイネル（ein kleines Weinerl）」は、あえて訳すと「ちょっとだけ一杯ワイン〔をおくれ〕」。

7　ディオニュソス（Dionysos）ギリシアの酒と豊穣の神。別名バッコス（Bacchus）。ローマ神話の Bucchus に当たる。形容詞「ディオニュソス的」は、「陶酔的、熱狂的」の意。

8　酒の神バッカスを讃える巫女たちの叫び声。

9　北欧産の蒸留酒アクワヴィット（aquavit, akvavit, akuavit）とベルクソンの「エラン・ヴィタル（élan vital）」〔生の飛躍〕の合成語。

10　原文は Dutzenstein で、アインシュタイン（Einstein）を捩ったもの。ドイツ語のアイン（ein）は 1、ドゥッツェン（dutzend）は 1 ダースの意。シュタイン（stein）は「石」。dutzend と Mensch（人間）の合成語 Dutzendmensch は「どこにもいる平凡な人間」の意。Einstein は「一石」、つまり「唯一の石」ということになる。

11　F/M のグロテスク作品「ばつが悪くなった神様」（Der liebe Gott in Verlegenheit, 1911, GS 7, 122-125）参照。

12　「火」と「水」両方の元素の要素をもった元素。Feuerwasser は、本来は「火酒」の意。

10. やけを起こした老人とその最後 （1910 年）

Der Verzweifelte und sein Ende （1910）[1]

　すべてを超越したような老人の一人イゾマールがカッコウ時計のゼンマイ
を巻いていました。すると、一つの謎が頭の中をゆっくり巡っているうちに、
どうでもいい投げやりな気もちが心の中を流れました。「思うに」、彼は 呟
きました、「わしらは自分自身が見えない。若かったときは 欲 がもっと新
鮮だったが、人生は眠気を誘う。」彼は、安楽椅子に腰かけました。カッコ
ウ時計がクックと笑いました。この老人の気もちはまったくクックどころで
はなく不愉快でした。「ああ」、ため息をついて言いました、「命のないモノ
にまでばかにされるとは！　カッコウ時計の音まで気に障る。」1 匹の蠅が飛
び立って、ぶーんと飛んでいきました。そのときイゾマールは、高齢者たち
だけが自暴自棄になるように、自暴自棄になっていました、無言で、悲嘆の
声もなく――機械的に、無感動に、不機嫌に、目立たなく。すると、小さな
ハサミをとり、そして、細やかな頑固さでアームチェアの革張りクッション
の縫い目をほどきました。カッコウ時計の中に細い噴射水を注入し、その時
計を口に運んで、歯で噛んで壊しました。それにはずいぶん時間がかかりま
した。それから、老人は、何とかして逆立ちしようとしましたが、力が足り
ませんでした。老人は、絵具箱を持ってきて、全部の色を自分の顔に塗りた
くりました。それと同時に夜の 帳 が下りました。老人は、掛布団をすべて
ベッドから地面にほうり投げ、それにインクをかけました。老人は、ベッド
のフレームもバラバラにしました。そこで、着ていた服を脱ぎ、それを窓か
ら投げ捨てました。その窓から霧雨が吹き込んできました。裸の老人は平然
とした表情でメヌエットのようなリズムでゆっくり踊り始め、ついに倒れま
した。観音開きの窓の一つが風でパタンと閉まりました。老人は、薄明りの
中の自分の体をつくづく眺めました。父親が子供にするように手加減して、
とはいえ相応に右手で自分を叩きました。長くは座っていませんでした。そ
れからあっちこっちごろごろ転げまわり始め、頭が混乱しました。ついには

咳き込みました。それは、どうしても出る咳ではなく故意に出す咳で、ますます激しく咳き込んで、ひとりでにガラガラ声、ぜいぜい声に変わりました。その間、こんな言葉を発していました。「おい、おまえ〔死よ〕、いくじなし、ええ? わしは、もうたくさんだ。おい、まだかよ、早くしろよ! いつもおまえは、そこにいないかのようなふりをしている。偽善者、陰謀家。わしはおまえを 攪ってやる。死。いい名だ。あまりにもったいぶっている名だ。臆病な野獣、老いぼれの顰め面、暗殺者! おまえを挑発してやる。」そして、事実、イゾマールはいとも簡単に死ぬことに成功しました。なぜなら、死がもっぱら避けるのは可笑しさだからです[2]。あのカッコウ時計がもう一度クックと最後の時を打ちました。

注

1　ベルリンの『自由民──週刊民主主義』誌 (*Das freie Volk. Demokratisches Wochenblatt*, Nr.15, 9. April 1910, 2) に *Eine Groteske*（「グロテスク作品」）という副題と共に初出。GS 7, 96-97.なお、"Groteske" を『理性と平和』では「グロテスケ作品」と訳した。

2　本書第2部3「ショーペンハウアー」(3) 参照。「他律は真面目で、他律の力が他律を嘲笑することを禁ずる。自律は、人生そのもののユーモアである。自律は、死をも死ぬほど大笑いする。」

11. 一度も流されなかった涙 (1921 年)

Die nie geweinte Träne (1921) [1]

60 歳近い孤児のカタリーナは、キッチンの小さな窓辺に座って、自分の人生についてつくづく考えていました。きっとそれは苦労や仕事のこと（みなさんは直ぐに言い当てたかもしれません）――が、もっと別のとても変わったことで、もし説明されなければ、みなさんはけっして言い当てないでしょう。すべての女性の中でおそらく最も感傷的な女性のカタリーナは、この感傷性をずっと抑えていました。彼女は、どうしても熱い涙がいっぱいこみあげてくるような感動も、いつもからかって紛らし、笑い飛ばし、そして次第に、臆面もなく墓の上を飛び跳ねたり、死体を跳び越したりと記録を遥かに破るまでになっていました。

私たち他の子供たちのように、もちろんカタリーナもご存知の産声をあげて生まれてきました。しかし、もうその時から、この産声にどこかおかしいところがはっきりあったので、産婆さんは本当に驚いてしまって、まったく特別な症例として 5 年あまりもこのことを語っていました。その子は、笑いながらこの世に生まれてきた赤ちゃん（おまけに女の子）だったのです！ そしてこの独特な性格を、カタリーナは、最初は本能的に、しかしその後はますます意図的に一生の間ずっと持ち続けました。

このような症例を解明するのは難しいことです。悪い状況になってもけっして心を動かされない、一度も泣かないとはいったいどうしてなのでしょう？ なにしろ（間違いなく発言資格のある）私たちのゲーテさえ、英雄にすら忠告します、「心の底に憧れ、鳴動があるならば、神がその者を泣かせるようお計らいになりますよう！」[2]。一方、カタリーナは、すでに述べたように、冷血ではありませんでしたし、涙を流す機会が彼女の人生になかったということもありません。むしろ彼女の数々の試練は、ほとんどヨブの試練に負けないほどでした。孤児になるということは辛いことです。孤児であるということは、たぶんそれに劣らず辛いことです。なんと、その後、ぞっとするほど

116 第1部 フリートレンダー／ミュノーナのユーモア

愛情のない親戚のところに引き取られていったのです。あのシンデレラがぴったりです。小さい足もどうぞ思い浮かべてみてください。ところが、思いがけなく現れた王子様は、不幸のどん底のこの女の子に、まだ素直な女子生徒だったにもかかわらず、屈辱的なひどい性的虐待を加えました。すると、なんとカタリーナは、他の者が何も言えなくなるほど薄笑いを浮かべていたのです。それは、ボッティチェリの「悲しみの聖母」より深く心を動かす薄笑いでした。彼女は、驚くほど勤勉だったにもかかわらず、むろん先生たちの要求は、それで十分ではありませんでした。なぜなら、絶えず明るくいる彼女の顔の表情の中に、努力を怠らない確かな真面目さが意図的に欠けていたからです。このことは、その明るさに相手が奇妙な透明性を見て取ったとき、ますます確実に相手の心を傷つけました。涙ぐもうとしているのが宇宙の暗黒の悲しみのように明朗な晴天を通り抜けてかすかに透けて見えていたのです。モナ・リザさえ、そのように謎めいた薄笑いはしていません。いずれにせよこれは先生方や生徒たちの好みに合いませんでした。というのも、腹を立てた人々が是が非でも血を見たいと思うように、たいてい先生方は、体罰を与えるときに、心から喜んで、無理にでも涙を出させようとするからです。涙を出せばそれでいいのです。しかし、カタリーナは、これまで涙をこぼすことをせずに、薄笑いしていました。彼女は、のちに死産したとき、薄笑いを浮かべていました。その薄笑いに涙が感じ取れましたが、けっして隠れた理由から出たものではありませんでした。

　ところで、人生というのは、私たちが自由意志で与えたいとは思わないものを私たちから出させることを狙っている仕掛けのようなものです。とりわけ涙がそれです。したがって、薄笑いを浮かべるカタリーナの人生がどんなだったか簡単に想像できます。彼女は、どんな体験もその狙いは彼女を笑わせることではなく泣かせることにあることをよく知っていたにもかかわらず、また、彼女には涙がいつも出かかっていて、それを薄笑いしながら遠ざけ、一粒たりとも流さなかったにもかかわらず、今、窓辺に座って——孤児、60歳、薄笑いを浮かべながら、ひどく悲しい自分の人生をつくづく考えていた

11. 一度も流されなかった涙（1921年）　117

のです。

　しかし、そんな年齢になったら、ともかく隙間風の入る窓辺に座っていてはいけません。なにしろ死の天使（Todesengel）が私たちの健康状態にしっかり注意を向けているからです。死の天使は、薄笑いを浮かべているその女性に気づくや否や、音のしない柔らかい羽の上に乗せて、どうしても一緒に宇宙に運び去らないわけにはいきませんでした。カタリーナの薄笑いが今にも消えそうに感じたとき、その天使は、「わたしはあなたを最高に綺麗な星に連れていってあげます」、と安心させました。——「まさに天国気分にしてくれる小さな惑星に連れていってあげます。なおのこと、お願いだから、自制して、今さらまだ過去の生のために泣こうなんて考えてはだめです。まだ生きていた間は、あなたは涙を我慢してかなり成果があったし、死んだ後は、それと引き換えに永遠の喜びの幸せの場所を得ます。それについて喜びの涙さえ流してはいけません——さもないと、あなたは、その場所を手の施しようのないほど荒廃させるでしょう！」

　死の天使は気楽な立場でした。カタリーナは、長い、長い自制に疲れて、最初にそっと最後の一滴の涙を彼女の死体の打ちひしがれた目に出しました。しかしそれから、そよ風のように軽く新鮮で晴れ晴れした肉体でその綺麗な星に乗りながら、この天国（Paradies）を見て、止めどなく泣いて溢れる涙の一筋の流れの中でまるで溶けてしまいそうでした。そこまですべての悲しみが一度に駆け巡ったのです。彼女は、ほとんど溶けてしまいました。すると——たちまちその天国を涙で濡れた、しかも熱い地獄に変えました。半狂乱で、彼女は、あれほど長く塞き止められていた過去の人生の苦痛を爆発させ、それによって直ぐに軽くなりましたが、そのことによって彼女の次の人生が一層悪くなりそうに危惧されたので、彼女の新しい星は、最愛のたくさんの天国の使用人たちによって隅々まで魂のクリーニングを受けねばなりませんでした。というのは——ぺっ、彼女は、涙で海洋を塩辛くし、天気を荒れ狂わせ、火山の爆発や雷雨を呼び起こしたからです。明朗で天使のような住人たちに遥かに悪い影響を与えたことは言わずにおきましょう。

おお、カタリーナ！ 君は、何が肝心だったか分からなかったのですか？ もちろん、肝心だったのは、生きている間に一度も流されなかった涙を、なおのこと死後流さないように抑えておくことでした。人は、生を張り詰めさせ、ブレーキをかけている様々な力が、死において放たれることに驚いてはいけません。また、死が強烈に解き放つ力は、生においてはブレーキがかけられたままであるということ、この解放があまりに強烈なので、その力がいくつもの世界を建設したり破壊したりできることに驚いてはいけません。生きている間に一度も流されなかった涙は、――ほら！ 私たちが自分の感情を爆発させるとき、爆鳴ガスのようにどれほど強烈に爆発することか！ だからこそ大切なのは、実際微笑(ほほえ)みながら遊びながら悲嘆を支配できるようになること、そして、感傷的に泣く悲嘆の猛獣のような凄まじい力を調教する達人になることなのです。

マクデブルク大聖堂の聖カタリーナ像。1260年頃。

カタリーナは、このことを悟りました。彼女は、すっかりきれいにされ、ついに今は完全に涙がなくなった星から、何度も地球を振り返って見ました。そして、この病弱な星[3]のすべての病弊の原因は一度も流されなかった涙の不足にあること、すべての深い悲しみを**支配**する喜びの欠如にあることが分かりました。まあ、どうか、長いこと涙を塞き止めている人は、死後に用心して、自分を抑えて一滴たりとも涙を流してはいけません。ただこうすることによってのみ、喜びへの力を、つまり、人間たちに失われてしまっている、そしてこの簡単な方法でしか取り返せない喜びへの力を取り戻すでしょう。死のまさにその時でも、溜まった自制のダムは張り裂けてはならない！ 死者たちよ、君たちはあまりに泣きすぎる。君たちは、君たちの愚かな涙を恢(こら)えた方がいい。そうすれば、君たちは、大洋の塩分を除き、空を晴らし、地上を非現世化するでしょう。

カタリーナは、何千回となく地球に呼び掛けました。しかし、地球上は戦

争で、大砲の轟音が彼女の救いの叫びを打ち消しました。そして、かつての
カタリーナのように、生まれてくるときに笑う子はもう一人もいません。

注

1　GS 7, 509-512.

2　ゲーテ『温和なクセーニエ』(*Zahme Xenien*, erste Reihe, III)。

3　デートレフ・フォン・リーリエンクローン (Detlev von Liliencron, 1844-1909) の言
　　葉。F/M『灰色魔術』(GS 14, 349) 参照。

12. フリートレンダー／ミュノーナの自画像（1922年）

Friedlaender/Mynonas Selbstporträt（1922）[1]

　呼び鈴が鳴った。するとほどなく一風変わった一組のカップルが入ってきた。一人は若い女性で、無理やり脱ブルジョワ的にされたエロチシズムと一緒に、不自然に度を越した文芸愛好家らしさが一目で見て取れた。彼女は一人の中年男性の脇にいた。その男性は、白髪のなんとなくかつらのように見える髪型をしている感じがした。髭のない細面の長い顔は、尖って突き出た鼻によって彼のプロフィールを際立たせていた。ひたすら非の打ち所がないことを志向する不快さをもった彼の不愛想な顔立ちには、自分自身絶えず偽りを答める真面目さ、あるいはそのような自分自身を再び取り消す明朗さがあった。彼の矛盾は相互に活性化しあうというよりは、むしろ無へと打ち消し合っているので、風変わりで平凡な印象を与えた。それにもかかわらず、或る種の興味を抱かせるように見えたが、それが度を超すことを彼自身では迷惑に感じているようだった。

注

1　『灰色魔術』（*Graue Magie*, 1922）。GS 14, 159.

13. あなたはどうしてそのようなペンネームになったのですか？（1926 年）

Wie kamen Sie zu Ihrem Pseudonym?（1926）[1]

　……似ているのです、ほら、ちょうど遊んでいる子供がよい隠れ場所を見つけるのに。私は真剣に哲学する者であり、また、哲学的な諸著書（それらの中で、ここでは有名な『子供たちのためのカント』だけを挙げておきましょう）の著者でもありますが、さすが気晴らしのためにどうしてもちょっと遊びも欲しかったし、哲学的に極度に張りつめた期待をユーモアの無に解消したかったのです。また、その間にたいそう評判になったすばらしいグロテスク作品の数々を書いていました。そのとき必要だったのが、あの子供にもぴったりの名前を付けてやること、その背後にどんな真面目な男が潜んでいるかけっして察知されない響きの名前を付けることだったのです。それで、可能な限り匿名であることを見抜けない、また、それが男か女かも気づかれないようなペンネームを探しました。それはファーストネームでもよいと思っていました。間近に「ミュノーナ」という解決策が自動的に与えられていました。逆読みすると「アノニューム」〔匿名、作者不明〕。女性のファーストネームのようです。最初のシラブルの y によって女性名としても疑わしかったのですが、案の定、権勢を誇る人物、ワイマールのバルテルス教授[2]がそのとおり私を美人のユダヤ人女性と思ってくれました。私が彼をアーリア人血統のゲルマン人と思えば、たぶん私は彼を見損なっていないということでしょうか？……"Inkognito"〔仮名〕も逆にしてみました――「オーティン・ゴークニ」。しかし、これは私にはあまりに奇抜すぎてありそうにない名前のように思えました。とはいえ、逆にするという原則は、私のグロテスク作品の（どれもということではないとしても）本質です。私は、ずっと以前から自分の哲学について（ほとんどすべての哲学について）考えていました。真相は逆！　精神的柔術のように、人間的な様々な慣れを逆転させることによって、最高のグロテスク効果が得られます。

注

1　GS 8, 169.

2　アードルフ・バルテルス（Adolf Bartels, 1862-1945）　ゲルマン学者。ナチスの第三帝国にとって有害な文献のリストアップに尽力した。1917年1月、ユダヤ人の匿名著者の調査で、Mynona を女性として分類した。

14. 笑っているヨブ（1935年）とフリートレンダー／ミュノーナのコメント
Der lachende Hiob (1935)[1] und F/Ms Kommentare

　死の瞬間、時として死体たちの顔にこの上なく安らかな満足の表情が現れます。骸骨の髑髏（どくろ）は、生きている人間たちをせせら笑っているようです。それは、一番上から、ちょっぴり私たちの愚行を嘲（あざ）笑っているばかりでなく、私たちの苦悩をも嘲笑っています。肉体、死体、骸骨――野蛮人は、他に何も人間の中に見ません。善人は、肉体の中で魂を尊重します。それに対して悪人は、魂を単に肉体として蔑（さげす）み、それ故、それだけに殴打の刑を好みます……。
〔……〕

　しかし、ヨーズアは、外的な保証を頼りにしたことは一度もありませんで

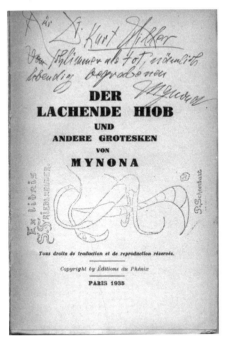

ミュノーナ『笑っているヨブと他のグロテスク作品』（フェニックス叢書〔Éditions du Phénix〕、パリ、1935年）表紙（GS 13, 455）。クルト・ヒラー協会所有。献辞「クルト・ヒラー博士へ。死んで埋葬されるよりも悪い、つまり生きたまま埋葬されたミュノーナより。」　なお、表紙中央の蔵書印はF/Mの親友パウル・シェールバルトの作品。

した。金銭の保証を頼りにしたことなど一度もありません。それどころか、この金銭の保証の根拠を道徳的な内面の保証に、つまり、幸福ではなく幸福に値することが根本的に重要であると命じる道徳的な内面の保証に置いていました。それがどれほど辛くても、彼は喜んで試練を課してもらいました。拷問官史と拷問係たちは、彼の態度に驚きました。或る晩、彼の狭い独房の鉄の戸が開きました。アードルフ・ゲッベルリング[10]将軍が、狂暴な雄牛のような厳しい目をして、胸に勲章を光らせ、足を踏み鳴らして入ってきました——「ツァンダー、立て！ 絞首刑にしてもらいたいか？ まだどこかに財産はあるか？」ヨーズアは、黙ったまま将軍をじっと見つめ、静かに言いました。「可哀そうな人だ、あなたは私の肉体を私と取り違えている、馬鹿馬鹿しい」、そう言って大笑いしました。将軍は、及び腰で——こんな言い方が許されるとすればですが——、怒鳴りました。「おまえ、気でも違ったのか！？」ヨーズアは、笑っていました。〔……〕「笑うんじゃない、ユダヤ人め！」、将軍は叫びました、「私はおまえに暴行を加えたくない。おまえの金はどこだ？」「悪魔のところですよ」、ヨーズアは笑いました、「どこにあるか、たぶん将軍は私よりよくご存知でしょう。」将軍は、毛のない額まで怒りで真っ赤になりました。「このやろう」、彼は唸りました。そして拷問係たちに合図しました、「一度やつの生意気な口を真っ赤な鉄で焼け！」すでに死刑執行人たちが命令に従おうとしていたそのとき、ヨーズアがとんでもなく大声で笑ったので、将軍は驚き、拷問係たちは躊躇しました。「ホホー、将軍」、ヨーズアは歓声を上げました、「本当にあなたは間違えている、私を人違いしている、なんとも実に滑稽だ！」「なんだと？」、将軍は怒り狂いました、「おまえは金持ちのあのツァンダーではないのか？ どうなんだ？」「違いますよ！」、ヨーズアはさらに大きな声で笑いました、「全然まるっきり違いますよ！ 私はそれではありません。将軍、あなたは思い違いしている。それは、あなたにとって致命的な幻想です。」

　将軍は折りたたみ椅子に座りました。「やつの個人履歴を」、と命令しました。ヨーズアの書類が渡され、将軍は身をかがめてその紙をよく調べました。

14. 笑っているヨブ（1935年）とフリートレンダー／ミュノーナのコメント　125

「ここにある」、書類をヨーズアに見せて言いました、「これがおまえではないか?」「違います」、ヨーズアは、もっと大笑いしました、「あなたは私を人違いしている。私は、まったくそれではありません。」今度は将軍も笑いましたが、それは脅すような、ぞっとするような笑いでした。「そうか!」、将軍は閃きました、「それならおまえはだれだ?」「逃れたんですよ」、ヨーズアはますますオクターブを上げて笑いました、「ツァンダーはあなたから永久に逃れた。とすると私は?　私はツァンダーではありません。私をあなたが捕まえることは絶対ありません。あなたがここに捕まえているのは、私ではなく、それは、少々の肉と骨にすぎません。」「私は、おまえの」、将軍は金切り声を上げました、「その少々の肉と骨を痛い目にあわせてやる。そうすればおまえは血まみれのゴミの山になる。」しかし、将軍は耳を塞がないではいられませんでした。それほど甲高くツァンダーが大声で笑ったのです。「やつの舌を焼き切れ!」将軍が命令しました、「やつをいやというほど殴れ。気をつけろ!　医者を呼べ!　このげす野郎を生かしておくのだ。もっとこいつと話がしたいからな。」鉄のように厳格に恭しく若い医師が将軍の前に現れました。将軍が怒鳴りつけました、「こいつが生きながらえることを私に保証しろ。殉難者にだけはするな!　やれ!」15分後、医師が驚いたことに、ヨーズアは依然として意識がはっきりしていて、なんと音を立てずに笑っているように見えました。しかし、将軍は激しく高笑いしました。「おい、どうだ?　え?」ヨーズアは鞭打たれましたが、医師の勧告で舌に関しては命令の言葉どおりにされませんでした。医師が驚いたことに——彼はこんなことが可能とは思いもしませんでした——、ヨーズアは、はっきり聞き取れるように、また、明朗に囁きました。「将軍、お気の毒に。あなたが馬鹿みたい私だと思っている肉片を、どんなに医者の世話で死体に変えても、私はあなたを笑い飛ばします。分かりますか?」「黙れ!」、将軍は怒鳴り過ぎて嗄れ声で言いました、「このインテリごろつきめ。〔……〕」「嘆かわしい愚かさ、将軍殿」、嬉しそうにヨーズアは呻きました、「肉体は、あんたが精神から自由にすれば死体になる。だが、いったいあんたは、それで精神が自

由になるわけではないとはっきり分かってますか?」将軍は、自ら鉄の鞭を手に取りましたが、医師が言いました。「閣下、これは非常に特異に思われます。あと一撃すればこの犯罪者は死んでしまいます。」「ちぇっ、ちくしょう」、将軍の声が轟きました、「だが、そうなってはいけない。明日にしよう。」

　靴の 踵(かかと) でけたたましい音を出して向きを変え、唾を吐き、姿を消していく将軍の後ろで、ヨーズアの笑い声が響いていました。拷問係たちも独房を去り、その独房の前を二人の看守がパトロールしていました。医師は、もっと詳しく診察しなければならないことを口実に残り、ヨーズアに馴れ馴れしく尋ねました。「まだ一度も病気をしたことがないのではありませんか? 優れた体質、有能な遺伝素質。1 本シガレットいかがです?」

　「先生方は」、ヨーズアは微笑(ほほえ)みました、「あるいは心理学にお詳しいかもしれません。ですが、本当の意味での精神、心理学を超えている(überpsychologisch)純粋な精神、理論的・実践的理性は、先生方には謎です。〔……〕将軍は思い違いしている。彼が私を殺さなければ、肉体と精神を一緒にしている糸を切るまで、私は、私の精神と意志によって自分の肉体を何度でも新たに再生します。〔……〕いずれにしても、先生は、精神の 力(Macht) を過小評価している。精神は魔術師(Magier)[11]なのです。」

　「どうか」、その医師は穏やかな口調で頼みました、「馬鹿げたおしゃべりはしないで!」彼は行こうとしました。ヨーズアは引き止めました。「先生の将軍に言ってください、将軍は私のことでびっくり仰天するでしょう、とね。私の精神は 力(Kräfte) を秘めています。何一つとして将軍が予感できない力です。野蛮化することを許さない精神の圧倒的な力(Übergewalt)が、まさに私の肉のこの虐待によって、突如現れます。」

　医師は立ち去りました。独房の戸が看守によってバタンと乱暴に閉められ、何度も閂を掛ける音がしました。夜じゅう、ヨーズアは、眠らずに、竪坑のような自己の内面にどんどん深く入っていきました。彼は、とつおいつ思案しました——人間たちは社会的準備をするが、もし人間たちがそれらを何よりも倫理的に準備しないとしたら、これらはすべて人間たちにとっていった

14. 笑っているヨブ（1935年）とフリートレンダー／ミュノーナのコメント　127

い何になろう？　人間たちが世論全体を自分の最も内面の良心の声によって導くに任せないとしたら？　独房の真ん中でヨーズアは静かに立っていました。彼の肉体は、口の開いた傷のように痛みました。しかし、同時に彼は、未知の物を弄ぶようにこの痛みを弄びました。どれほど辛くなっても、強いて立っていました。「この私の肉体は」、彼は囁きました、「外にあるにすぎない。これは私自身ではない。これはすばらしい真理じゃないか。真理が私に、これらすべての錯覚を見抜き、関係ない傍観者のように私の身体的肉体を楽しむ力 Kraft を与える。私はこの力をもっている。だが、私は誰なのか？　私の肉がただそれによってのみ生きているその私は、一つの謎、私が明らかにしたい謎だ！」こう言うと、彼はベッドのシーツを裂いて紐にし、それを縒（よ）ってロープにしました。その一方の端を窓の梁に、他方を自分の首に巻きつけました。それから、膝を高く引き上げ、思いました、これで自分は意のままに再び自由になれる。すでに彼の中に死が漲（みなぎ）ってきて、もう息苦しく喘いでいましたが、負けませんでした。彼は死んだのでしょうか？　とにかく彼の体は床に倒れました。同時に、ロープの輪が緩みました。そして、ヨーズアは、超健康 Übergesundheit を感じながらしなやかに高く飛び上がりました。「やっと死が」、彼は静かに笑いました、「元気にしてくれた。さあ、将軍、来るがいい、覚悟して。」ヨーズアは、自分がすっかり変わっていることを実感しました。「私は生きている」、彼は密かに歓声を上げました、「生き延びている。どうして私が痛みと死を生き延びないことがあろう。」最高の気分で、彼は寝ました（シーツなしで）。

　真夜中、勲章を縫い付けた将軍が彼を起こしました。看守たちが将軍に報告していたのでした。「おまえ、首つり自殺しようとしたんだと？　おまえは国有財産を毀損した！　おい、さあよく聞け。ごろつきや野郎、今、私がおまえをたっぷり傷つけてやろう。足を取られ羽をむしり取られた蠅がおまえには大いに上等のようだ。おまえ、自殺したかったんだろう？　私の命令なしに！　腕ごと手を取ってしまえ！　その次は足だ。」ヨーズアは、将軍がぞっとするほど驚いたことに、大喜びでずっと笑っていました。これが一時的に

将軍の気力を奪いましたが、すぐに取り戻してますますひどく怒りだしました。しかし、ヨーズアもベッドから飛び降り、ぴったり将軍のすぐそばに来たので、将軍は後ずさりしました。看守たちが近寄って来る前に、ヨーズアは、将軍をもっと近く自分に引き寄せ、嘲笑いました。「将軍、私に対するあなたの権力も終わりだ。」それからとつぜん突き返したので、将軍はよろめき、声が出ませんでした。ヨーズアは、顔を輝かせて将軍を見つめ、言いました、「レゲネラツィオーン！」「なんだと！」、将軍は激怒して金切り声をあげました。「皮が破れるまでやつを鞭で打て！」「とんでもない」、ヨーズアは、毀傷の喜びを見せました、「もうおしまいです、将軍。自殺によって私は肉と血において不死になりました。」嘲笑いながら将軍は命令しました。「医者！ 切断！ 手、足、腕、脚！ 舌も！ 目を突きさして失明させろ、耳を切り落とせ！」

　将軍が命令している間にもう、死刑執行人たちは命令の執行に取り掛かっていました。ところが、ヨーズアは、さらに彼らに先んじて、拷問係の一人から短刀をもぎ取り、自分の両目をえぐり、短刀を奪い取られる前に自分の心臓に突き刺し、力なくうずくまりました。将軍は激怒しました。「死骸！ 死骸になりやがった、このやろう。裸にしろ！」、彼は叫びました、「死体を鞭で打ってやる。」一同はぞっとしましたが、将軍を鎮めるために命令に従いました。その死体を裸にしたとたん、ほんの数秒で死体の肩から長くて白い翼が生えてきて、みなは立ち竦みました。ヨーズアは、空中にまっすぐ浮かびました。傷ついた皮膚はピンク色をして滑らかで、刺して傷つけられた目は治って、この上なく幸せそうな眼差しをしていました。その姿にはすばらしい気品、美、崇高が満ち溢れ、表面を流れていました。その口が開きました、「可哀そうなやつめ、将軍、おまえに予言したように、私は、肉と血において不死だ。〔……〕」

　最後の言葉は、医師しか聞いていませんでした。将軍は、他のものたちも一人残らず、戸を閉め忘れていた独房から大急ぎで走り去っていたからでした。ヨーズアは、ときおり独房の中を陽気に飛び、喜び一杯に笑っていまし

14. 笑っているヨブ（1935年）とフリートレンダー／ミュノーナのコメント　129

た。すると、狼狽した医師が勇気を奮い起こしてヨーズアに、説明してほしいと懇願しました。「信じてください」、医師は打ち明けました、「私は将軍の道具にすぎませんでした、ものすごく臆病なのです……。」ヨーズアは、その医師を妙に深く直視しました。「あなたは、医者として非常に知識欲旺盛です。残虐性の中にも、徹底した知識欲があります。〔……〕精神が弱いと、苦痛はその精神を脅かします。病、老、死によって、ブッダも生の否定へと誘われました。しかし、精神が自らの強さに気づけば、死がその精神に畏怖の念をいだかせることはなく、また、精神の力は、肉もすべての弱さを脱ぎ捨てるほど肉体に影響を与えるのです。そこで明らかになるのは、けっして皮膚は肉体の真の境界ではないということ、そうではなくて、肉体の有機的組織[12]（Organismus）は、際限なく遥かにその境界を超えているということ、そして、精神は翼のある再生力（Regenerationskräfte）を宇宙（Kosmos）から手に入れ、その再生力が肉体を機械的技術の力より比べものにならないほど遥かに勝るようにするということです。その生体技術[13]（Organotechnik）によって精神は単なる機械的技術に打ち勝ち、こうして私は始まっているのです。私の精神の勝利は、肉の勝利でもあります。私の自殺はうまくいきました。生き延びているだけでなく、その自殺が、精神の肉への浸透を滑稽さ（das Komische）にまで及ぶようにしたからです。〔……〕精神は不死であるばかりか、もし精神が肉に完全に浸透するなら、精神のこの破壊不可能性を肉体的にも証明して見せることができます。いわゆる教祖と呼ばれる者たちが試みたことが、私にうまくいったのです。死をとおした復活（Auferstehung）。私は、自分を信頼すること（Selbstvertrauen）と神を信頼すること（Gottvertrauen）をもう区別しません。そして、私は、私の自我の、私の精神の、私の理性の法則を、すべての自然法則から断固として自由にするので、自然法則は、私の精神の法則に従います。私の言うことが分かりましたか？　たぶんだめでしょう。ただ一人、イマヌエル・カントだけが私を理解するでしょう。先生方のような『教養人たち』が分かるのはせいぜい詭弁家ヘーゲルです……。」

　医師が答えようと口を開く前に、将軍が、死刑執行部隊の先頭に立って、狂ったように独房に入ってきました。将軍は、一言も言わずに、ピストルを

挙げて、撃ちました。天使の血が医師に跳ね返り、そして、天使は、生気なく崩れるように倒れました。将軍は怒り狂っていました、「前進！ ぺてん(Hokuspokus)もろとも火の中へ！ やつは我々をいやというほど苦しめてくれた。やつがどのように灰になるか楽しみたい。」「閣下、私にこの亡骸(なきがら)を調べるようご命令を。これは、最高に奇妙な症例です」、医師が強く促しました。そして顔についた血をハンカチで拭き取りました。「こんなやつを、なんだって！」、将軍は荒れ狂っていました、「先生よ、君自身が急に妙だぞ。そこをどけ！ 中央焼却炉へ！ ボイラーへ！ 前進！」部隊は医師を脇に押しやって、天使の死体を地下室へ引きずっていきました。赤々と火がかき起こされ、その死体が火の中に投げ込まれました。直ぐに天使の翼がパチパチ音をたてて火花を散らしました。死体が燃えてなくなっていくのと同じ割合で、その死体はますます生き生きとして立ち上がりました。一人の死刑執行人が呟(つぶや)きました、「みんなしばしば、おれだってしばしばこういうのを火葬場で観察したことがある。火の中で、そいつがまるで生きているかのように動くのさ。」「雑談するな！」、将軍が怒鳴りつけました。しかし、炎の反射にもかかわらず、将軍自身が淡い緑色になりました。半透明のエーテルのように、仄(ほの)か光る翼から周りに炎が燃え上がり、その炎の中からヨーズアが将軍の方に歩み寄ってきたからでした。「愚かもの、将軍」、命令的で高圧的な口調が響きました、「今から、精神によるすべての自然的野獣性の支配が始まる。〔……〕おまえたちは人間というより動物である。わたしは動物というより人間である。まさにおまえ、将軍、血色のいい、しかし今は血の気のない動物、おまえは、わたしの家畜、わたしの犬になれ。」歌うようにそう言うと、身体的に密度を増し、ますます高貴な美しさを取り戻して、左の翼の先で将軍に触れました。すると、将軍はヨーズアの足元に倒れ、埃(ほこり)を舐めました。

　周りにいた者たちは、医師も、似たように変

14. 笑っているヨブ（1935年）とフリートレンダー／ミュノーナのコメント　131

わっていました。ヨーズアと比べると、彼らは、奴隷のように、事実、家畜のようになっていました。手なずけられて初めて、かつて野生化していたと気づくのでした。新たな命令者が命令しました、「将軍、行け！ おまえのいわゆる総統を私の名において辞めさせろ、そして、すべての政治犯の監獄を開放するのだ！」将軍と部下たちは夢遊病のように命令に従いました。同時に、彼らはもう動物のようには見えず、機械、自動装置、ロボットのように見えました。あの医師も。今やいたるところで、人間へのこの特徴的な作用が、通りを漂うように飛ぶ天使に随伴して起こっていました。こうしてついに天使が、最高位の暴君、いわゆる総統のところにやって来ました。この男はこれまでどおり野蛮でずる賢い男でした。無表情な目をして、同時に悪魔のようにくそ真面目に、この男は、これらすべてのけしからんことに気づきました。一瞬不動の姿勢をして、それから、鞘から剣を引き抜いて、天使の体と心臓を何度も何度も刺しました。天使は、不死身で、命令しました。「おまえの剣を！」総統は直ぐに自動装置になり、命令に従いました。天使は、その剣を膝で折りました。「おまえは」、天使は総統を嘲笑いました、「おまえの部下たちにいつも盲目的な服従を求めてきた。わたしは、おまえをわたしの特別-自動装置に指名する。」総統から、一切の生気が消え、機械化して、見る見るうちに操り人形になりました。

　そのとき、自由が、ぴかっと光り、轟音を発し、輝きました。路地という路地、広場という広場が最高に幸せな人々で溢れました。暴君によって捕らえられた人たちは解放され、事の次第が彼らの間に瞬く間に広まりました。彼らは、天使のすぐ近くに来るまでは体を休めませんでした。「みなさんは」、天使は、総統の座に就いて、穏やかに明るく言いました、「みなさんは今や自由です。しかし、いったいみなさんは、自由とは何か知っているでしょうか？」誰も答える勇気がなく、みんな黙っていました。「自由とは」、ヨーズアが微笑みました、「我々の自我が、まさに自分自身の理性と悟りだけに従属しているときに、内面の最も奥まで自分が自分自身の主人であること〔自律〕を確信していることです。この自由な自我は、自らの意志によって埋性

法則だけを吸い込み、もはや自然法則は吸い込みません。自由な人間として、我々は、もはや自然には従属しない、したがってもはや相続財産、生まれ、人種、国籍、感情、他の者の命令に従属せず、もっぱら自らの理性に従属し、この理性によって初めて我々は自然を秩序づけ、この自然の暗くて分別のない秩序から明るくて倫理的な秩序を形成するのです。これぞ精神と自由です、そして真の自由の精神です。すべての自然からの自由、我々自身の理性だけへの従属！ みなさん、このことをけっして忘れてはいけません！ この精神に変わるのです！ 精神は、みなさんが考えているより速くみなさんの肉体に広がり、そしてみなさんの肉も自由にするでしょう。まだ斯くも恐ろしいほど強制的なすべての自然に対して、この精神は、笑いながら優位にあります。〔……〕確かに、同胞のみなさん！ わたしはヨブのように苦しんだことがあります。しかし、わたしは、**艱難を経て星（栄誉）**へに成功した最初の者でもあります。」

この瞬間、とつぜん総統－自動装置が震動しました。「くたばれ！」、その総統が仮死状態から目覚め、天使に飛び掛かり、群衆は逃げるように脇によけました。「大胆不敵にここでなんて反乱が進んでいるんだ！」「わたしに触れるな！」、天使が警告しました、少し面白がって、「わたしは電気を帯びている。」総統が命令しました、「やつを捕まえろ！ ロケット砲弾、機関銃！」兵士たちが素早く手を伸ばしてつかむと、稲妻に撃たれたように倒れました。天使が締めくくりました、「誘惑者[14]、おまえの権力はおしまいだ。」ヨーズアはロケット砲弾の爆破のような激怒の雷を轟かせました。「この子供っぽい振る舞いをもって終わり」、ヨーズアが笑いました、「自然の肉は殺害可能、精神の肉は殺害不可能。おまえの武器はわたしをなお強くする。〔……〕わたしが代わって最高指揮権を行使する。即刻、おまえたちの総統を、可及的速やかに精神病院に連れていけ！ 行け！ ハイル！ ハイル！」

群衆は大声で歓声を上げ、天使の周りに群がりました。兵士たちは武器を捨て、総統を連れて行きました。「わたしは総統ではありません」、ヨーズアが群衆に向かって言いました、「わたしは、みなさんの自我が自由になるよ

うに教育する教師です。この明朗な学校にお入りなさい！ わたしはみなさんに教えてあげます。すべての自我がその最も内面の理性的精神によってどのようにすべての自然に打ち勝つか、また自我の内部の自然にもどのように打ち勝つか、そして、我々の理性の論理的諸法則が望むようにどのように自然をひたすら利用するか。人間は、例えばみなさんのこれまでの総統のような、自分の理性を自然の下に置いている人間は、人間としても単なる動物のままです。理性に従う者が、地上の神になる。みなさんには選択の自由があります！」

　するとその後すべての人間は二つの階級に分かれました。人間的動物の階級と理性的人間の階級です。人間的動物たちは、以前は戦争技術によってあれほど権勢がありましたが、理性的人間の家畜に降格されます。〔……〕ヨーズアは、動物的人間たちにも理性を教えるために尽力しました。すると自然の抵抗は、だんだん衰えていきます。——いつかはすべての人間が自然的でなくなって、すべての自然から自由になって、すべての自然が理性的存在として開化されているでしょう。ヨーズアは、すべての人の笑う教師になりました。すべての人間の肉がますます完全に精神化していきます。今日まで、彼は、自然を完全に自分に従わせた最初の人です。他のすべての人間にはまだ多かれ少なかれ粗野な下界の滓[15]がくっついています。しかし、熱心に誰もが、笑っているヨブを真似ようと努力しています。

〜　〜　〜

　嘆き悲しむ人ヨブ[2]は喜劇役なので、彼自身に笑うことを覚えてもらいたかった。これは軽薄にしか**聞こえ**ません。ですが、苦痛がものすごいとそれだけ涙も熱く、切実です。——**人間**は、あらゆる意味において、何よりもまず**俳優**です。そしてなお、さしあたり惨めな俳優、つまり自分自身を自分の悲劇の役と同一視している惨めな俳優と同じ、あるいは、自分の主人公に**のめり込んでいる悲劇詩人**と同じです……。

134　第1部　フリートレンダー／ミュノーナのユーモア

(1939年1月14日付アンナ・ザムエル宛手紙)

　そうです。いわゆる人生は、これまで以上にその不完全な性格を見せています。たった今、私のところに暗い知らせが届きました。親友の一人でウィーン出身のアルトゥル・ルント博士[3]が58歳になったばかりでニューヨークで亡くなったという知らせです。私は1918年に客としてウィーンに招かれたことがあります。彼と昵懇（じっこん）だったホー〔ローター・ホーマイヤー[4]〕もこの知らせに関心をもつでしょう。私は、最高にすばらしい思い出がいっぱいの年月をルントと共にしています。もう終わり……。彼は、以前からひどく落ち込んでいました。──この世において悪が収める、まったく空虚で外見こそ眩（まばゆ）いほどのひどい露骨さにもかかわらず非現実的な勝利を、あたかもヨブのように、声を振り絞って心の底から嗤うことは、言語に絶するほど難しいことでもあります。しかし、それは、生きたい、ずっと健康でいたいと望み、そして理性を信頼するなら、可能であるばかりでなく、ぜひ必要なことです。強引にコスモス（整然とした体系）に向けてカオス（混沌）をごてごて飾り立てたいというのが、まさにグロテスクです。それは、まったくの非現実政策[5]です。そして、それをさせているのはまったくの虚数です。例えば、悪夢のような。そのような悪夢の間に、どれほど外見がピカピカでもみんなが夢を見ているにすぎないということ、そして目覚めは近いということをはっきり目覚めて分かっているというのは、確かにとても難しいことです[6]。ベートーベン・シラーの喜びの歌は現実（real）的です。ですが、上演はまだまったく始まっていません。私たちは、これらの雑然とした準備をすでに舞台・楽曲そのものと思っているのです。さて、そこで死亡の件についてですが、──死人はちょっとトイレに行っていないようなものです。多くのことが苦痛を与えるとはいえ、それらは、まさに訓練、手術のようなものにすぎません。私たちは、準備しているうちに楽曲を忘れる俳優たちとよく似ています。……要するに、私は断言します──人生は、まだまったく始まっていない、それは、本当の意味での人間性のやっと陣痛の段階、つまり、自分のこのような難産をその後明るく吹き

14. 笑っているヨブ（1935年）とフリートレンダー／ミュノーナのコメント　135

出して笑うようになる自律的な**理性的人間**^{Vernunftmensch}のやっと陣痛の段階である、そして、この笑い声を、敏感な耳なら今もう聞くことができる、と。〔……〕。人は、性急に笑ってはいけません。勝利を喜ぶのが早すぎてもいけません。しかしそれ以上に、泣いたり絶望したりするが早すぎてはいけません。私のヨブは、掛けでもう笑い、それで損になりません。本質的に勝利を喜ぶというのが理性の本質です。

（1939 年 4 月 13 日付アンナ＆ザーロモン・ザムエル宛手紙）

　《参考》この 1 日ないし 2 日後、F/M は、弟のミヒャエルが死亡したという手紙（4 月 13 日発送）を受け取った。

　ヨブ（私はこの人を泣きわめかせるのでなく、笑わせます、——悲劇の英雄たちを最後に一度笑わせるニーチェの実証済みの処方によって[7]。実際、他のすべての高笑いや哀泣は愚かに聞こえます）。

（1939 年 7 月 19 日付アウグスト・ゼンドゥリン[8]宛手紙）

　占領中ずっと安心して私のアパートにいたので、『笑っているヨブ』はガス室と同等だっただけに、私がどうしてナチから逃れていたか自分には一つの謎です。　　　　　　　（1946 年 1 月 5 日付クルト・ピントゥス[9]宛手紙）

注

1　GS 13, 386, 388-397.

2　あらゆる試練に耐え抜いた信仰の人。旧約聖書ヨブ記。F/M は、1935 年に『笑っているヨブ』（*Der lachende Hiob*）を出版している（GS 13）。

3　アルトゥル・ルント（Arthur Rundt, 1881-1939）　F/M とは du（親称）で呼び合う友人。俳優、ウィーン民衆劇場舞台監督。1920 年代末、『ベルリン日報』（*Berliner Tageblatt*）アメリカ特派員。F/M は、グロテスク作品「ウィーナー・シュニッツェル」（*Wiener Schnitzel*, 1927）でルントに触れている。GS 8, 203 参照。

4　ローター・ホーマイヤー（Lothar Homeyer, 1883-1970）　画家、イラストレーター。F/M とは 1903 年からの友人。

136 第1部 フリートレンダー／ミュノーナのユーモア

5 原文は*Irreal*politik で、現実の政治世界における現実政策（Realpolitik）を捩っている。

6 『理性と平和』135 頁参照。

7 「英雄は明朗である――これが悲劇‐詩人たちには気に入らない。」（Nietzsche, Nachlaß, Nov. 1882 - Feb. 1883, 4 [57], *Kritische Gesamtausgabe*, Bd. VII/1, 129）。

8 アウグスト・ゼンドゥリン（August Söndlin, 1883-1966） F/M の親友。ベルリン・オペラハウスの宮廷音楽家、バイオリニスト。1924 年から、シンシナティ交響楽団。F/M とずっと文通を続けた。

9. 『理性と平和』43, 56 頁参照。

10 アードルフ（ヒトラー）とゲッベルス（Joseph Göbbels, 1897-1945）とゲーリング（Hermann Göring, 1893-1946）の合成語。

11 『技術と空想』172-173 頁参照。

12 『技術と空想』（179 頁）では「生体」「有機体」と訳した。

13 『技術と空想』158, 166, 176, 179, 181-183 頁参照。

14 ドイツ語 Führer は、一般的に「指導者」、転じて「総統」（ヒトラー）。Verführer は「間違って導く者」の意。

15 『ゲーテ全集』第 2 巻「ファウスト」（11954）、上掲、356 頁。

第 2 部

フリートレンダー／ミュノーナと笑いの理論

138　第2部　フリートレンダー／ミュノーナと笑いの理論

1. カント

　Kant

（1）「笑いの素材はどこにあるか？」
　　冗談（Scherz）の中でさまざまな思考の遊びが始まるが、それらは、期待を張り詰め
させて、それからこの期待をとつぜん取り消し、器官を揺さぶって身体に作
用する。笑いを刺激するものにはどこか馬鹿げたところがなければならない。
笑いは、張り詰めた期待がとつぜん無に一変することから生まれる情動（Affekt）であ
る。

　　「なぜそれは楽しませるのか？」
　　想像が身体（Körper）に作用し、この身体がさらに気もち（Gemüt）に作用を返し、この気もち
によって生命力の遊びが身体の中に生み出される。その張り詰めた緊張がま
さかその正反対に急変するなどということがあってはならない──もしそう
なったら悲しませるかもしれない。そうではなく、張り詰めたその期待が強
制的に無に変えられるのである。冗談は、一瞬欺くには違いないが、それに
よって気もちが揺り動かされると同時に疲れ、陽気にされる。しかし、笑い
を誘う才能はめったにいない。よくある才能は、もの思いに沈む神秘的な人
たちのように頭を掘り返して[1]〔笑いを〕作り出す（kopfbrechend）才能、天才たちのように
命がけで作り出す（halsbrechend）才能、また、感じやすい小説家やモラリストたちのように
悲痛な思いで作り出す（herzbrechend）才能である。

　　　　　　（『芸術家のためのカント──美学の根本要素に関する授業のための問答形
　　　　　式の教科書』〔未刊〕、1935 年、GS 23 収録）。

（2）カントは、可笑しいこと（das Lächerliche）を、張り詰めた緊張の突然の無への解消と定義
する。この無は、客観性における無であり、したがって、自我自身、完全性
への原状回復（in integrum restitutio）、換言すれば、うわべ上妨げられるとますます輝いて勝利する
笑う者への原状回復である。笑う自我だけが文字どおり、そして比ゆ的に
消化する（verdauen）ことができる。　　　　　　　（「理性的人間」、1942 年夏、GS 22）

（3）　私は、体系的に仕事をする人間である。しかし、そう見えないようにする、つまり真珠をつなぐ糸を忘れさせるようにするのが私には楽しい。なにしろ私はおどけ〔Clownerei〕を自分の人生にしたいと思っているのだから。ウィットは素早い悲劇であり、悲劇はゆっくりしたウィットである。あるいは、最も悲壮な生も「張り詰めた期待の無への解消」ではないだろうか？　——我々の死は、明朗さだけでなく真面目さも和らげる。死は、生を意義深くもどうでもよくもする。[2]　　　　　　　　　　　　　　（「思想−ラプソディー」、1930年、GS 21）

（4）　**笑いは、自我の同一性がうわべ上引き裂かれることから生じる。それ故、この自我はますます再統合〔redintegrieren〕されることになる**。毀傷〔き しょう〕の喜びを笑いのために用いる者の笑いは病的〔pathologisch〕でたちが悪い。だから、笑いも、それが同一性を目的としているのか**それとも**その破壊を目的としているのか批判的に徹底的にテストされるべきである。　　　　　　　　　　　　　　（1935年3月、日記23）

（5）　ついでに言うと、可笑しさは、**自我の柔軟な全体〔die elastische Integralität〕をうわべ上殺そうとする企て〔Attentat〕である**。崇高や悲劇も同様にそのような荷重試験であるが、〔これらは〕死と生を真剣に殺そうとする荷重試験である。

（「体系的人生について」断片、1940/41年冬）

（6）　たいていの悪〔Übel〕について、それはけっして取り返しがつかない、と言われる。しかし、最も恐ろしい災難〔Unheil〕は悪夢のようなもの、つまり目覚めによって取り消される悪夢かもしれない。——他律とはすべてこのようなものであり、この他律と共にあるこのいわゆる世界史全体は夢にすぎない。あるいは、コペルニクスが、すなわち目覚めた者が嘲笑うプトレマイオスの偽りの体系〔Pseudosystem〕のような〈現実〔real〕〉にすぎない。地球中心ではない太陽中心は、（カントが可笑しさ〔das Lächerliche〕を定義しているように）張り詰めた期待の突然の無への解消である。いやそれどころか、我々のこの他律的な人生の推移は、〈下手な〉ウィット

140　第2部　フリートレンダー／ミュノーナと笑いの理論

の推移のようだ。他律のこの緊張が死によって弾ける前に、それをまだ嘲笑うことができないのだから。　　　（「自我－太陽中心 III」、1942 年初頭、GS 22）

（7）ゲーテは、最も優れた極性論者（Polaristen）の一人である。ゲーテは才気煥発（かんぱつ）な自然研究者だったが、哲学者ではなかった。それ以外に彼が才能としてもっていたものがあるとすれば、カントの体系に電気的なプラス・マイナスを与え、そこからユーモアを得るために、その体系を極性的に擽（くすぐ）る（**このような表現が許されるとすれば**）という才能である（ちなみに、ゲーテは、諸感覚に害を及ぼさないように結びつけられる倫理的コントラストに可笑しさを求めている。可笑しさの説明は**自我－太陽中心**の本質に由来するもので、その**自我－太陽中心**の無傷の完全な性格はあらゆる　動揺（Erschütterungen）　から柔軟に自己回復できる。この**完全性への原状回復**（restitutio in integrum）を容易にするそのような動揺にその完全な性格が意図的に置かれると、笑いが生じ、妨げられると泣くことになる。この極端は、一つの直径〔両端〕を形成している。**自我**を殺そうと企てて（Attentat）明らかに即座に失敗に終わるのは滑稽で、うわべだけうまくいくのは悲劇的である。両方とも、**自我の同一性の見かけの手品**である。この主観的な前提がなければ崇高[3]も可笑しさも説明できない。**自我自身**は、ここではカントの〈張り詰めた期待〉で、それは、とつぜん〈無〉に帰したときに笑いによって吐き出される、すなわち**完全性**（in integrum）に復帰するのである。類比的に言うと、身体が痛いだけでなく喜びいっぱいで傷ついている、すなわち擽ったいのだ。そこには暗に身体を再生させる完全性が含まれている）。　　　（『暫定政権と決定権』、1941 年初頭、GS 22）

　「滑稽（das Lächerliche）は、諸感覚に害を及ぼさないように結びつけられる倫理的コントラスト〔対照〕から生まれる。」（ゲーテ）[4]

（8）極性は、〔人間を〕賢くし、無差別（Indifferenz）が機能するように目覚めさせる。――人間に関することはすべて、（ウィットのように）笑いへと（無上の幸福へと）解消（auflösen）されるであろう。〔……〕

　すべての現象性を両極へと促すためには、ヌーメノン[5]としての**自我**を中

立化することが是非とも必要である。——**世界平和！ 唯一の名人的一撃**——神の**ウィット**。主観的に張り詰めた期待の客観的**無**への解消。

(1935 年 9 月、日記 38)

(9) 私の無差別は、他律的なこの世界の下に一個の**爆弾**のように置かれている。それは、すべての戦争を爆破させる**平和の爆弾**である。——ますます張り詰めていく期待の〈無〉への解消……。 (1937 年 2 月、日記 72)

(10) 哲学の〈歴史〉（総じてこのいわゆる歴史）は、事実、ウィットに似ている。——張り詰めた期待の〈無〉への解消、つまり無差別‐**自我**へ、内面への解消。 (1937 年 3 月、日記 74)

(11) カントの可笑しさの定義：張り詰めた期待がとつぜん**無**に解消すること。——この無は、**客観性における**無である——自我はそのまま：完全性への原状回復、すなわち、まさに笑う者〔の完全性〕へ〔の原状回復〕——笑う者は、外見上、傷つけられ、笑う者の弾性の中で圧縮され、それによって**ますます輝かしく勝利を獲得して爆発し、自らを取り戻す。**

(1942 年 5 月 20 日、日記 146)

(12) 仮象をとつぜん相殺する**うわべ上の毀傷**から笑いが生じる。

(1945 年 3 月 29 日、日記 168)

(13) 完全な**自我**の一つの障害の仮象の突然の露呈が笑わせる[6]、つまり、張り詰めた、すなわちまさに苦しい期待の**完全**への解消、つまり、突然の完全性への原状回復。そのようなものが死でもある。ウィットとしての生。

(1946 年 3 月 10 日、日記 169)

《参考》これが、「笑い」に関する F/M の最後の記述。1946 年 9 月 9 日、

142 第2部 フリートレンダー／ミュノーナと笑いの理論

F/M は、亡命地パリで亡くなっている[7]。

（14）人生の推移は、下手なウィットの推移のようだ。緊張状態が死によっ
て弾けないうちは、まだ笑うことができないのだから。もし人生が下手な
ウィットでないとしたら、その前にそれこそとんでもなく不安な気もちにな
るのを覚悟しなければならない。　　　　　　　　（1942年2月25日、日記146）

（15）内的バランスは、一瞬一瞬、常に　動　揺（さら）に晒されているので、能動
的に柔軟性が保たれなければならない。すなわち──笑うことである。

　これは定言的命令でもある──**常に笑え！**　これは必ずしも文字どおりに
言われているのではない。外から耐え忍ぶ奴隷状態や死すべき運命や魔性的
行為を超えたユーモアたっぷりの崇高さそのものとして〔常に笑え〕という
ことである。こうしてのみそれらに幕が下ろされ、自我（Subjekt）を通してこの良い現
生を客観的にも勝ち取ることができるのである。──**自我-太陽中心の優位。**

　　　　　　　　　　　　　　　　　　　　　　　　（1942年5月19日、日記146）

（16）しかし、中心〔の1点〕は極端（Extrem）をもって極端に対処することを知ってい
るので、あたかも形式が、したがって形作るもの（der Formende）が素材を創造するかのよう
に、形式によって素材（Stoff）の中和が起こり始める。特に可笑しさ（das Lächerliche）に現れるのが
素材を凌ぐこの形成力である。可笑しさの本質は、形式に対する素材のうわ
べ上の勝利、つまり仮象（Schein）であることがとつぜん暴かれた素材の勝利にある。
悲劇の中に潜在的にあるもの、つまり仮象に対する存在〔真の存在〕の大勝
利が、ここで、素材的な勝利のナンセンスとして表に現れる（apparent）のである。中心
の機能によって極端を無理にでも調和的な契約に向かわせるように形作るも
のは、真の体系が表に現れる途上にある。キャリアの始めからもうそのフィ
ナーレを期待してはならない！　　（『暫定政権と決定権』、1941年初頭、GS 22）

（17）私自身は、道徳がいつも怖くて、不安でした。なぜなら、道徳は笑う

ことを**禁じている**、と間違って思い込んでいたからです。私にとって道徳は**あまりに真面目すぎた**のです——道徳の定言的命令「汝、**楽しい心で汝の義務を果たすべし！**」に出会うまでは。心は、けっして必ずしもいつも楽しいわけでは**ありません**。しかし、まさに道徳が、**不変の楽しさの原則を命じているのです**。**うわべ上**あのように脅すような道徳のことをますます親しく、そして根本的に尋ねると、すると道徳は、**私たちの人生の最高の親友、最も確実に事情に明るい最高の親友**として姿を現します。この親友は、私たちのまったく日和見主義的な人生の企てが 悉 く**失敗**しても、それでもなお私たちを元気づけてくれる親友です。特に、道徳があの明朗な人生の享受を**禁じている**、また、そもそも例えば禁欲を**強く要求している**などというのは**根本的間違い**です。道徳が厳に禁じているのは、日和見性〔そのもの〕では**まったくなく**、日和見性の**優位と支配**なのです。道徳は、悪の**根絶**すら命じていません。命じているのは、善、すなわち諸法則に対する悪の**優勢**の根絶だけです。道徳は、楽しむことを禁じてい**ません**。そうではなくて、それを人生**目的**にすることを禁じているのです〔……〕。道徳は、難行苦行を求めてい**ません**。自然を**従属させる**ことを求めているのです。

（1935 年 2 月 22 日付ドーリス・ハーン宛手紙）

(18) 純粋な理性の限界**内における**[8]ユーモア？ 違う。ユーモアは、その唯一の**例外**である。ユーモアには完璧な特権的自由（Narrenfreiheit）がある。いや、ユーモアは、反−理性（Wider-Vernunft）を装っている。ユーモアは、**笑う精神そのもの**であり、理性の帰謬法的（apagogische）**証明**である。

（1933 年終わり、日記 2）

(19) カント曰く、理性は最後に一番笑う[9]。すると、ここで、人間的動物（Menschentier）たちに対するこの嘲笑を、ペール・ラシェーズ墓地[10]から、かの故ハインリッヒ・ハイネが笑います。この笑いを、連中は、大声でがなり立てようとします。しかし、こんなことは長く続かないでしょう。連中の良心の声〔とやら〕を金切り声でがなり立てていますが、連中は、それによって声がかすれて、

144 第2部 フリートレンダー／ミュノーナと笑いの理論

声が出なくなるでしょう。（1933年11月19日付ザーロモン・ザムエル宛手紙）

(20)〔……〕悲観主義に向かわせるようにすべてが挑発的に作用しようとも、それ故、それが実にたやすいことだとしても（私が貴殿に今こうして手紙を書いている間も、心臓がもう役に立たなくなっているので、私の肺は呼吸困難に喘いでいます）、私は依然として楽観主義者のままです。造形芸術家は、どれほど手に負えない素材にもけっして愚痴をこぼしてはなりません。そしてまた、自分自身の肉体は不朽の仕事で出る残り滓にすぎません。……ですが、ダモクレスの剣[11]がなくなっていると思うのは幻想です。ダモクレスの剣は釣り下がり続けています。今伝えられている情報によれば、連合国は、外国にいるすべてのドイツ人を本国に送還する意向とのことです。それで、もし連合国がナチの連中よりも野蛮に私を扱えば、それはきっと私の死を意味するでしょう。しかし、たとえ連合国が、この死にかかっている老人の私を養老院に入れたとしても、家族から引き離すことは、私たち3人にとっては地獄でしょう[12]。それでも私は、最悪の事態に対しても心の準備をして、言います、──すべての野蛮も地獄も悪魔も、自由、不死、神といった強力な理念のデュナミス[13]に対しては全く無である、そして、この強力な理念のデュナミスの魔術[14]は、たとえ初めは笑わなくても、最後に笑う[15]、と。この最後の笑いによって、私は貴殿に断言します、感謝の気もちである、と。

ミュノーナより

（1945年9月12日付ダーフィト・バウムガルト宛手紙）

注

1　以下、原文では kopfbrechend, halsbrechend, herzbrechend のように brechend（「砕く」「折る」「破る」の意）が繰り返されている。これを生かしてあえて直訳すると、「頭を砕いて」「首を砕いて」「心を砕いて」となる。

2　本書第2部11「ソネット、大笑い」参照。

3　本書第2部9「世界観としてのユーモア」参照。

4　すでに邦訳があるが、本書では原文をそのまま直訳した。『ゲーテ全集』第7巻「親和

妻マリー・ルイーゼと髭のフリートレンダー／ミュノーナ。最後の写真。1946年秋頃。
Foto: 不詳

力」、望月市恵訳、人文書院、昭和35年、247頁参照。
5 『理性と平和』162頁、169頁（注47）参照。homo noumenon については、同書35、123頁参照。
6 原文は Die plötzliche Aufdeckung des Scheins einer Störung des Integrals Ich macht lachen となっており、あえて直訳した。この文章は、亡くなる約6か月前の日記の記述で、推敲する余裕がなかったものと推察される。
7 『理性と平和』74, 75頁参照。
8 カント晩年の著書に『単なる理性の限界内における宗教』(1793) がある。
9 「おそらくやがては批判哲学者に、最後にそしてまた最もよく笑う番がやってくるにちがいない」（『カント全集』第11巻『人倫の形而上学』「法論」、上掲、26頁）。
10 ペール・ラシェーズ（Père Lachaise）はパリにある墓地（正式名称は cimetière de l'Est〔東墓地〕）で、哲学者、芸術家等の著名人が埋葬されている。ちなみにハイネ自身が埋葬されているのはモンマルトル墓地（cimetière de Montmartre）。パリ亡命直後、F/M は、まだパリの地理に詳しくなかったようである。
11 ダモクレス（Damokles）は、古代ギリシアの植民都市シュラクサイ（現イタリア・シチリア南東部）の僭主ディオニュシオス1世（前430頃-367、在位前405-367）に仕えていた。ダモクレスは僭主に媚びて、その幸福を称賛したが、ディオニュシオスは、それを戒めるために、彼を贅の限りを尽くした宴会に招き、頭上に鋭利な剣を1本の馬の尾の毛で吊るさせ、支配者の幸福の不安を教えたと言われる。この逸話から、「ダモクレスの

146　第2部　フリートレンダー／ミュノーナと笑いの理論

剣」という諺が生まれた。『技術と空想』31 頁（注 10）参照。

12　この手紙が書かれた 1945 年 9 月 12 日は、F/M 一家にとって特別の日だった。この日、息子ハインツ・ルートヴィヒが、収容所から解放されて 6 年間ぶりにパリの両親のもとに帰って来たのである。『理性と平和』74 頁参照。

13　『理性と平和』120, 206 頁参照。

14　『技術と空想』172-173 頁参照。

15　本章（19）参照。

2. ジャン・パウル
Jean Paul

（1）月並みな命令「人間よ、腹を立てる勿れ！」[1]に哲理のすべてが隠れているということを私以外に誰が厳密に知っていよう？　ジャン・パウルが書いている「常に明朗でいる技術」[2]。それどころか――生のバランスとしての「生の完全性」[3]。同じ原理によって太陽たち[4]が作用している……
integer vitae

（1935 年 9 月、日記 40）

（2）芸術教育ほど教育に役立つものはない。芸術教育は、思考や意志においても真の　無意識　、　活気　を育む。美的空想力は、我々の全本質の活力の源泉である。美的理想は、どこで我々がまだ風刺画であるか我々に告げる。しかし、無目的に創作しようとする天才には、カントの批判の指導を受けてほしい。特に、我々のすべての能力を凌駕してそれらを調和させる能力、まさに判断力[5]が存在するということをカントに学んでほしい。すなわち、それなくしては埋めることができない人間的本質の裂け目、精神性と感性、倫理性と自然の間の裂け目を少なくとも橋渡ししている判断力が存在するということをカントに学んでほしい。この判断力が、抽象的な諸理念においてばかりでなく、象徴的に美的な諸理念においてさえも、空想力のあらゆる輝きで上記の裂け目を橋渡ししているのである。ここでは、調和が魔法のように許し与えられる。分かりやすく言うと、精神と肉体によって単に理論的に、単に受動的に確認されるのではなく、また、極度に緊張した葛藤において倫理的に能動的に〔苦労した末に〕達せられるのではなく、この上なく幸せな自然さの中にある如くに魔法のように調和が許し与えられるのである。身体的なものから最も精神的なものに至るまで、理論的、実践的、そしてまさに美的にも、最も広い意味で我々の健康は、そのような判断力の調和的な働きに基づいている。この調和的幸福の徴候として、カントは、笑いにも言及している。カントによれば、笑いとは、緊張した期待がとつぜん無に

148 第2部 フリートレンダー／ミュノーナと笑いの理論

一変することから生じる情動である。笑いは、馬鹿馬鹿しさによって、つまり、判断力の価値が試されることによって生まれる。ユーモアは、ふだんは厳格に判断力より下位にある諸要素に判断力が許す無礼講である。判断力は、必要不可欠な支配を間接的に示すために、**うわべ上**、機能しない。最も精神的な能力は、うわべ上否定されると、ますます爆発的に再び生み出されるのである。しかし、また、笑いは、真実なことと善いことを美的に抑制しないと変質する。ジャン・パウルは、可笑しさを、倒錯した崇高[6]と呼ぶ。——しかし、可笑しさは、崇高のうわべ上の否定であり、それ故この崇高と奇妙にも類似している。

（『芸術家のためのカント——美学の根本要素に関する授業のための問答形式の教科書』〔序文〕、1935 年、GS 23）

(3) ジャン・パウルは、まったく本能的にユーモアによって自衛策を講じていた。すなわち、彼は、神のような理想の 力 が執拗に軟化を迫ったときはいつも、ただ微笑、茶目っ気、いたずら[7]、また、幸福な涙で天国の死の真面目さを無力にした。ユーモアのあるウェルテル[8]、これはゲーテには容易に我慢できる光景ではない。しかし、大人物が自身の内部に受けることのできない、そして無力な厳しさをこれに対置する人間における最後の神性は、外部では、その大人物を探して惑わす鬼火のように揺れ動く亡霊として彷徨っているであろう。ジャン・パウルのユーモア、つまり諸物の細い末端部や先端のこの聖エルモの火[9]は、普段はそのように抑制して一切の人間的なものを支配しているゲーテにまで、最後の人間性の欠如に気づかせる。——子供たちがする罪のない大はしゃぎに動かされる心の奥底の感動が欠如していること、我々がまさにジャン・パウルの心の中だけで味わうような、そうでないと味わえないような愛が欠如していること、最も哀愁を帯びた深い満足感の無限の魅力が欠如していることに気づかせるのである。——

〔……〕。彼は、生まれ、そして死んでいく生と愛に疑念を抱いている。——しかし、絶望はしない。彼は、本来的に我々の憧れが目指している或る一つ

2. ジャン・パウル　149

の本質、一つの生があるに違いないと信じている。この信頼から、彼は、**皮肉によってこの生に耐える勇気を手に入れている**。皮肉による絶え間ないこのバランスがないと、彼は、完全に絶望してしまうであろう、あるいは、完全に感傷的になってしまうであろう。彼の皮肉は、言葉遊びのウィットからユーモアの最高に幸せなさまざまな嘲弄に至るまで段階的に走り抜ける。

（「思想家としてのジャン・パウル」、1907 年、GS 2, 231-132）

注

1　インドすごろくパチシ（Pachisi）をモデルに作られたサイコロゲームの名前。ドイツには 1910 年頃から知られるようになった。

2　ジャン・パウル「娯楽冊子あるいは常に明朗でいる技術」（*Freuden-Büchlein oder Ars semper gaudendi*, 1811, 遺稿）。

3　ホラティウスに次のような言葉がある（Horatius, *Carmina* I, 22）。"Integer vitae scelerisque purus non eget Mauris jaculis neque arcu."〔生活は正しく、罪に汚れざる人は Mohr 人の投槍も弓も必要とせず〕（『ギリシア・ラテン引用語辞典』、311 頁）。integer には「損なわれない」「健全な」「全き、完全な」「潔癖な、汚されない」等の意味があるが、ここでは「完全性」と訳した。

4　F/M 独自の「**自我−太陽中心**」の思想。『理性と平和』195, 197, 198 頁参照。

5　『判断力批判』に、次のような説明がある。「〔……〕美学的判断はその表象を主観だけに関係させる、そしてまた対象そのものの性質を我々に開示するのではなくて、我々の表象力が対象を規定する場合の合目的形式を示すにすぎないのである。かかる判断が美学的判断と呼ばれるのは、その規定根拠が概念ではなくて、心的能力〔構想力と悟性の〕の遊びにおける調和の感情（内感の）であり、またこの調和が我々によって感じられ得るからである」（カント『判断力批判』〔上〕、上掲、115 頁）。「判断力は、特殊を普遍（その概念がすでに与えられている）のもとに包摂する能力であるばかりでなく、また特殊に対して普遍を見出す能力でもある」（同書〔下〕、255-256 頁）。

6　本書「作品解説」第 2 部 2 参照。

7　Kobold は、ドイツの民間伝説に出てくるいたずら好きな小妖精。

8　『若きウェルテルの悩み』の主人公。ゲーテが 1774 年に発表した書簡体の恋愛小説。

9　塔やマストの先端などの放電現象。

150　第2部　フリートレンダー／ミュノーナと笑いの理論

3. ショーペンハウアー
Schopenhauer

(1)　可笑しさの定義。カント：「張り詰めた期待の突然の無への解消」[1]。私は、〔無に解消するのではなく〕完全になる、つまり完全な生[2]（Integervitae）になると言いたい。〈無〉は、完全を妨げるものが何もないすべての無を意味している。——ショーペンハウアー：「直観されたことと考えられたこととの間の不一致にとつぜん気づくこと」[3]——これは言いすぎている。心痛めてがっかりさせられることもあるだろうから。付け足して言わねばならないとすれば、誤って思い込まれた不一致にとつぜん気づくのである。考えられたことは完全なこと、つまり疑いの余地のないことでなければならず、直観がこれにまさにうわべだけ矛盾（désaveu）を与えているのである。　　　　　（1943年6月5日、日記162）

(2)　再度ジャン・パウルに反論。可笑しさは、倒錯した崇高ではなく、誇張された崇高の倒錯である。——可笑しさは、真面目さの反対ではなく、誇張された真面目さの反対である。——ショーペンハウアーの「直観されたことと考えられたこととの間にとつぜん気づかれる不一致」は、必ずしもいつも可笑しく作用するとは限らない。それは、ぎょっとさせることもあり得るから。　　　　　　　　　　　　　　　　　　（1934年8月、日記13）

(3)　多く笑うかどうかで人生の愚者が分かるのではなく、笑いがないということで人生の愚者が分かる。ショーペンハウアーさえ、明朗さ（Heiterkeit）を勧めていた。他律は真面目で、他律の力が他律を嘲笑することを禁ずる。自律は、人生そのもののユーモアである。自律は、死をも死ぬほど大笑い（totlachen）する。むろん自律は、依然、真面目な野獣（Bestien）どもに取り囲まれている。　　（1936年7月、日記61）

(4)　時計のゼンマイを巻く、そうして突然、逃がし止め〔エスケープメント〕を取り除く。これが笑いのメカニズムである。機械的な基礎。緊張——突然

3. ショーペンハウアー　151

の解消。しかし、可笑しさは解消によって初めて生まれるが、それは、その解消によって緊張が取り消され、**否定**されることによる。すなわち、緊張が確認されると、それが否定されたように**見える**！（点——染み）。ということは、それは、張り詰めた期待が見かけ上の無に突然解消されるということだろうか？　見かけ上の否定へ？　無が完全な**見かけ上の失望**から生まれる？　点は、染みによって**見かけ上取り消されている**。

　せき止められた明朗さが、突然、解放。そこで仮定してみる——喜びの背景。笑うことは喜びである。圧縮されて、圧迫**下で爆発**。喜びの妨害が突然取り除かれ、些細なことだったことが判明するとき、笑いが、この**妨げられていた**喜びを苦痛から解放する。——区別すべきは、人工的になされる笑いと自然な笑い。

　笑いは、いつも**待ち構え**ている。

　これをユーモア作家は当てにしている。

　ユーモア作家はこの即応態勢を**苦しめ**、それでそれが吹き出す。

　したがって、この苦痛は**見かけ**にすぎない。

　あらゆる頌歌の**本質的**パロディー風[4]。風刺画は密かに理想を伴っている。悩ませる。それはこういうことだ。笑いは、理性的に生まれるのでも、理論的に生まれるのでも、実践的に生まれるのでもない——まさに**美的に**生まれる。だから、笑いの**真相**を突き止めることはできない。笑いは、からかう深淵である。ここでは、客観的に何も定義されない、美や崇高におけるように。

（1934 年 11 月、日記 16）

（5）風刺画——確かに！　しかし、風刺画でなくて何であろう？　可笑しく歪めることをせずに、観念的な産物を日常の最後の繊維にまで入り込んで感覚的に現実化できるだろうか？　ショーペンハウアーの例がある。——観念的に広がりを持たない〔チョークの〕点が黒板の上で〔先生の袖によってかすれた〕染みに変わっているのを教室〔の生徒たち〕が嗤うという例である。純粋な数学、純粋な道徳性は、適用されて、もしそれを見る者が、それによって純粋

152 第2部 フリートレンダー／ミュノーナと笑いの理論

性が否定されているとは見ずに、元の純粋性を喜んであくまで守り続けるな
ら、歪み鏡小屋^{Lachkabinett}⁵になる。なるほど芸術には高度なスタイルの真面目で荘重
な手法がある。ラファエロの適切な客観化がそれである。それに対して風刺
画家は、厳密に言うと世界–現実的^{welt-wirklich}な客観化はけっして適切ではあり得ない
という洞察から利益を得ている。ヴィルヘルム・ブッシュ⁶は、聖母マリア
の画家として出発したが、笑いものにされて、自由意志でないユーモア作家
から自由意志のユーモア作家になろうと決心した。しかし、ゲオルゲ・グロー
ス⁷は、アメリカの高速列車が郵便馬車と違うように、このブッシュと違っ
ている。　　　　　　　　　　　（『ゲオルゲ・グロース』、1922 年、GS 13, 156-157）

注

1　「笑いは、緊張した期待が突然無に転化することから生じる情緒である」（カント『判断
　　力批判』〔上〕、上掲、301 頁）。

2　原文 integervitae は、integer と vitae の合成語。ここでは「完全な生」と訳した。前章 2
　　「ジャン・パウル」（1）参照。

3　「笑いが生ずるのはいつでも、概念と、なんらかの関係においてこの概念によって思考
　　された実在の客観とのあいだにとつぜん認められる不一致からにほかならず、笑いはそれ
　　自身、まさにこの不一致の表現にほかならない」（『ショーペンハウアー全集』第 2 巻「意
　　志と表象としての世界　正編（I）」、上掲、134 頁。

4　原文 Das wesentlich Parodische jeder Ode. を直訳した。parodisch は F/M の造語。頌
　　歌（Ode）は真面目であるのに対して、Parodie（パロディー）には遊び、笑いがある。

5　年の市や縁日などの移動遊園地（Rummelplatz）で、入ると歪んで見えて可笑しい部屋。

6　ヴィルヘルム・ブッシュ（Wilhelm Busch, 1832-1908）　ドイツの風刺画家。

7　ゲオルゲ・グロース（George Grosz, 1893-1959）　ドイツの画家。風刺的な画風の版
　　画で知られる。

4. ニーチェ
Nietzsche

(1) この本〔『悦ばしき知識』〕の中で、我々は、初めてニーチェの笑いを聞く[1]。ニーチェの笑いは、人間の未来については喜びの笑いであり、人間の過去についてはあからさまに蔑む笑いである。そして、彼の中でこの両方が、彼自身の悲愴を嘲弄する喜び、言うまでもなく人間の悲愴を嘲弄する喜びへと混ざり合っている。我々は、特別に問いたい、——思想家ニーチェのこの態度には、無限に対してひどく無思慮な遠慮があるのではないか？ それは、「世界」に対する極端すぎる畏怖ではないか？ 我々は、宇宙の片隅にある惑星の動物にすぎないのか？ もし偉大なものなどまったく何もなく、あるのは世界のどうにもならない不可避だけだとしたら、我々が、生が、世界である、無限であるとはいったいどういうことなのか？ 無限自身も、したがって無限な動機に関するあの懐疑も人間的であるとは、いったいどういうことなのか？

（「フリードリヒ・ニーチェ——知的な生涯の記録」、1911 年、GS 9, 149）

(2) ディオニュソス的なもののアポロ[2]化が初めてすべての生を美化する〔輝かせる〕。こうして、最も恐ろしいことも、最も絶望的なこともオリンポスの神々のように神々しく笑い始め、輝き始めるのである。この美化は、もとからあるのではない。もとは野蛮である。自然のままのさまざまな力のこの神化が文化、美学、芸術の仕事であり、これらによって自然が自然自身に勝利する。アポロ的な美がディオニュソス的真理を包み隠すのである。

（「フリードリヒ・ニーチェ——知的な生涯の記録」、1911 年、GS 9, 105）[3]

(3) ニーチェ：「笑うのは人間だけ——人間だけがあまりに深く苦悩するので、笑いを発明しなければならなかった。」[4] いや、違う、逆だ！ 何よりも人間は笑う者であり、苦悩は機会因にすぎない。

154　第2部　フリートレンダー／ミュノーナと笑いの理論

（1942 年 10 月 3 日、日記 152）

（4）　一番後ろで一番先頭でもある人――ニーチェ：「この世で最も苦悩する
動物が分かったこと――笑い。」　　　　　　（1942 年 10 月 29 日、日記 153）

（5）　これまで、楽観主義者たちや悲観主義者たちはいた。これらの極端は、
ニーチェにおいては、我々がシェークスピアの作品の深さから得ることがで
きるような**悲劇的ユーモア**へと通じ合っている。

　　　　　（『フリードリヒ・ニーチェ――彼の説を理解するための秘訣』、1904 年、
　　　　　GS 2, 215）

（6）　たった一本の絹糸が完全な自由を主観的に縛るとすると、客観的には、
自己認識が取り戻され、解放された笑いが顰め面を爆発させてうわべが外見
上破裂するまでは、その絹糸から奴隷の鉄の鎖が生まれる。それでもなお才
気煥発なすべての独断論者と懐疑論者をカントが批判的に嘲笑うように、コ
ペルニクスはプトレマイオスを嘲笑う。近代精神は、懐疑的「自由精神」の
ニーチェがカントを老支那人[5]、この上なく畸形的な概念障害者[6]と呼んで
「キャント」[7]と嘲弄している笑いを異常に聞いている。――しかし、（マルクス
がすべての馬鹿者の皇帝と呼んでいる）ニーチェを嘲笑うカントの笑いは、もっ
と鋭敏な聴覚を求めていて、カント自身は、よくこう言っていた、「私は**最
後に笑う**」と。　　　　　　　　　　（『自我‐太陽中心 I 』、1941 年、GS 22）

注

1　本書「編者序文」（デートレフ・ティール）参照。
2　アポロ（Apollon）　ギリシアの光・技芸の神。永遠の美青年の象徴。
3　本稿は、ニーチェ『音楽の精神からの悲劇の誕生（*Die Geburt der Tragödie aus dem
Geiste der Musik*）』に対する批判。
4　Nietzsche, *Nachgelassene Fragmente*, Juni-Juli 1885, 37 ［3］.
5　「ケーニヒスベルクの偉大な支那人とても、一個の偉大な批判家にすぎなかった」（『ニー

チェ全集』第 10 巻「善悪の彼岸」、信太正三訳、理想社、昭和 42 年、188 頁)。

6 「ドイツ人が彼ら哲学者を、とりわけ、大カントという、かつてあったうちのあの最も
畸形的な概念の不具者を我慢だけでもしてきたということが、ドイツ的優雅の何であるか
を少なからずわからせてくれる。」(『ニーチェ全集』第 13 巻「偶像の黄昏」、原佑訳、理
想社、昭和 42 年、76 頁)。

7 「カント、すなわち、英知的性格としての偽善的口調 cant。」(『ニーチェ全集』第 13 巻
「偶像の黄昏」、上掲、77 頁)。英語 cant は、「もったいぶった、うわべだけ熱心な偽善的
言葉遣い」の意。

5. アンリ・ベルクソン『笑い』（1914年）[1]

Henri Bergson: „Das Lachen" （1914）

　昔から、哲学者たちが才気煥発な答えを携えて、笑っているスフィンクス[2]の前へと進み出た。すると、最も才気に満ちた答えも、スフィンクスは嘲笑って問題にしなかった。「張り詰めた期待の無への解消」（カント）、「直観されたことと考えられたこととの不一致の突然の気づき」（ショーペンハウアー）、「崇高の倒錯」（ジャン・パウル）、いずれもスフィンクスの謎めいた笑いを挫くことはなかった。——たぶんスフィンクスはますます不可解な笑いを浮かべているのでは？——才気を漲らせて面白く、あるいはむしろ「直観的に」考え出された新しい答えを携えてこの謎解きに挑戦しているのが、かの有名なベルクソンである。

　この答えは、生物学的と呼ぶのが一番いいかもしれない。というのは、ここで生自身が嘲笑っているのは、生の見せかけ、つまり生の外見だけ印象づけたいあらゆる生気のなさだからである。生が笑うということは、一つの所感であり、そこに生の最大限の拡張が願われている！ つまり不十分な笑いから不十分な生が逆推理されかねないからである。なるほど度を越して笑うとどうしても愚か者に見られてしまう。周知のごとく、生は真面目である。しかし、笑っている愚か者と笑いものにされる愚か者を区別してほしい。たいていの場合、真面目な愚か者が笑いものにされるであろう。それで、いわゆる真面目な生は、芸術の明朗さの中で初めてその生自身の頂点に達するのである。

　ベルクソンは、露骨な滑稽さからシチュエーションや言葉の滑稽さへ、そして最高に繊細な性格の滑稽さへと数えきれないほどの例によって、笑いの本質を説明している。すなわち、うわのそらの生、不釣合いな生、硬直した生、機械的な生……こういった生に対する本当に生き生きした生の勝利としての笑いの本質を説明している。本当に生き生きした生は、絶え間なく変化し、不可逆で——少なくともいつもその外見上、もしそうでないとすれば本

質上——完結した 個 性 である。この 生 気 によって、いつも生は自発的にせよ不本意にせよ、型にはめ込むこと、機械的にすること、健忘、眠気、これらすべてを、つまり、柔軟性と絶え間ない変転とを欠くすべてを嘲笑う。「緊張感と対照的な注意散漫、簡単に言えば、意識された積極性と対照的な自動作用、これが、結局、笑いによって強調され、もし可能ならば正されるところのものである。」要するに、ベルクソンの哲学全体のライトモチーフが、この特別な問題の中でも鳴り響いている。しかもベルクソンは同書でもなお、対立するあらゆる個人的な孤立を嘲笑う生の社交的性格をことさら強調している。その結果として、ベルクソンのモチーフは、ここでは少し憂鬱な響きで終わっている。つまり、笑っている生は嘲笑される生に対して冷酷なのだ。我々は、うわべの共感で笑う。「ちょうど厳格な父親がときおり逆上して、たぶん一瞬自分の息子のいたずら好きを内心喜びつつも、しかし、即座に再び自分の教育義務に気づくように。」笑いの中には、——すでにニーチェはこう言っている——、一緒にあらゆる悪、あらゆる毀傷の喜びがある。しかし、良心に恥ずるところなく[3]、——ニーチェは付け加えて言う——、自分自身の無上の幸せによって厳粛であり、赦されている、と。確かに、死んだような生は笑いによって殺され、それによって死が打ち殺され、それによって生がますます不死にされる——ただし、不死のように笑うなら[4]！ ベルクソンの「社交的な」笑いのように、その場限りの笑いで憂鬱に響き、苦い味がする笑いは、まだアルキュオネのように穏やか[5]ではない、すなわち、すべての苦いものからまだ完全に純化されていない。それは人間的、あまりに人間的である。ベルクソンは、悲劇的な嗤いを忘れていた。すなわち、生のどんな表現をも、またさらに最も美的な表現をも、それが外面的であるというまさにその理由で生が嘲笑う悲劇的な嗤いのことを忘れていた。最も柔軟で才気煥発な直観といえども、まさに直観として、笑っている者がもつ単に内的で根本的に非直観的な生気には太刀打ちできない。ところが、ベルクソンの笑いは、この最も内面からのものではない。ベルクソンの最も内面のものは、非常に際立った外面的現象がやっと笑わせるように刺激するまで真面

目である。ベルクソンが悲劇と喜劇の間の根本的相違 (Grund-Unterschied) に気づくのはまさにこの理由からである。すなわち、悲劇が扱うのは個々人であり、喜劇が扱うのはいろいろな種類、つまり硬直したタイプなのである。しかし、生は、その生き生きとした同一性によって、まさにすべての相違を嘲笑う。したがってこの相違も嘲笑う。それ自身まだ一つの非常に硬直した外面化だからである。（たとえ生き生きしていて柔軟であろうと、たとえ「直観的」になされようと）客観化されないと、すなわち、外面化（機械化）されないと、最も内的なもの、個的なものは捉えられないと分かるというのは、そもそもそれほど難しいことだろうか？　笑っている者をその最後の逃げ穴で追跡する者は、結局、現象している世界をことごとく去らねばならず、笑っている者のどこにも無条件に可笑しいと思うことはできない。なるほどこの世界では、より柔軟に生き生きとした現象が、より硬直した現象をいつも嘲笑う。なるほど世界の内側では、真に芸術的な真面目さと厳粛さは可笑しくない。しかし、〔ベルクソンにおいては、〕人間の笑いが或る種の「悲劇的な」現象に怯む (ひる) ということが、この「躊躇」やこの地平を、他のどの地平とも違って、つまり遠近法的に評価する根拠にまだなっていない。真面目な人間が真面目さを内面化する、すなわち外面的に（「直観的に」さえ）見せないようにするのと同程度に——これと同程度に滑稽の地平が広がっている。真面目さのすべての意味を内面の最も奥に、純粋に本人自身の個人的なところに引き戻した真面目さには、結局、もういかなる表現も存在しない。ひどい悲劇的状況においては、表現してしまえば、自分自身の胸の内にある筆舌に尽くし難い生のなんとも名状しがたい厳粛な秘密に比べたら、その表現は悪ふざけになってしまうではないか。

　すると、ベルクソンの理論も、より正確には笑いを説明するベルクソンの試みも、非常に才気煥発 (かんぱつ) ではあるけれども、ここでは最初と最後に笑う勇気 (Mut) が欠けているので決然としていない。心の奥底から笑うということ、つまり「現象」そのものに関して「本質」を無条件に笑うということに欠けている！むしろベルクソンは、ここでは、芸術家的でない、硬い、型にはめ込まれた

典型的な現象を嘲笑っているにすぎない。それは悲劇性の本質に関する一つの美的な幻想である。悲劇性は、笑う。明朗だ。自由にしてくれる。すなわち、単に「喜劇的」にすぎない笑いのあらゆる制約性と不自由性から解放してくれる。このことが分からないとすれば、それは悲劇性のせいではなく、悲劇性が純粋に、しかも余すところなくまだ現れ出ていないせいである。この時、ニーチェの言葉が思い出される。悲劇の英雄は明朗である。このことをこれまでのすべての悲劇詩人が見逃していた。まさに悲劇性は、笑う生の頂点に立っている。一方、悲劇的でない可笑しさには、いつも何らかの限界がある、――何らかの敬意、笑いを抑えるどころか、窒息させる厳粛さがある。このようにベルクソンも、笑いを、この相対的観点だけから、常に張り詰めて厳粛で真面目な真の生の緊張を一時的に緩め、そして回復させることと捉えている。この観点では、いいかげんな真面目さはすべて、より生き生きとしていてよく気がつく真面目さの嗤いの犠牲となる。そうすると、言うまでもなく、特に悲劇的－芸術家的な真面目さと月並みな生の喜劇との間にはっきり際立った対立関係が明らかとなる。――そうすると、いつも非日常的な本当の生は、ありふれた日常的な生を、つまり、けっして生き生きと即興的に為されずに手もちの型に従って為されるありふれた日常的な生を嘲笑うことになる。しかし、それでも悲劇と喜劇にはっきり境界をつけることは依然として難しいだろう。より細やかなまなざしが可笑しいと思うその同じものが、より虚ろなまなざしにとっては悲劇的であるなどということになりかねない。すると、結局、まさに最も細やかなまなざしが（緊張の頂点にある極端と緊張が最も解けた緩みとの間に）見出すのは、そのまなざし自身が笑いながら始めから優勢であるようなものだけということになろう。人は、頂点にある生、悲劇的主体を、真面目に思い浮かべたり、緊張して思い浮かべたりはしない――そうではなくて、覚醒とねぼけの間のすべての対立に対して笑いながら自由に思い浮かべるであろう。それは、極端ではなく、笑いながらそれらを凌駕している〔いわば〕調教師、あらゆる極端の調教師である。生自身の真面目な勇気が高慢の頂点に達するのは、より内面的なあらゆる

160　第2部　フリートレンダー／ミュノーナと笑いの理論

恐怖に勝利して、喜劇の笑いが内面的で‥‥ない恐怖を克服するように克服した後である。ベルクソンの全哲学に特徴的なこと、それは、ここでも彼が、あらゆる喜劇が喜劇的産物を生み出すよりも喝采して悲劇的産物を生み出す
der schöpferische Blitz
創造的閃きの笑いの「本質」を真の「エラン・ヴィタル[6]」によって体験
Schablone
することをしないで、芸術家的直観と　型　の間の対立関係、悲劇と喜劇の間の対立関係について大げさに騒ぎ立てていることである。

*

知性によって生み出された無‐意味が可笑しいのである。つまり、感性が
nichts & wieder nichts
極度に緊張させられ、　まったくの無　へと弾けることによる感性に対する知性の勝利。──感覚的なものは、知性の前で破裂するシャボン玉のようだ。──

これとは逆に、ベルクソンは、確かにショーペンハウアーのように、概念
Pedanterie
に対して感性を勝利させ、衒学的態度に対して、つまり硬い規則に対して「生」を勝利させている。しかし、それはうわべである。感性は可笑しくは機能しない──点が染みとなっている。
einer　　　　　　　　　Punkt-
知性は明朗、感性は真面目。知性は一つ〔点〕、感性は曖昧、つまり点の
Klex
染み[7]。

本当にそうか？[8]──

〔……。〕

ベルクソンは、感性的なものを過大評価し、概念を過小評価している。しかし、この感性的なものに魂を与え、生命を与えているのは概念である。ベルクソンは、有機的な判断力を感性と取り違えている。

仮にベルクソンが正しいとしても、より知性的な人間は、本能的（感性的）な猿に比べて可笑しいだろう。可笑しさの問題で注意すべきは、実際上の特性と価値である。点は染みよりも価値がある。しかし、価値は、特定の意図なしにはあり得ない。からかわれるものは意図である。故に、意図の目的は

5. アンリ・ベルクソン『笑い』(1914年)　161

快〔Lust〕。意図がうわべ上無にされることによって快感が外に湧き出るようにされる。快を得ようとするということは、いつも待ち構えているようなものと考えねばならない。ユーモア作家は、真面目を装うか、明朗を装うかする。真面目な顔に笑っている仮面をつける（皮肉）。あるいは、明朗な顔に真面目な仮面をつける（白墨顔の道化）。一つの**価値**が前提される、点。そしてうわべ上消される、染み。

(1934 年 10 月、日記 15)

注

1　『ベルリン株式新聞』(Berliner Börsen-Courier, Nr.69, 11. Feb. 1914) 初出。GS 2, 396-399.

2　エジプト神話に登場する人頭獅子身、時に翼をもつ怪物。ギリシアでは、女頭獅子身で翼をもつ怪物とされた。テーベの岩山に現れ、人生に関する謎をかけて、解けぬ者を殺していたが、謎を解いたオイディプスに退治された。その謎とは、「朝は 4 本足、昼は 2 本足で、夕方 3 本足を持つものは何か？」というもの。この神話から、「スフィンクス」は、「解けない謎・難題」の象徴となった。

3　「笑い。──笑いというのは、良心の呵責もなしに他人の不幸を喜ぶことだ」（『ニーチェ全集』第 8 巻『悦ばしき知識』、上掲、223 頁）。

4　原文 wenn man unsterblich lacht の unsterblich を、ニーチェに従って直訳した。

5　カワセミ〔翡翠〕の形容詞形 halkyonisch は、「風波の穏やかな」「平穏な」を意味する。本書「編者序文」II 注参照。

6　ベルクソンが主著『創造的進化』(L'évolution créatrice, 1907) で使った用語。élan〔エラン〕は「飛躍」、vital〔ヴィタル〕は形容詞で「生命の」を意味し、"élan vital" は「生命の飛躍」と訳される。「生物は物質的要素の外的、機械的結合によってではなく、唯一の単純不可分な内的衝動によって飛躍的に進化する」（『哲学事典』、平凡社、1980 年、168 頁）。

7　本書第 2 部 3「ショーペンハウアー」(5) 参照。

8　原文は英語。Is it so? 亡命を余儀なくされた 1933 年 10 月から 1934 年にかけて、F/M はこのような自問の言葉を日記に残している。本書第 2 部 10「笑いの理論断片」(22) (23) 参照。

6. 笑いものにされた叙情詩（1910 年）
Ausgelachte Lyrik（1910）[1]

　私は、自作の何篇かの詩を『青いベールを通して』[2]というタイトルで出版
したが、そのうちの 2 篇が（ちなみにそれらは最高のできに属すものではなかっ
たが）、集まったドイツ舞台員組合のメンバーたちに心から嘲笑されて満足
した[3]。私は、次の点を確信した。第 1 に、私の詩はけっしてあの組合員た
ちのレベルにないということ。第 2 に、私の最もできの悪い詩もあの組合員
たちのレベルより優れているに違いないということ。そして、最後に、自分
たちのレベルにないものがすべて、その階級の知力でいつも嘲笑されること
になろうが、それは、もしかしたらそのものが自分たちのレベル以下かもし
れないという意味においてであるということ。というのは、いつもこれが卑
しい笑いと高尚で高潔な笑いの違いだからである。つまり、卑しい笑いは崇
高なものもなお悪しざまに〔埃のように〕踏みにじるが、それに対して高尚
で高潔な笑いは埃でもなお高貴にする、という違いである。卑しい者に対す
る高潔な者の嘲笑には、その卑しさを調和的に共鳴させる或る種のこの世な
らぬ純粋な響きがある。しかし、問題は、卑しい者（すなわち「平均」であり、
より低いもの）がより高尚な者を嘲笑うときである。あるいは、まったく同
じ意味であるが、テオドール・「レッシング」[4]がザムエル・ルブリンスキー
を嘲笑うとか、ヘルマン・ニッセンのような者がザーロモ・フリートレンダー
を嘲笑うとか、病的で「健全な」常識が超健全な良識を嘲笑うといったとき
である。──愚鈍な無理解のこの粗野な嗤いは、その対象を冒瀆し、卑しめ、
否定するだけである。しかも創造的でない。私は、〔知恵の女神アテネのもとに
知恵の鳥のフクロウを持って行くような〕余計なことをしなければならないの
か？──笑いを吟味してみるがよい！　私は断言する。私は、ニッセンや
「レッシング」やその同類の連中と同じくらい私自身の詩を嘲笑うし、ルブ
リンスキーやヴァルデンを嘲笑う、と。しかし、違う！　私は違う方法で笑
うのだ。というのは、〔笑いは、笑われる者よりも笑う者自身の本心を表すからで

ある〕、救い難い愚鈍。いつから笑いは、笑いものにされる者にとってよりも**遥かに笑う者**にとって本心を表さなくなったのか？ 笑うのは簡単である。若者から北極発見者まで、皆、はしゃぐのが好きだ。笑いは一つの心地よい行為だから。一般的に笑うことは簡単である。しかしながら、賢く笑うこと、つまり、笑うことによって笑うすべての者を、笑われた者をも味方にするように笑うこと、また、自由に、解放して、浄化するように笑うこと、このように笑うことができるのは（ニーチェのツァラトゥストラ以外には）ほんのわずかの人間だけ、テオドール・レッシングではないレッシングのような人間だけである。このとんでもない男テオドールは、自分とゲオルゲ[5]のことをひどく真面目にとっているのに、私のルブリンスキーのことはものすごく面白可笑しく扱っている。これは、彼が動物的に発する皮相で粗雑な笑いの、信じられないほど愚かな気楽さの最もひどい証拠である。徹底的に、賢く、そして神のように笑えば笑うほど、嘲笑された者たちの周辺がますます広がり、やがてそれは、ついに世界と笑う者をもまた引き入れるようになる。全身全霊完全に心から笑える者は、もはや自分自身を嘲笑う笑いが止まらない。これこそ、笑いもまた真面目さの本質の一つに入れられるべきものあるという真面目さの神秘の**全容**である。より安全な自分の真面目さの港から笑うやつの笑いは、なんと愚かな笑いであろう！ なんと安っぽくレッシングは、ルブリンスキーではないという特権を勘違いして使用していることか！ 我々はこの人間的－あまりに人間的な嗤いを知っているが、この嗤いは、今日、むしろかつての磔刑（たっけい）や火刑の代わりになっている！ 笑いには序列があり、その序列は対立関係に基づいている。うまく丸く収めるためには、笑いは、悪意を善意と調和的に共鳴させねばならない。徹底的破壊を創造と調和的に共鳴させねばならないのだ。単なる否定の論理とは何だろうか？ ——破壊的な批判は、それが同じように創造的でないと、ほどほどに破壊するだけである。歪曲され得るのは理想的なものだけであるということを考慮しないで、〔……〕いわゆる「レッシング」のように歪曲する者がはっきり示しているのは、「レッシング」のような者は物事をも中途半端にしか真面目にとること

164　第2部　フリートレンダー／ミュノーナと笑いの理論

ができないということ、つまり、そのような者のさまざまな崇拝も平たい丘のようなものであり、また、自分の笑いの直径を半径としか見ていないということである。たわいない馬鹿笑い[6]以上でありたいとすれば、笑いは、習得するのが極めて難しい技術である。笑いは**あらゆる**世界の完璧な勝利なのだ。正義だけが笑うことを許されるであろう。「レッシング」の悪魔のような嗤いに、ルブリンスキー氏は、〔オリンポスの神々のように〕威厳をもって答えるべきであろう。目に見えないそのすばらしい美によって、目に見える彼の身体的障害を輝かせるのだ。すると一般的に笑われるとしても、人は声をそろえて相互に笑い合うであろう。シェールバルト[7]のような人さえも、舞台世界のあらゆるニッセンのような人間の集まり[8]や組合を激しく嘲笑しているので、私は、それが一般に伝わってほしいと思った次第である。私は、ニッセンたちが嘲笑しない高尚な叙情詩はすべて破いてしまう[9]。

注

1　『デル・シュトルム』（Nr.1, 3. März 1910, 6）に初出。GS 2, 277-278.

2　『青いベールを通して──詩集』（*Durch blaue Schleier. Gedichte*, 1908）。GS 16, 82-119.

3　これは F/M のイロニー。

4　本書「作品解説」第2部6参照。

5　シュテファン・ゲオルゲ（Stefan George, 1868-1933）　近代において最も大きな影響力をもったドイツの詩人。

6　原文 Gekälber は、非常に古い言葉で Lachen（笑い）と同義であるが、ここでは「馬鹿笑い」と訳した。

7　パウル・シェールバルト（Paul Scheerbart, 1863-1915）　詩人、空想文学作家、線描画家、空想的宇宙論の考案者、ガラス建築の理論家、軍国主義批判者、徹底した平和主義者。F/M の友人。『理性と平和』28, 54 頁参照。シェールバルトは、ユーモアについてこう書いている。「可笑しいことにはしばしば深い意味がある。〔……〕最高に可笑しいことをとおして最も偉大なものが呼び起こされうる。可笑しいことは、神々さえ傷つけない。」（シェールバルト『古代オリエント──アッシリア、パルミラとバビロンの文化短編小説』〔*Der alte Orient. Kulturnovelletten aus Assyrien, Palmyra und Babylon*, hrsg. Mechthild Rausch, München: text + kritik 1999, 81-82〕）。本書「おわりに」参照。

8　原文 Genissenschaft〔ゲニッセンシャフト〕は、Nissen〔ニッセン〕と Genossenschaft

〔ゲノッセンシャフト〕（協同組合）を捩った語呂合わせ。ここでは、Genissenschaft と Genossenschaft の両方を一緒にして「ニッセンのような人間の集まり」と訳した。

9　F/M のイロニー。「最後に笑う者が番もよく笑う。」（Wer zuletzt lacht, lacht am besten.）というドイツの諺がある。F/M 自身、最後に笑っている。本書第 2 部「カント」（19）参照。

7. グロテスク（1919年）〔新訳〕

Grotesk（1919 – neue Übersetzung）[1]

　グロテスクという言葉とその意味は、いわゆる鍾乳洞の中で石灰華が形づくる奇妙で異様で空想的な形から来ているという。それにしても、何か或るものが歪んでいるとか不恰好であるとか捩じ曲がっていると感じられたり、そう判断されたりするためには、そのものは、美しいとか整然としているとかきちんとしているとか均整がとれていると我々が思い、そう見なしている基準的模範からくっきり浮き上がっていなければならない。つまり、そのような基準的模範に対してコントラストを示していなければならない。残念ながら、たいていの人たちは、自分にとってよく知られているもの、なじみのもの、もともと好感のもてるものを基準と取り違えている。すると、すべての人が猫背の国があったとしたら、その国では、人々は、背中がまっすぐな人を見て大笑いするだろう。それ故、大切なことは、論理学や数学においていっそう明確に規定されるように法則的に正しいもの、模範的なもの、本当の基準を、いろいろな自然的本能の習慣と混同しないことである。そうすれば、本当に基準となるものの神秘を、つまり、絶対的に正しいもの、真実なもの、善いもの、美しいもの、神のように調和しているもの、この世のものとも思えない純粋なもの、誤りのないもの、根源的に模範的なものの神秘を長く、そして深くじっくり考えている人は、驚くべき発見をするであろう。その発見とは、そもそも我々がずれ^{eine Abweichung}のようなものを嘲笑う時にいつも我々の頭にぼんやりと浮かぶ、言葉では言い表せないあの模範^{Muster}と比べれば、また、純粋さと正しさの原型^{Urbild}と比べれば、我々の論理学や数学でさえも特殊用語^{Jargons}、習慣、方言にすぎない、という発見である。本当の生が故意に歪曲されている描写〔戯画〕を見て、我々は、笑ったり、あるいは泣いたりする。しかし、我々は、歪められていない原型をそもそもまったく知らないのであって、ただ予感し、感じ、信じ、愛し、期待しているにすぎない。その際、泣くということは、つまるところ笑うということの不器用で、素人っぽい、子供じみた

形にすぎない。乳児は、微笑んだり、笑ったりするより前に泣く。笑うには、たとえどんなに辛くとも、泣くこと以上に、つまりすぐにも先祖返り現象に数えられるようになってほしい泣くこと以上に、成熟することが必要なのだ。それに加えて、問題なのは、さらに笑いをあらゆる苦い思いから自由にすること、そして、苦い思いをますます蜂のように蜜に変えることができるようになることであろう。

　グロテスクなユーモア作家が特別にもっている意志がある。それは、本当の生がもつ神のように神秘的な原型の記憶を蘇らせたいという意志、つまり、不可能と思われるまでに意図的に歪めて描写して誇張することによってこの閉ざされた楽園を 蘇_{よみがえ}らせたいという意志である。彼は、強烈さを以てひ弱な心を、冷笑主義_{シニシズム}によってセンチメンタルな心を、逆説によって習慣の中の古臭い心を治療する。つまり、このユーモア作家は、風刺画をまさにグロテスクと思えるまで誇張することによって、我々の中にあるほとんど根絶しがたい俗物性を、すなわち、本当の生の風刺画の真ん中でも、忘れっぽさから何も気づかないで気分よく感じている俗物性を怒らせ、ショックを与えるのである。その限りにおいて、やがてこのユーモア作家は、誤って思い込まれているにすぎない楽園からその俗物性を追い出し、そして、俗物性にせめて予感の中で本当の生を思いつかせることに成功する。それ故、この本当の生は、いとも簡単に否認される。なぜなら、本当の生は、なるほど内的に確実で確固としたものだが、外的には知覚不能だからであり、また、この上なく才気煥発な人たちも、原模範的楽園_{urmusterhaft}を意味している最も内的な意味で自己自身を信じる以上に、見たり、聞いたり、味わったり、嗅いだり、触ったりできるものを信じるからである。この内的な弱さをとらえて、優れたユーモア作家、とりわけグロテスク作家_{Groteskenmacher}は、自分自身と人間たちの心をつかむ。そしてこのために、グロテスク作家は、自分の人間的感情を表に出さないように白墨を顔中に塗る道化師に似て、偽善者のようになる。本当の生を俗物的に面白みのない感情から切り離し、前者によって後者を 嘲_{あざけ}り、からかうために、感情豊かな者は、味気なさを装うのである。我々を取り巻くこの世界を

168　第2部　フリートレンダー／ミュノーナと笑いの理論

ここでいわば硫黄で燻し出して、あらゆる害虫から世界をきれいにしようという気持ちにグロテスク作家は満ち溢れている。彼は、魂の害虫駆除業者になるのである。ところが、或る種の内気さから、かたくなに自分の 聖 域^{Allerheiligste}にしっかりカーテンをかけ、そのカーテンにグロテスクな形を刺繍しているので、彼は、心地よい気分にさせるよりは、むしろ怯^{ひる}ませる。したがって、グロテスク作品は、それに接する人が本物にどれほど近いか、あるいはどれほど遠いか、さらに自分の魂とどれほど親密か、あるいは疎遠であるかを明らかにする試金石なのである。常に明らかであるとは限らない我々のこの生のグロテスクをどぎつく、けばけばしく見せる人が、神のような生に、つまり正体不明で確実でもある生に間接的な展望を開くのである。だから、グロテスクなユーモア作家が不快なものそれ自体に溺れているかのように誤解しないよう気をつけたまえ。そうではなく、グロテスクなユーモア作家にとって、それは、辛辣な手段である。つまり、我々が慣れてしまっている故に、美しいとか真実であるとか神聖であるとか純粋であると思っている醜いものから目を覚まさせる辛辣な手段なのである。グロテスク作家は、すべての人間的な聖物に鞭打ち、神的なほんの僅かなものをそっとその代わりに置く。だから、我々は、逆の見せかけを理解するようにしよう。つまり、メドゥサの顔とは逆に、誰の目も幻惑されてしまうほど楽園のようにすばらしい顔にこの上なく醜い仮面を被っている逆の見せかけを理解しよう。死と悪魔の変名で卑しさとして姿を表そうとする一人の神の仮面のように、生の不快さとおぞましさも享受するとしよう。

注

1　GS 7, 602-604. 初版は「ミュノーナ」（フリートレンダー著）というタイトルで『デル・アインツィゲ』誌（*Der Einzige*, Nr.27/28, 1. Nov. 1919, 326 f.）に掲載された。本書がテキストとした原文はその2刷りの「グロテスク」（ミュノーナ著、ミュノーナ序文、ヴェルナー・ホイザーの版画 11 作品付、*Köpfe*, Düsseldorf: Galerie Alfred Flechtheim 1921, III f. 所収）である。

8.〔神自身が豚に変装 —— ユーモア作家の手法について〕(1923 年頃)

[Gott selber im schweinernen Inkognito — Zur Methode des Humoristen] (um 1923) [1]

人間性は、倫理的なものと美的なものがちょうど肉体的-物質的なものの
ように、貨幣経済のように[2]考えられるときに初めて生まれる。————
—全体性。

シラーは言う、「もとより藝術に於いても低劣が許され得る場合がある、
即ち、笑が唆らるべき場合である。」[3] ファルス[4]、バーレスク、おどけ。
美的判断が倫理的判断から逸れること。グロテスク作品は、理想化して
美化する〔輝かせる〕光を、日常を変えることなく日常にすると、例えば性
的日常にすると決まって生まれてくるものだが、それは、笑いを誘うかまっ
たくの無であるかという定めにある。私は、ミュノーナの名で好んでこのよ
うな実験をしてきた。自分では、かなりのものがうまくいったと思っている。
少なくとも、私は、破廉恥なことを厳密にユーモア要因として利用する。私
は間違ったことをしているのだろうか？ 私は、一匹の豚でもあり、一人の
神でもあり、一人の人間でもあり、また、豚のような存在と神のような存在
の間を、それも独特の手法で仲介する一人の天使でもある。私が肉体的・性
的なことを扱うとすれば、それは、その中に私の美的人間と私の倫理的人間
をこっそり入れる意図をもってのことである。そのとき私がするのは、世界
の形を客観的に変えるか、単に主観的に変えるかである。後者の場合、私は、
ユーモアで笑わせるか、あるいは見捨てられてだめになるかである。アリス
トファネス[5]、ラブレー[6]、スウィフト[7]、スターン[8]、これらの人たちはよ
く軽薄なだけの**印象**を与える。ユーモアの主体は、客観的に見た場合、豚の
ように見えるところで最高のユーモアに成功したことになる。まさにそのと
き、その主体は、豚に変装した神自身である（しかしそれはあらゆる豚の意味
である、——その意味にほんのわずかの豚しか気づかないのではあるけれども。）ユー
モア作家は、当の本人がちょっとでも、しかも素人臭くならないように冗談

を顔に出してはならないにもかかわらず、微塵たりとも真面目さを悟られてはならない。受け手を笑わせたいのなら、話し手は不動のように見えなければならない、つまり話し手の自発的な滑稽さがまったく無意味になるまで自発的でないように見えなければならない。他方、欠陥のあるユーモア作家ほどこの世で有害なものはない。それに反して、完璧なユーモア作家は、完璧な真面目人間と同じ理想である。神は、可能な限り神自身に不相応な自らの客観化した姿を見ると、例えば豚の姿を見ると、気づかれないように笑い、それは神にしか察知されない。こんなことが私の頭に浮かんでいるのだが、私がしばしばするのは単なる遊びである。——この意味で私の『あざける者たちのベンチ[9]』がある。間接的で否定的な、最高にユーモアのある世界美化^{Weltverklärung}の迷宮のようなあらゆる可能性をじっくり考えることだ。ユーモアというものをいっそう深く掘り下げて味わい尽くすこと！　ユーモアのある神、美化する者^{Verklärer}は変装を、特に軽薄な仮面をふんだんに使う。ユーモアのある神は、R. パンヴィッツが言うように[10]、汚物が大好きだ。（プラトンには汚物のイデアさえもあった[11]）。ユーモアのある書物は、それらが〔ただ〕存在するかぎりでは——そんな書物はめったにないのだが——危険だ——これに異論はない。すべての善に、それらの書物の神聖な悪ふざけが付け加えられなければならない。人間の本性には何らかの遊びのようなものがあると言うのはけっして十分ではない。そうではない。創造者は本質的に根本から明朗で^{grundheiter}、美化する^{verklärend}。——たとえこの点でその創造者が直々に自らを直接客観化するにせよ、創造者が表情を変えることなく世界を完全に辱しめるという外見を持たせること（良心にやましいところがない毀傷^{きしょう}の喜び[12]）によってユーモアによる間接的なやり方をするにせよ。これがジャン・パウルの倒錯した崇高である。この倒錯は真理全体の半分に他ならない。これは、創造者が力を試しているのだ。人は、ここでは自分の心に逆らってはならないだけでなく、向きを変えるべきである。これは精神的柔術^{das geistige Jiujitsu}の一つである。身体体操でさえヘビ人間〔柔軟な体の理想〕を無下にはねつけてはならない。ダダイズムはこの精神的必然性の兆しである。この必然性は、むろん一番斥けるべき過激な印

8. 〔神自身が豚に変装 ── ユーモア作家の手法について〕（1923年頃） 171

象を与えるが、このように感じさせるのは、このユーモアを批判する者が真
面目さを誇張するときで、オッフェンバッハ[13]のオリンポスを必ずしも阻止
しないのにそれを積極的には是認したり祝福したりしないことによる。**創造
的無差別**とミュノーナは、私にとって一体である。私は認めよう、自分はこ
の理想に達するにはまだまだである、と。繰り返して言う、ユーモアは曇ら
せ、辱しめ、高貴さを奪うものである、と。だが、そうであるからこそ、ユー
モアは光と高貴さと偉大さを間接的に明らかにする、と。〔ユーモアは〕ゆが
めるものなのだ（例えば、グロテスク作品におけるように）。だが、そうである
からこそ、ユーモアは、間接的に整形外科的に作用して否定的に美を明らか
にする。

注

1　GS 21, 70-71.

2　「倫理的なもの・美的なもの」と「肉体的−物質的なもの・貨幣経済」の両極性、コン
トラスト。

3　『シラー選集 2』新關良三編「藝術における卑俗と低劣との使用についての考察」、山田
肇訳譯訳、冨山房、昭和 16 年、529 頁。「唆」は、「教唆」の「唆」で、「けしかける。人を
さそって事をさせる」の意（『角川新字源』、角川書店、1997 年、182 頁）。

4　フランス語の farce を指す F/M の言い回し。「笑劇」「茶番劇」の意。

5　アリストファネス（Aristophanes, 前 445 頃-前 385 頃）　古代ギリシアの喜劇詩人。

6　ラブレーは、民衆的な笑いと鋭い風刺によってフランス・ルネサンス期の諸問題を扱い、
エラスムスの思想を基に人間性への信頼を追求した。

7　ジョナサン・スウィフト（Jonathan Swift, 1667-1745）　イギリスの風刺作家。『ガリバー
旅行記（Gulliver's Travels）』（1726）の著者。

8　ローレンス・スターン（Laurence Sterne, 1713-1768）　イギリスの小説家。

9　『理性と平和』（82 頁）では旧約聖書「エレミヤ書 15.17」をあげたが、正しくは「詩篇
1.1」。GS 4, 43 頁参照。

10　Cf. Rudolf Pannwitz, *die krisis der europäischen kultur*, Nürnberg: Carl 1917, 177.
ルードルフ・パンヴィッツ（Rudolf Pannwitz, 1881-1969）は、1910 年頃まで F/M の友
人だったが、F/M のニーチェの本を巡って不仲となり、F/M はその後ずっと彼を嘲笑し
た。本書第 2 部 10「笑いの理論断片」（13）参照。

11　『プラトン全集 4』「パルメニデス」（130c）、田中美知太郎訳、岩波書店、1975 年、14

172　第2部　フリートレンダー／ミュノーナと笑いの理論

頁参照。GS 4, 300 参照。

12　ニーチェの主張。本書第2部5「アンリ・ベルクソン『笑い』」参照。

13　ジャック・オッフェンバッハ〔オッフェンバック〕(Jacques Offenbach, 1819-1890)
　　ドイツ生まれのフランス人作曲家。「オリンポス」は、オペレッタ『地獄のオルフェウス
　　(Orphée aux enfers)』(1881) I 2 にある。オッフェンバッハには、他に、オペレッタ
　　『天国と地獄』、オペラ『ホフマン物語』等の作品がある。

9. 世界観としてのユーモア（1935 年）

Der Humor als Weltanschauung（1935）[1]

　一つの複合体をその諸要素に分解することと同じくらい重要なのは、その後これらの要素を正しくグループ分けすることである。例えば、私たちの惑星系の数々の星を諸要素とすると、地球を見かけ上の中心から外に出して太陽を中心に据えるまでは、私にはこの惑星系の秩序は分からないであろう。似た要素をグループ分けしたり配列したりするときよく犯す過ちの一つは、極端が動因の中心にあると思い違いして、多くのまったく間違った対立と多くの極を並べ立てることである。このように、人は、好んで戦争と平和を対立させて反論し合っている。しかし、平和は、戦争に対する他の極端ではない。中心となる一つの規定である。この中心の規定の周りを、戦争状態で敵対し合うさまざまな対立が回っている、あるいは回らざるをえない。平和が中心の規定でないと、平和の調和的秩序の代わりにカオスが結果として生じる。それ故、私は、この絶対に堅持されるべき唯一の中心をけっして譲ってはならない。すなわち、どれほど鋭い対立関係の真っ只中にあるとしても、私があらゆる対立の真っ只中で世界の統一を、あるいは――批判的に――我々の人生の世界の統一をいっそう明確にするときは、また、これらの対立が一つの調和を生み出し、その上、まさに最高の可笑しさをもたらす調和がその言葉の最高の意味におけるユーモアであるときは、私は、この中心をけっして譲ってはならない。

　しかし、中心を譲るということはすぐにも起きてしまう。それは、私が、生のさまざまなコントラストの真ん中を完璧に考えることをしないで、それらを相対主義的にごちゃ混ぜし、それらの変化を不規則に生じさせることによって、共通しているぴったりの交点をそれらから騙し取るようなことをするときである。それはこう主張することによってなされる――ここではすべてが相対的であろう[2]、そうすれば、絶対的な価値基準、つまり統一と中心の無条件的考慮など近世では姿を消して、すべてはヘラクレイトス[3]が言う

ように流転している、と。ここで近世の自然科学に拠り所を求めても何も得られない。というのも、一つの絶対的な基準について自然科学に尋ねようとするのは滑稽だからである。生の指導を自然科学から得るということは、自分自身の理性の働きをまったく批判していなかったということの現れである。コペルニクスあるいはこの批判は絶対的な世界基準を壊す可能性があるというのは正しくない。まさにコペルニクスあるいはこの批判によって初めて真の価値基準が発見されたというのが正しい。極めて厳密に次のことが証明されたのである。すなわち、すべての自然を越えて我々を自由へ、不死へ、神性へと導くのは、そうすることが許されているのは自然法則では断じてないということ、〔そうではなくて〕それは、我々の理性の法則、それなくしては自然法則さえも存在しえないであろう我々の理性の法則であり、たとえこの真の統一が自然科学的に意識されたものでなく、一つの神秘、自然さえも依存している神秘であるとしても、我々の理性の法則は、我々の絶対的に真の自我へと、そして我々の生の絶対的に真の統一へと我々を導くものであり、そうすることが許されているということである。それ故、自然科学がいつか世界像を変えるかもしれないというのはまったく正しくない。自然科学は、世界像の諸変化を説明してみせることができるだけで、さまざまな偶有性の変転を説明できるとはいえ、実体の変転を説明してみせることは絶対できない。また、自然科学は、その際、理性と論理学のア・プリオリな諸法則に完全に依存している。それで、もし自然科学者が、大胆にもここで〔理性と論理学のア・プリオリな諸法則に〕何らかの疑いを申し立てるなら、カオスの迷路に陥る。それは、自然科学自身の諸制限を越えているということを証明するだけである。したがって、物理学者がいつか経験的成果によって、批判的に証明された形而上学にほんの少しでも関わることができるだろうなどというのは論外である。このようなことは、野蛮で、政治的−道徳的なことにまで影響を及ぼすにちがいない。

　矛盾だらけな存在というのはありえない。矛盾はドイツ語で「たわごと」を意味する。ここでは対立が矛盾と混同されている。なるほど生には

9. 世界観としてのユーモア（1935年）　175

数えきれないほどの対立が存在する。しかし、存在と当為にはそのような対立はない。逆に、道徳的当為からまさに可能[4]という我々の道徳的自由が結果として生じるのである。できないかもしれないことを要求するような定言的命令[5]があるとしたら、その命令はまったく非倫理的であろう。対立は、当為と存在の間にあるのでも断じてない。そうではなくて、最終目的、当為の理想、当為の目的と存在との間にある。すなわち、道徳性と生との間にあるのではなく、厳粛さ〔尊厳〕、つまりすでに完全な道徳性と生との間にあるのである。〔……〕

　だから、さまざまな混じり合い、定まるところのない終わり、悲喜劇性、等々、こういったものの可能性に対して不信を抱いた方がいい。実は、生のさまざまな極端を相互に対極的に、しかも相対的関係ではなく調和的関係で結び付けたり切り離したりしているのは、けっして無意味な統一の神秘ではなく、意味ある、それどころか溢れんばかりの統一の神秘なのである。すべての混合と融合はいつも一対であり、上記の隠れた統一によって調整されている。プラスがマイナスと溶け合うと、その結果、或る一つのプラスに合うマイナスが生じる。黄色が青色と溶け合って緑色になる、すると、同時に〔その対極にあたる色においても[6]〕一種の赤色の兆しが現れる。なぜなら、すぐにオレンジ色も菫色と溶け合うからである。しかし、第三のものは、まさに隠れた統一——つまり永遠に切り離されて、もともとけっして一つにされないこの一対を調和させる隠れた統一である。対極的な極端が絶えずそれら自身の新たな対へと向かうのとは別様に混じるかもしれないというのは根本的な間違いである。男と女の混合から生じるのはいつも男たちと女たちだけで、両性具有者たちがこの規則をそれぞれ自身の身体において証明している。第三のもの、統一——この統一のおかげで両性具有者たちは対になることができる——は神秘のままである。

　ところで、そのすべての対比に悲劇的ないし喜劇的に勝利するのがこの絶対的神秘〔第三のもの〕でもあり、また、理性の有り余るほどの理想でもある。悲喜劇的なものの両性具有現象、つまり境界で玉虫色に光っているもの

176　第2部　フリートレンダー／ミュノーナと笑いの理論

に極端な価値を置いてはならない。両性具有現象は、或る第三のもの、一つ
の混合の**外見**を与えているにすぎないからである。この混合は、化学的に分
析すると、隠れた神秘を暗に示すけれども、見かけ上、ひたすら悲劇的であ
るか喜劇的であるかの両要素を認識できるようにしているにすぎない。類比
的に闇は光と結合可能であるけれども、明るくされた闇か暗くされた光かを
いつも生み、そもそも第三のものは生まない。このいわゆる悲喜劇は、実は
ユーモアでも悲劇でもない。人間的な未決定性を指す一つの**両性具有現象**で
ある。これに反して、真の悲劇や真のユーモアは、まさに生の悲喜劇的未決
定性の明確な否定であり、生のさまざまな不一致、不和、両性具有性の否定
である。真の悲劇や真のユーモアは、それらが笑う崇高さ、あるいは真面目
な崇高さによって悲喜劇的な生を殺して和合に勝利をもたらすことからする
と、〔いわば〕**統一**への起床合図である。

　悲劇作家は、低級で陰鬱な生を真面目にすべて否定して、理性的人間を格
上げできるようにするために自然的人間を本当に力ずくで押しつぶしてしま
う。それにひきかえ、崇高なユーモア作家は、実際の生を**うわべ上**すべてそ
のままにしている。崇高なユーモア作家は、隠れ蓑に身を包むように理想に
身を包み、そして、まさに**うわべ上**すべての理想をこのように否定すること
によってたった一つの滑稽さの中に生全体を沈めるのである。例えば、ちょ
うどスウィフトのように。通常の生を越えているスウィストの崇高さは単に
ロマンチックなだけで、彼の前提は完全に非理性的であるというのは間違い
である。そうではない。彼の王座は、永遠に変わることのないしっかりとし
た絶対的統一の神秘の中に設えられている。そして、彼の古典的な絶対的
模範妥当性が低級な実際的生とぶつかる衝突をとおして、風刺と悲喜劇性を
具えたロマン主義がただ添加物として展開されているにすぎないのである。
ユーモア作家が真、善、美、崇高の理想を相対主義的に両性具現的に中間化
させ、〔斜視のように〕横目を使わせ、〔いろいろ色を変えて〕捉えどころがない
ようにさせている、と思うとしたら、そして、或る種の目配せで分かるよう
に促すことによって自分の絶対的価値を現実の世界にこっそり教えている、

と思うとしたら、それは誤解であろう。——諸君、笑いたまえ、腹を立ててはいけない！ 実に、すべてがそれほどひどいわけではないし、価値のあるものは何もないとしても、それが他方で価値がないこともないかもしれないではないか——エルゴー・ビバームス！[7]

　そうではない。真のユーモア作家は、悲喜劇的なことの雑多な集まりを、悲劇作家とまったく同じように避ける。真のユーモア作家のいる場所は、混ざった中間ではない。そうではなくて、真のユーモア作家は、悲劇作家が惑星たちを制圧しているのと同じ太陽を、つまり理想の太陽をうわべ上惑星たちに制圧されるに任せ、これらの惑星をうわべ上否定しているのである。悲劇作家が直接的に、そして真面目に勝ち取る勝利を、ユーモア作家は、このようにうわべ上崇高を否定することによって笑いながら間接的に実現する。真のユーモア作家は笑う悲劇作家なのだ。人はそれを誤解してはならないし、それ以上に、真のユーモア作家をいわゆる悲喜劇作家と混同してはならない。例えばスウィフトをショー[8]と混同するように……。ユーモア作家は独断論者ではないが、それ以上に相対主義者でもない。そうではなくて、絶対的統一の神秘、絶対的価値の神秘、永遠に妥当する理想の神秘を、まさしく悲劇作家のように知っていて、それを利用するのである。その理想によって、また、その理想において、この人生が方向づけされ、判断され、正されるのである。その理想によって、地獄が天国とはっきり区別されるように——シェークスピアにおけるように——、生の偽り、醜さ、悪、低級さが、真、善、美、崇高とはっきり区別される。けっしてシェークスピアをまたショーと混同してはならない。

　ユーモア作家の自我も悲劇作家の自我も、永遠に価値あるもの、絶対的に妥当するものを目指しており、生のすべての動揺より遥かに勝る柔軟性をもっている。この自我は、統一性を知り、感じ、望み、そして信じている。それ故、両自我とも荷重試験と燃焼試験を準備している。悲劇作家は勝利する真剣な試験を、一方、ユーモア作家はうわべだけ失敗する試験を準備しているのである（こうしてスウィフトにおいて人間が馬に征服されている[9]）。例えば、

ユーモア作家は、点よりも染み[10]（ショーペンハウアーにおける[11]）にうわべの勝利を与える。ユーモア作家は、〈くだらないこと万歳！〉と叫ぶことで、くだらないことを笑いながら殴り殺す。彼は、可笑しさの罵詈を電光石火の如く投げつける。彼の笑いは、あらゆるパンサ[12]のような人間たちにとっては必殺だが、うわべ上これらの人間たちはキホーテ〔ドン・キホーテ〕のような人間たちに勝利する。しかし、それにもかかわらず、ユーモア作家の髭剃り盥は騎士の盾のまま、キホーテの老馬ロシナンテは最も高貴な馬のまま、哀れな乳搾り女は美しさの原型のままであり、ペリシテ人たちの風車は敵の大群の真の勇士たちや勝者たちである[13]。

　崇高性は悲劇的か喜劇的かのどちらかの形で現れ得るということが明確に分からないとしたら、それ故、悲喜劇をときとしてニュアンスとしてよく使う真のユーモア作家をロマン主義的あるいは斜視的な悲喜劇作家と同一視するとしたら、それは根本的な誤解である。それはむしろ、理性がなければ悲劇もユーモアも存在しえないであろうその理性の永遠の諸理念と諸法則に対するまったくの懐疑、相対主義的態度、問題視、不信。——これらをすべて臆病に避けるロマン主義はとっくに時代遅れ——それ故またあまりに近世的である。近世はこう錯覚しているからである——カントは絶対的なものと引き換えに知を止揚[14]して、悲喜劇に場所を空けた、と。しかし、有史以来、カントのように理性が〔太陽系の太陽のように〕諸法則と理念の中心に据えられたことはまだ一度たりとない。したがって、あらゆる蓋然的−懐疑的相対主義に対する悲劇とユーモアの勝利がこれほどはっきりと、しかも純粋に勝ち取られたことはまだ一度たりとない。

注

1　タイプ原稿5枚。マールバハ・ドイツ文学資料館所蔵。GS 21, 213-217 に収録。

2　アルフレート・ケル（Alfred Kerr, 1867-1948）の主張を指していると思われる。ケルは、自然主義の時代だった当時、ドイツで影響力のある批評家だった。

3　ヘラクレイトス（Heraklit, 前540頃-480頃）ギリシアの哲学者。万物流転（パンタ・レイ）説を唱えた。

9. 世界観としてのユーモア（1935年）　179

4　「為すべきであるが故に、為し得る」（カント『実践理性批判』、波多野精一ほか訳、岩
波書店〔文庫〕、1982 年、72, 311 頁参照）。これが、人間性における道徳性（道徳法則）
の本質に対する F/M の確信だった。

5　『理性と平和』22 頁（注 10, 注 11）参照。

6　F/M はゲーテの色彩論を自らの極性論に取り入れている。ゲーテの色彩論によれば、
緑の対極に赤、黄の対極に紫、青の対極にオレンジがある。ゲーテ『色彩論』第 1 巻（教
本篇・論争篇）、高橋義人＋前田富士雄訳、工作舎、1999 年、95, 121, 263 頁参照。

7　Ergo bibamus! 中世以降の酒宴の歌の文句。

8　ジョージ・バーナード・ショー（George Bernard Shaw, 1856-1950）　イギリスの劇作
家、小説家、批評家。

9　『ガリバー旅行記』（1726 年）第 4 部。

10　原文では Klex となっているが、全集編者は Klecks と解釈。

11　典拠不詳。本書第 2 部 3「ショーペンハウアー」(4)(5)、5「アンリ・ベルクソン『笑
い』(1914 年)」参照。

12　ドン・キホーテの従者パンチョ・パンサ。

13　セルバンテス（Cervantes Saavedra, Miguel de, 1547-1616）の長編小説『奇想あふ
る郷士ドン・キホーテ・デ・ラ・マンチャ』。

14　カント『純粋理性批判』（上）、上掲、43 頁参照。

180　第2部　フリートレンダー／ミュノーナと笑いの理論

10. 笑いの理論断片
Fragmente zur Theorie des Lachens

　　　笑いは、さまざまな表象をとおして理性が人間の心を 擽 ること
によって生まれる。（マイヤーさん、これを嗤わないでほしい。これはき
わめて真面目な定義なのだから！）それにしても、もし笑いがなかっ
たら真面目さも存在しないだろう。この真面目さは知性から出てく
るものでもある。野獣には真面目さはない。あるのは欲望と発情だ
けである。　　　　　　　　（エルンスト・マルクス、1928 年 1 月 2 日付日記）

(1) 真理が試練に耐えるということは、その真理の役に立つ。それで人間は、
経験するすべての苦しみのために、より賢く見る目を手に入れるべきであろ
う。善いことだけが善であるというのは思いこみである。悪いこと、「悪」
も――善い[1]。普遍的な世界評価・生 評 価（Lebensschätzung）の金色下地の上で初めて、つ
まりひどい汚れを通してもなお金が感じられるような下地の上で初めて、異
なっている個々の評価、高い評価や低い評価は見えるであろう。**喜劇的**とは、
生が小さな不一致に対して収める笑いながらの勝利であり、**悲劇的**とは、致
命的に見える最大の不一致に対して生が収める勝利のことである。

　　　　　　　　　　　　（『ユーリウス・ローベルト・マイヤー』、1905 年、GS 12, 84）

(2) 確かに、すべての勝利は、笑いと明朗さを伴っている。それで実に、悲劇
性は、笑いながら収める勝利、それもこの上なく悲しい死の悲しさを嘲笑いな
がら収める勝利に他ならない。しかしながら、たいていの人たちの明朗さは、
ひびだらけの糸を紡いでいるか、またはとても安っぽい糸を紡いでいるかであ
る。その明朗さは、長く続くと馬鹿げていて、馬鹿げていないと長くは続かな
い。――ショーペンハウアーの哲学は、胆汁質でメランコリックな（cholerisch-melancholisch）世界観の傑
作を提供している。ニーチェの説は、このふさぎ込んだメランコリーを多血質（sanguinisch）
に克服しようとしている。　　（『心理学――心に関する学』、1907 年、GS 5, 163）

10. 笑いの理論断片　181

(3)　私は、恥ずかしい気もちになると、すなわち、私の内面から何かが私の意志に反して露わにされると顔を赤らめる。不安で青ざめる。非常に奇妙なのは、単なる考えが私の肉体をいわば擽（くすぐ）ることができるということである。その結果、私は笑う。例えば、機知に富んだ考え。玉ねぎが目にしみると、目から涙が出る。刺激的な想像も同じ作用をもっている。多くの人たちが、あまり飲みすぎてしまうと泣きやすくなるというのは、精神的というより肉体的である。というのも、肉体は液体の過剰をどこへもっていけばいいというのか？　　　　　　　　　（『心理学──心に関する学』、1907 年、GS 5, 170）

(4)　ユーモア、上機嫌、大はしゃぎ、明朗、**快活**（hilaritas）、**清朗**（serenitas）、晴れ晴れ、ウィット、すなわち人生の前提条件：**無上の幸福**（Seligkeit）。しかし、**実証的意味においてではない**。そうではなくて、事物（Sachen）に役立つために**純粋**で、ア・プリオリで、対象性のない（gegenstandslos）、事物性のない（sachlos）純然たる素因！

　とりわけ〔いわゆる〕「ユーモア」と呼ばれるものは、ユーモアの他の一つの**方法**にすぎない。世界がユーモアの崇高な理念に従って**改造**されるとき、つまり無上の幸福のユーモアが**適切**に客観化されるとき、美の形式の世界が生まれる。しかし、世界が適切に客観化されないで、理念に対する不相応さが多かれ少なかれ度を超すと、「ユーモラスな」世界が生まれる。

　心（Seele）は、最高に幸福な状態でなければならない。さもないと、心はまったくの無である。そのように最高に幸福なもの**として**、また、それ以外のものではまったくないもの**として**、心は、世界に関係をもつべきであるが、その世界が満潮のときにもっといっぱいになるべきでないだけでなく干潮のときにもっと空っぽになってもいけない。──そうではなくて、持続的に平静さを保って無上の幸福を整えることを学ぶべきである。

　　　　　　　　　　　　　　　（『世俗神学のために』、1913 年、GS 2, 344-345）

(5)　表現スタイルは、意図せずに可笑しい、もはや誰にも引けを取らない真

182　第2部　フリートレンダー／ミュノーナと笑いの理論

面目さと威厳をもっている。このいかめしい厳粛さは、真面目でユーモアが
ないことで愚か者が分かるということについて、そして、神と神聖はとっく
に笑い始めていたということについて、まだ何も感知していない。事実、こ
ともあろうに最も真面目な話題の論者、つまり人生の論者が少しも十分に明
朗でいることができていない。

　　　　　（ヴァルター・ラーテナウ[2]『来たるべきものについて』〔*Von kommenden*
　　　　　Dingen〕の書評、1917年、GS 2, 514）

(6)　とりわけ嘘を暴きあっているとき、真面目のままであるということで、
極端は極端だと分かる。それに対して、無差別は、突然暴かれると笑い、そ
して、たとえ極端がその無差別を苦しめようとも、ずっと快活^{seren}なままである。
無差別には極端のユーモアがある――極端より絶対的に勝る真面目さがある
のである。むろん普通の明朗さや低級な滑稽は、明朗さ自身の底なしの深さ
を忘れている。それで、これだけのために浅薄である。

　　　　　　　　　　　　　　　　　　　（『創造的無差別』、1918年、GS 10, 154）

(7)　創造者は、自身の自己嘲笑の創造者でもある。軽薄さも、この創造者の
被造物なのだ。創造的原理は、何よりも笑って晴れやか^{lachend}！　ユーモアのない
神性・神聖、真面目な厳粛さ・威厳、支配原理の硬直した荘厳さ、これらは、
生気のない自己誤解^{Selbstmißverständnisse}である。生は笑う。そして、主観的に明朗であれ
ば、客観的にそのように憂鬱であるのをやめるだろう。自分で自分自身をか
らかうことができない神、真面目くさった宗教は生を非常に貧しくし、それ
を硬直した死にしてしまう。自らの神性がもつずっと笑い続ける明朗さは、
ついにすべてを完全に消化する。その笑いは、絶対的で、被造物の単に相対
的な笑いを超越している。真面目はすべて、笑う者の話題^{Thema}にすぎない。生き
るための術[3]は明朗である。真面目な人生はいかなる術でもないのだ。神の
原理は、人間自身がそれであるまでは陰鬱なままである。

　　　　　　　　　　　　　　　　　　　（『創造的無差別』、1918年、GS 10, 565）

（8）「私は、再度、強調したいと思います」、ペシュケが咳払いして言いました。「私たちのこのタベの集いは、真面目です。ポッペさん、最高に誉れ高きユーモア、つまりこの世ならぬ高貴な明朗さ、陰気な地上的営みの美化。もちろん卑猥な冗談、あるいは、同じことを言っているのですが、ミュノーナ的なそれではありません。そのようなものは、ここでは、まったく当然のことながら論外です。どうしても滑稽さと馬鹿笑いを望むのでしたら、帝国議会とかサーカスにでも行ってください。ご随意に。私たちは、明朗さを求めているのであって、冗談を求めているのではありません。」

（『あざける者たちのベンチ』、1919年、GS 4, 97）

（9）悲しげに皮肉な眼差しをした一人の黄色い髪の男が、ユーモアに関するこの解釈を非難しました。「しかし、ユーモアは」、彼が意見を述べました。「顔の半分が泣いていてもう半分が笑っている紋章の中の笑い涙のようなものです。ジャン・パウルは……」、彼はさらに続けませんでした。「あなたは、ユーモアを、歯痛とか腹痛と取り違えておられる」、ペシュケが彼に教示しました。「ユーモアは、笑う、あるいは微笑む非常に気高い崇高です。この崇高は、言うまでもなく、黙って、うわべを装い、自らを直接明るみに出す代わりに嘲笑されるものだけを見せています。」

「どうか講義はなさらないで！」、とK夫人が促しました。

（『あざける者たちのベンチ』、1919年、GS 4, 109）

（10）アプノサー[4]は、極上のソクラテス的笑みで微笑みました。「分かりますかな、人は、ユーモアの**爆撃**をするだけではありません。人は、擽るような軽い槍を投げたりもしますし、あらゆる武器で戦います。重砲だけで戦うのではありません。私は、いつも夢見ています、最も鋭敏な1点はないものか、とね。もしこの1点に命中する者がいて、——プラヴァ注射器[5]でここに或る種の注射……リゾリン[6]注射ができて、この1点に確実に差し込むと

184 第2部 フリートレンダー／ミュノーナと笑いの理論

したら、その者に笑い効果が出て、今や多くの笑う人が死ぬほど笑うどころか、死までもがその死自身を生き生きと笑うようになるに違いないだろう、とね。とにかく、例えば、ソクラテスを嘲笑う滑稽なアブラムシ〔アリマキ〕のアレクサンドリーネ・モスシュコフスカ[7]の嗤い（わらい）を聞いてみていただきたい。このような女性たちは、理念の笑いで笑うのでも、最高の知性と理性の笑いで笑うのでもありません、つまり、ソクラテス-カント-マルクス的な（sokratisch - kant - marcussch）笑いで笑うのではありません。彼女たちは、普通の現実主義者の狭い視野から、それより高い理想主義的精神の現実主義を嘲笑っているのです。〔……〕。違うのです、我々が必要とするのは笑う理想主義、つまり、いつも馬鹿真面目な現実性をシラーのように避けて飛び越す理想主義ではなく、それを意のままに操り、支配する理想主義です。感覚という障害から思考の自由の中に逃げ込んではだめです！ 逆です！ 逆なのです！ 思考の自由から感性界の障害の中に理念の伝道師として押し入るのです！」

（『あざける者たちのベンチ』、1919年、GS 4, 323）

（11）笑うことを忘れる者は、動物に近づく。

（『反キリスト者とエルンスト・ブロッホ』、1920年、GS 3, 617）

（12）長患いの患者を前にして医者が熱い涙を流したとしたら、許されるだろうか。たぶんもうこの医者には診察してもらわないのではないだろうか？ なにしろ、よりによって「不治の患者」の医者たちに明朗さがまったく足りないなどということはあり得ないだろうから。笑いの発作によって「不治の」潰瘍を破裂させたという重篤患者の逸話を知っているだろうか？ 大真面目に我々が勧めるのは、大真面目を明朗に克服すること、どんな悲嘆の声もあげず、ディオニュソス的-アルキュオネ的に疾患全部の除去に取り組むことである。罪びとたち、病人たち、卑しい者たちを体が熱くなるほど恐縮させること――これが適切な治療法では？

（マックス・ピカール[8]『最後の人間』〔Der letzte Mensch〕書評、1921年、

GS 3, 697)

(13) ルードルフ・パンヴィッツ氏（ニーチェを独り占めしている現代のビーダーマイアー）は、ユーモア作家が「汚物」に惚れ込んでいると確言する。**とんでもない**。まさにユーモア作家は、もっぱら普通なら廃物のようなものを、それもモラリストたちの最高に汚い爆笑を超化学的^{hyperchemisch}にきれいにできるほど、純粋性に惚れ込んでいる。

（『ミュノーナはポルノ作家か？──S. フリートレンダー博士の修辞疑問』、
1922 年、GS 3, 707）

(14) しかし、ここに次の点が付言されなければならない。──第 1 に、芸術のために芸術があるのではないということである。或る種の美崇拝者たちがするように、全人生の基礎を芸術**だけ**に置くというのは真理でないし不道徳である。その間に真・善の理想が絶対におろそかにされてはならないし、萎縮してはならない。さもないと、表面的に外見だけ美しく見える故意に歪曲された生の像が生まれる。第 2 に、芸術自身は、美のすべての裏面を、つまり**醜いもの**を、自己自身と争っている引き裂かれた美としてまったく否定しないことによって、かの崇拝者たちの優遇に抗議している。芸術は、美そのものにおいてこの美を我々に明らかにするだけでなく、特にユーモアがその笑いの力を得ている美の敵においても同様に美を我々に明らかにする。しかし、美のこの敵は、可笑しいだけでなく、自然のあらゆる不快なものを超越した、美へと鼓舞する諸力を我々の心に呼び起こす。認識と欲望の間で心の中で働いているバランスが、──感性的な知覚の美はこのバランスに基づいている──、歪められた美や醜いものを見ることによって揺さぶられると、揺さぶられたそのバランスは、笑いながら自然的に、あるいは「悲しんで」理性的に、すなわちあらゆる障害を越えて決着して、元の状態に戻るまでは、高い理性と低い自然の間であっちこっちと激しく揺れる。美は、理性の側から見ると、すべての自然を超越している。一方、自然の側から見ると、美は、

186　第2部　フリートレンダー／ミュノーナと笑いの理論

可笑しいものとして、故意に歪曲された像として自然の低さを曝け出す。美
の乱された調和を芸術家が理性の平らな鏡の中で元の状態に戻そうとするか、
あるいは自然の歪んだ鏡の中で戻そうとするかに応じて、芸術家は、後者の
場合は不可能であるところのものを、悲劇的かまたは喜劇的か、あるいは、
最高に幸せに高めるかまたは**最高に幸せに**貶めるかに応じて成し遂げる。
最高の幸せ、喜び、微笑み、明朗さは、芸術が吸う空気のようなものである
ので、窒息させようとしても、笑う解放あるいは悲しむ解放で終わり、すべ
て失敗に終わらざるを得ない。

（『魔術のカテキズム』、1925 年、GS 15, 177-178）

（15）実は、この〔レマルク[9]の〕**真面目な**文学は、ユーモア作家の本質を明
らかにしている。つまり、レマルクが私をも悲劇的な考え方に変えさせるま
では、私が自分をユーモア作家とずいぶんよく思っていたそのようなユーモ
ア作家の本質を明らかにしている[10]。ただし、文明の床屋[11]にいる楽しいオ
ウムにすぎなかったのだが。

（『エーリヒ・マリーア・レマルクはほんとうに生存したか？』、1929 年、
GS 11, 169）

（16）グロテスク作品——可笑しいこと（das Lächerliche）を誇張することによって崇高（das Erhabene）を
呼び覚ます。

（「ミュノーナの発酵〔Fermenta Mynonae〕」、1930 年、GS 16, 490）

（17）ひたすら内面へ内面へと駆り立てられる苦痛のグロテスク作品。

（「ミュノーナの発酵」、1930 年、GS 16, 498）

（18）一種の二律背反（アンチノミー）か？　**ユーモア＆理性**。　（1933 年 9 月／10 月[12]、日記 2）

（19）おまけに私は、極性の優位をあまりに強く望みすぎ、求めすぎていま

す。子供の頃からこの極性の優位という考えに夢中になっている、と言ってもよいでしょう。極性の優位は、私のグロテスク作品の母でもあります。逆説的なこと、気まぐれなこと、同一性をからかうこと、ウィットに富んだこと、弁証法的なこと、うわべ上の矛盾、自分自身をはったりでごまかす真理、確実な‐不確実、憎しみを愛することと愛することを憎むことの 平 衡 、
das Sicher-Unsichere　Haßliebe　Liebeshaß　Contrebalanße

das Licht-Finstere
明るい‐暗さ、等々、この賢い狂気、超利口な愚かさ、もともと不可解なこれらすべて、この理解できない本質の、また逆に技術的‐数学的に非常に明確な本質の理性的ナンセンス、これらが私を絶望させ、また、うっとりさせもしました。　　　　　　　　　　　　　　　　（1934年、宛名・日付不明の手紙）

(20) 自分の取り分を倍にするために、料理の傍らに鏡を持ってくる貧乏人。[13]
　拡大鏡。[14]
　このように、天に向かって高く叫ぶ歓声[15]は、死の悲しみの深淵を見下す
Himmelhochjauchzend
王座にある。[16]
　このように、ユーモアは、獣性を見下す王座にある。[17]

　　　　　　　　　　　　　　　　　　　　　　（1934年4月、日記8）

(21) 人生の仮面舞踏会——天使は人間のようにだけ見え、悪魔は人間のようにも見える。ユーモア作家が仮面を剥ぐ、するとそのために天使と悪魔に誤解され、侮蔑される。ユーモア作家は**人間たち**自身を傷つける。人間たち
demütig　　　hochmütig
は謙遜すぎるか不遜すぎるかである。　　　　　（1934年6月、日記10）

(22) 可笑しさの理論は、**帰納的**には得られない。帰納法が与えるのは**実例**だけである。
　〔……〕
　常に手元にある快への傾向はどのように**湧き出し**、**爆発し**、**どっと噴き出す**のか？　——**これが可笑しさの問題である。**人は、真面目な快をどのように**笑わせる**か？

188　第2部　フリートレンダー／ミュノーナと笑いの理論

（1）身体的手段による：擽《くすぐ》ること。

（2）この手段の精神的類似物による：想像で擽ること。

擽るということの本質は何か？（1）**身体**の特に敏感な場所を**ソフトに苦し**めることによる。（2）或る想像が用意されて、それが苦痛を与えることで**同時に気もちよくする**ことによる。スプリングが圧縮されて、その上で快の期待が休止し、そして突然解放される。

　我々は、常に（極度に深い悲しみにあっても、そして**まさに極度に深い悲しみに**ある時こそ）快の期待、喜びの期待、幸福の期待の中にあり、また、いつも（死の淵にある時さえ、そして**まさに死の淵においてこそ**）希望の中にある。ユーモア作家は、我々がどのように**弾む**ことができるか教える。彼は、崇高と悲劇が超越的にすることを内在的にするのだ。崇高は、感性的に無にすることによって超感性的なことを目覚めさせる。ユーモア作家は、**矛盾**をとおして感性的なものによって感性的なものを無に帰せしめる。それによって、彼は、崇高を呼び起こさないが、感性の無に対する**嘲笑**を呼び起こす。本当にそうか？[18]　　　　　　　　　　　　　　　（1934年10月、日記15）

（23）もしかすると笑いが**中心**にあるのか？　それも可能だ。我々の真ん中に、無限の明朗さが、つまり我々の頑丈なスプリングがあって、死（悲劇！　ユーモア！）をも笑って自分から放り投げる。本当にそうか？[19]

　　　　　　　　　　　　　　　　　　　　　　　　　（1934年10月、日記15）

（24）私たちは、すばらしい時代の真っ只中にいます。真理が、美が、崇高が、正義が、そして善意が勝利しています。自由が王位に着き、そして平和が世の中全体に浸透しています。もっとも、某グロテスク詩人は、これらすべてのことを鏡文字《Spiegelschrift》で倒錯させて得意がっているのですが。実際、たっぷり得《とく》してもいるのは**ユーモア作家**だけで、このユーモア作家にとってこれ以上すばらしい時代が存在したことは**一度もありません**でした[20]。それはさておき、人は、ユーモア作家に関して**根本的**に思い違いをしています。生のあ

らゆる苦痛と苦悩を笑って克服するためには、人は、苦しんでいる誰よりも親しくそれらを**耐え忍ぶ**とともに、同時に最高の名医でなければなりません（そのためニーチェは好んで悲劇の英雄を笑わせています）。時代がこれまでのいつの時代よりも遥かに多く**最高に健全な**魂を渇望しているということ——補足して言うと——この上なく健全な肉体を持っている最高に健全な魂を渇望し、また、生に負けない、まさに本当に卓越した人間を渇望しているということ、これは、真実で、この時代の最も良いことです。むしろ正常な状態に戻らない方がよいようです。かの革命はナポレオンを生み出しました。けれども、この男は、やはり**まだユーモア作家ではありません**でした……。セントヘレナ島[21]は、まだコメディアンのキャバレーではありません。笑う者だけが楽園を、それが**さらに**もっと美しく再構築される**ほどに破壊**できるのです。そこで、かつて私たちが待望した楽園が壊滅的に爆撃されている時、——それでも幸い一羽のヒバリ（Lerche 死体[22]Leicheではありません）が**助かりました**。そして、私は、そのヒバリのさえずりを聞いて、みなさんに同じ耳をもつことを望みます。そしてその耳によって未来に敏感[23]になってほしいのです。それに加えて、目も必要です。つまり、その目の前では雲はまさしく**雲だけ**でも、その目の**後では**空が永遠に笑い続けているような、そのような目が必要です。

（1935 年 5 月 7 日付ザーロモン・ザムエル[24]宛手紙）

(25) **ユーモア**——心情の王様——には最大の課題がある。それは、快と苦の違いを**躍**らせ、韻を踏ませ、schmelzen**溶かす**ことである。

　ユーモアは、生の柔軟さ[25]Schmelzである。

　苦痛の涙が喜びの涙と**一緒に入り交って**流される。ユーモアは、単なる面白可笑しさと取り違えられる。（「心に太陽を持て！」[26]）いったいその**太陽**はどのように知られるか。——太陽は**違い**を自ら溶解する。

　鉛の蝶[27]。

　ユーモアは「心の非凡な才能[28]」。Genie

（1935 年 5 月、日記 30）

190 第2部 フリートレンダー／ミュノーナと笑いの理論

（26） 若いゲーテさえ、**まだロマンチックな極性を押し進め、これをユーモ
アの原理**と思っていました。しかし、**本当に古典的な**ユーモアは、悲劇や喜
劇や 悲 喜 劇 を一様に**超えています**。泣くことを超えているだけでなく**笑う
こと**も超えています——快・不快のすべての**違い**を超えています。つまり、
本当の古典的ユーモアは**純粋な** 至福 です。このようなユーモアは、純粋状
態ではたぶん**まだまったく存在しない**ほど、**それほどめったにありません。**
このようなユーモアは、**ロマンチックな**ユーモア、つまり**混成様式**と取り違
えられるなどありえ**ません**。本当の古典的ユーモアは、悲しみを喜びの涙と
〔ただ〕混ぜるので**なく、融合**させています。

（1935 年 5 月 24 日付ドーリス・ハーン宛手紙）

（27） 笑いを紙に書くことを躊躇するほど、道徳は、私のグロテスク作品に
ブレーキをかけてきました[29]。そこには、心底から吹き出したくなるのに笑
うことを**禁じられている**ような或る種の境界領域が存在しています。ユーモ
アと道徳の**間にある**この領域は、美学的に**ほとんど解明されていません**。美
学的に解明するにはもっぱら 幻 想 的 感 覚 〔勘〕、つまり**繊細な心配り**に
頼らなければならないからです。——その理由は、非理性的だからではあり
ません。限りなく理性的で、**あたかも非理性的のようだ**からです。

（1935 年 6 月 29 日付アンナ・ザムエル宛手紙）

（28） 自我にとって特に危険になるのが心理学的差異です。なぜなら、心理
学的差異は、内面的に見えるのですが、ちょうど空間の内容が外的であるよ
うに時間の内容として外面的でもあるからです。このことから、例えばレナ
ウ[30]のメランコリーの説明がつきます。しかし、人間は、笑いで、ユーモア
で、また、完全な健康で自我を認識します。気分がすぐれないというのは
〔円周の〕 外縁のようなものです。自我がこのことを知り、そのようなものか
ら自由になりたいと意志すれば、その自我は、しだいに外縁をも真ん丸にし、
ますますパラダイスへと、内面的完全性の反映へと変えるようになります。

この完全性は、人間的に、外縁的不完全性にずっとかかわりあっています。

(1936 年 6 月 8 日付ドーリス・ハーン[31]宛手紙)

(29) しかし、外面的に不確実になればなるほど、それに耐えようとするだけでなく、ユーモアで克服しようという意志をもつなら、自らの内面ではますます確実性が増していくに違いありません。私は思うのです、——もし私が、生涯を通じて、真面目さ(Ernst)と明朗さ(Heiterkeit)を哲学的にトレーニングしてこなかったなら、私はもうとっくに終わっていただろうし、周りは何とも耐え難く見えることだろう、と。しかし、私は、その耐えがたく見えることを嘲笑い、また真面目に分かってもいます——外面は内面に依存し、それだけに仮象は強烈に正反対のことにプラスの材料を提供する、と。

(1936 年 6 月 30 日付宛先不明の手紙)

テーブル脇のミュノーナ。1936 年頃、パリのアパートにて。
Foto: 不詳

192　第2部　フリートレンダー／ミュノーナと笑いの理論

(30) ですから私の処方箋は簡単です。——人生の全対立の統一に向けて**自我**〔Ich〕を王座につけなさい〔inthronisiere〕、すると対立は最後には丸く収まります！ 偽り、醜さ、低級さ、害悪〔Böse〕、悪〔Übel〕、禍、これらは〔円周の〕外縁のようなものにすぎませんから、自我が太陽のような中心として真理、美、崇高さ、善、宗教性を輝かすことによって、それも、そうでないと非常に悲惨なこの内在の真ん中で輝かすことによって、解放が可能になります。例えば、病気は、直径の端のような、極的、二元的、外縁的対立物です。しかし、〔その中心にいる〕私は、健康そのもの、中心、太陽です[32]。自我が中心を知り、中心を感じ、中心を意志し、自我が自らを信じ、この知を、感覚を、意志を、確信を、太陽のようなこの超内面を主観的な生へと集中させると、たとえどれほど扱いにくく抵抗しようと、客観的な生もついには自我に応じた形にならざるをえなくなります。これはメルヘンではありません。あらゆる実験の実験です。真面目と笑いの間にあるふだんは際立っている差異をユーモアたっぷりに自我の中で相殺もせずにこの実験に着手する者に禍あれ！ **自我**は笑います、しかも自我の世界の馬鹿げた不完全を嘲笑います——するとこの笑いによってまさに強制的に自我は完全になります。——あなたはエーファですか？ **私**は誰でしょう？

伯父より

(1936 年 7 月 4 日付エーファ・ザムエル宛手紙)

(31) 笑うこと〔Lachen〕の**汚染**について——〈下品な〔dreckig〕〉哄笑〔Gelächter〕。

(1936 年 7 月、日記 61)

(32) 世間に目をやると、同じく私が目にするのはただ一つの汚水溜めです。だからといってそれで私自身ユーモアをなくすなんてまったくナンセンスです。何でもそうですが、とりわけユーモアは、ただ誤解されているだけです。ユーモアは、周りでたった一つの下劣に対しても最強に動員される内的活動、優越です。そのため、ユーモアの大家たちがいともたやすく自身を誤解し、

それを通り越して自分を見失うというようなことが起こります。というのは、苦味〔皮肉〕は彼らの心のすぐ近くまで迫り、彼らをかっとさせるのですが、いともたやすく怒り心頭ということになりかねず、そうするとユーモアはこれまでということになってしまうからです。逆に、メランコリックな人たちも自分自身を誤解しています。例えば、レナウのように、自分自身を誤解しているユーモア作家たちがそれです。身体をも害する心の病というのはすべて、外的なものを内的な、最も内的な自我と思うことによって生じるのです。

（1936年7月14日付アンナ・ザムエル宛手紙）

（33）ミュノーナとして、私は、彼[33]をからかったのです。私は多くを失いました。人々はよい冗談と悪い冗談を区別できません。ユーモアほどひどく誤解されるものはありません。笑いは、悪魔も笑うので、二様に解釈できるからです。 （1936年7月29日付ザーロモン・ザムエル宛手紙）

（34）ずいぶん多くのことが直観され、知覚されうるが、それらのことを本当に**経験**するためには、まず関係づけが極的^{polar}になされなければならない。例えば、単純に太陽を極的に昇らせたり沈ませたりするように。ユーモアは、例えば、想像^{Phantasie}の中で見抜けるように混ざり合わされている他律的外見に基づいている。悪は、死のように不可能である。しかし、仮象^{Schein}は可能で現実的である。ただし、中立的自我から極的に統覚を働かせると[34]、歪められた仮象は、最初は判断において消え、それから**事実上**も消え失せるに違いない。というのは、判断が、想像の表象をとおして諸感覚に作用するからである。しかし、真理は、無理やり捻じ曲げられることはない。真理が望めば、真理はベールを脱ぎ、むき出しのすばらしい真理そのものによって、外的でない精神をついには驚かす。間違った判断は、経験を歪曲し、あらゆる夢が証明しているように、諸感覚にまで及ぶ。コペルニクスのような人たち、つまり、判断とそれによる外観とをはっきり修正する人たちは、判断力のない者たちの中にあっては楽ではない。〈時の流れ〉に関して、特に判断の間違いと目

194　第2部　フリートレンダー／ミュノーナと笑いの理論

の錯覚がすでになんと驚くほど顕著であることか！ 形式が素材と出会うとき、形式が、したがって特に総合的自我が素材に、つまり感覚的受容性に感染されると、病的な仮象、病的な経験が生じてくる。病的なのは、極的でないものの仮象、片面だけのもの、患って衰弱した対立である。ユーモアは、仮象を、それが継続している**間**に打ち砕く。

　　　　　（『魔術的自我の体系に関するいくつかのコメント』、1936-1938 年、GS 20,

　　　　　§156)

(35) きわめて興味深い問題、それは、哲学的真面目さとミュノーナ的笑いの間にある関係の問題です。それにしても、人間的状況は、崇高と滑稽 を <small>Sublime & Ridicule</small> 逆説的に隣り合わせにするのに適しているようです。……**「祭壇の神聖な覆い、一人の盗人のおぞましい裸体にぞんざいに巻かれ」**(ハイネ)[35]。神は絶対的に神聖であると思われています（神は笑っている？？？ たぶん人間を、つまり愚か者を？）人間は、本質において神聖で、きっとこの本質においてはもう神と区別できないでしょう（最も内面へと集中したこの**自我**においては、人間には人間的に区別できるものは何もないのですけれど）。ところが、人間が外的に区別するや否や、自分が内的に認可したことがとかく最高に馬鹿げたことへと破綻し、そこからすぐさま哲学的ユーモア作家が利益を得るのです。ちなみに、私は、このような深遠な哲学者たちから、たいてい隠されている彼らのユーモアを引き出すことにしています。例えば、ペシミストのショーペンハウアーは、あまり秘めたユーモアのある作家ではありません。彼の書簡を読んでみてください。愛の目配せをしたのは、たぶんそれはいつも卑猥な冗談を伴った憂鬱な気分です。或る専門家[36]は的確にもこう言っています、ユーモア作家は汚いものが大好きである、と。そうかもしれません。けれども、そのように心から生を神聖にしたい、それもその生のまぎれもない汚物によって神聖にしたいとすれば、どうしたらよいでしょう？ この点について、確かに神聖なほど真面目なあのプラトンさえ汚物のイデアを提供しています。生の陰部をせめて気晴らしのために活用するということが、その生を純化し

たいと望むまさにその人を絶えず刺激しているのです。

　ところが、道徳は、ユーモアに限りない余地を与えることを拒んでいます。シラーは、**吐き気を催させるようなこと**の前では神聖な門扉を閉じます。香水製造者でも、悪臭に関して別の判断をします。ユーモア作家は、どこまで許されるでしょう？　可能なかぎり才気煥発な笑いのためにすべての部屋を最高に汚くしておくことは、まさにユーモア作家の最高にすばらしい野心ではないでしょうか？　そもそも人々はみんなユーモア作家です（たいていは巧まざるユーモア作家にすぎないのですが）。人間は、そのさまざまな極端において、最高の神聖から最高の汚物まで両翼を広げるものです。——実際、貴殿がおっしゃるとおり、それが人間の翼というものです。ですが、それらの翼によって本当に軽やかに飛行するとすれば、そこで問題となるのは、**自我**、つまり 人格的中心 です。その人格的中心のおかげでこれらの翼は、もうぎくしゃくしない本当の相互性へと調整され、韻が合わされ、調和が図られるのです。私は告白します、私はまだちゃんと飛ぶことができません。しかし、見習いであることは恥でもなんでもありません。

（1938 年 8 月 20 日付エーディト＆リヒャルト・ツィーグラー宛手紙）

（36）要するに、壮大なユーモア作家にとって、言い換えれば、超シェークスピアにとって真の時代だということです[37]。全体の先頭に、支配している道化役をイメージしてみてください！！！　すべてがなんと滑稽で血なまぐさいことになるでしょう！！！　そして、そんな道化は、道徳を高く掲げて、なんてピカピカの白いチョッキを着るでしょう！　連中は、道徳〔という掛け声〕なしではやっていけないからです。そして、むき出しの不正に連中が授けるのは、腕には正義の剣、加えて手には正義の秤です。 *Divina & humana comedia* 神と人間の喜劇。

（1939 年 2 月 17 日付エルンスト・レヴィ[38]宛手紙）

（37）およそ有能な予言者である者は、今日という日が我々に覆い隠している、そして、よく当たる占い師には透けて見える**仮象を嘲笑います**。その結

196　第2部　フリートレンダー／ミュノーナと笑いの理論

果、その予言者は、言葉で言い表せないほどの悲嘆の**只中**でヨブを笑わせる
逆のカッサンドラ[39]になります。

(1939年8月21日付アンナ・ザムエル宛手紙)

(38) 人間自身ほど未知なものはない。もしそうでなければ人間は悪を笑い
飛ばすだろうか。というのは、**自我**－太陽中心にとって、災禍に祝福で応え
ることほど簡単なことはないからである。

(『**自我**－太陽中心Ⅰ』、1941年、GS 22)

(39) ヘラクレスは、**笑うことを学ぶべきだ！** ヘラクレスは自らのヒロイズ
ムから笑いを引き出すべきだ。**自我**は、何よりも笑う者としてあり、自我に
はユーモアがある。〔ヘラクレスには〕ハイネの「甲高い」笑い[40]がない。――
それどころか、死を嘲笑うことを学ぶべきだ。笑う崇高。主観的笑いは、
　　Lachen-Weinen
　笑－泣　の極へと自身を中間的に極性化し、最後に調和する。
　　Freudentrauer　Trauerfreude
　　喜悲　、　悲喜　。
　悪人かどうかは、ユーモアがないことで、真面目な顰め面で、そのけっし
　　zentral　　　　　　　　extrem
て中心でない、いつもただ極端だけの笑いで分かる！
　泣くということは苦痛で笑うこと。笑うということは解放されて泣くこと。
中心のユーモアがバランスをとっている。　　(1942年2月29日、日記146)

(40) 真面目はすべて、擽ることができる。泣いている子供を、何と簡単に
笑わせることができることだろう！ 故に！ 諸君は皆、子供である。コペル
ニクスは、プトレマイオスを擽る。――野獣どもを擽れ！何よりも、おまえ
自身を擽れ！　　　　　　　　　　　　　　(1942年4月30日、日記146)

(41) しかし、むしろ自分自身と知り合いになる、つまり、**自我**－太陽中心
としての自分自身と知り合いになるのがよい。そうすれば、人間社会の
Sphärenharmonie
天空の音楽の前で、すべての他律が、コペルニクスの学説体系を前にしたプ

トレマイオスの体系のように、消え失せる。自己自身の**自我**が自身の中でどんな差別も区別せず、**完全人間**^{VOLLMENSCH}であるなら、つまり、その自我が完全に占有しているもののすべての客観的な極的分割を超越して完全で、また、愛と憎しみを超越して太陽中心的で、また、真面目と冗談を超越して、すべての直径の両端の極端を超越してユーモアたっぷりであるなら、こうして初めて、これらの極端は、真の周囲を形作ることができる、つまり、さもないとお互いに敵対して要求し合う繋がりを形作ることができるのである。太陽は、極端な闇を超越しているだけでなく、極端な光も超越している。太陽は、中間の過剰^{Surplus}である。　　　（『主観的コペルニクス－カント的太陽としての人間』、1942 年）

（42）失望とかあの世に気化する間違った観念論は致命的である。肝要なのは、経験、無常なものを理想的に無常でないものの比喩にすることだ。まさにそれ故、ゲーテは、シラーよりも世才に長けていたが、残念ながら哲学者ではなかったので、自らの素晴らしい客観性の主体を、少なくとも批判的・超越論的に知るに至らなかった。これまでの天才は、まだ厳密に**自我**－太陽中心のことに気づいていない。全員がまだ病めるオリンポスの神々だった。例えばハイネ。彼らは、自分の理性の力で自然を**外縁化**^{peripherisieren}するどころか、まだ理性と自然から成る混成物である。ヘラクレスのヒロイズムは、まだ笑うことを学んだことがない。**自我**－太陽中心が初めて、ヒロイズムの全ユーモアをもつ。すべての真面目な顰め面は、他律を露呈している。すべての**悲嘆**^{grief}は、常にただもう**悲嘆の喜び**^{joy of grief}である。純粋に主観的に、それ故、純粋に客観的にも、喜びいっぱい、ユーモアいっぱい、笑って、無上の幸せ、――ただ暫定的に泣くことが笑うことに混ざり合い、笑うことが泣くことに、喜悲、悲喜。　　　（「理性的人間」、1942 年、GS 22）〔一部修正〕

（43）ショーペンハウアーはそもそもユーモア作家ではなかったのか？　すると、真面目よりも擽る^{くすぐ}ことができるのは何であろう？　軽く撫でることによって、泣いている子供を笑わせることができる。コペルニクスがプトレマイオ

スを操ってみよ！ 太陽中心によって、地球中心は、衛星になるまで操られる。そして、とりわけ自分自身を操れ！ 単なる精神分析学者は、**自我**－太陽中心に向けてとことん自己分析することがそれほど簡単ではないだろう。なぜなら、心理学は超越論的ではないから。すべての病気は**自我**－太陽中心の完全な健康においてあるにすぎないということを忘れてはならない。悲しい気分はすべて病理学的ユーモアである……「**それは大貴族の惨めさ**」[41]。

（「理性的人間」、1942 年、GS 22）

(44) **自我**－太陽中心は笑う崇高性をもっているので、「笑いなさい！」を定言的命令とすることができる。そうは言っても、これを文字どおりにとる必要はない。**自我**－太陽中心は、奴隷状態を、死を、悪魔的行為を、つまり外からのあらゆる忍耐をユーモアたっぷりに超えた崇高性であり、ただこうしてのみこれらの忍耐を終わらせることができる。〔……〕。これまで、笑いがあまりに軽んじられてきた、あるいはあまりに難しくされてきた。太陽がその惑星を嘲笑うようには、人間はまだ笑ったことがない。人間は、**平静な心**_{aequa mens}で完全に釣合いをとって笑うのに十分なほど真面目に自分自身を太陽中心として扱ったことがまだない。他律的な生に対する自律的ウィットが、つまりプトレマイオス説[42]に対するコペルニクス的ウィットが誤って判断されてきた。他律的な仮象人生_{Scheinleben}の真ん中には、自律的な笑いのように簡単に忘れ去られるものは何もない。無条件に笑うのは子供たちや愚か者たち、未だ賢者でない者だけである[43]。ユーモアも初めのうちは 批判_{kritisieren} され、超越論化_{transzendentalisieren}され、コペルニクス化_{kopernikanisieren}されなくてはならない。 （「理性的人間」、1942 年、GS 22）

(45) どたんとヨハンが倒れ、頭をぶつけて、泣いていました。タケルとカールが助け起こすと、家庭教師がヨハンに向かって言いました、「自分の足でまた立ってるじゃないか、どうしてまだ泣いてるんだい？」

　　——だって、痛いんだもん、とヨハンがしゃくりあげながら言いました。

　　——思いっきり笑うと痛いのに効くよ、とタケルが言いました。

そのときタケル自身が大声で笑って、咳こんで 嚔 し始めたので、ヨハン
の泣きべそも笑いに急変し、まもなくヨハンは何事もなかったかのように遊
び続けました。

——教育の手品、とおじさんが称賛。

——これはいずれアタラクシア^{心 の 平 静}の役に立ちます、とタケルが請け合いまし
た。

〔……〕

このようにタケルは、ユーモアを、広い意味で笑いを、**人間の本性**^{Propre de l'homme}として
教育的に使いました。規範、慣れ、人間の習慣的な平静さを無害なやり方で、
つまり柔軟に乱し、誰かの平静さを失わせると、こうして初めてこの平静さ
はうまく元に戻ります——実にここに、可笑しいことの実験の本質がありま
す。タケルは続いて何度もいつの間にかヨハンからボールを取り上げました
が、ヨハンがこのことを笑い飛ばすことができて初めてボールを返してやる
のでした。タケルは、うわべ上すぐにそれと分かる紛失でヨハンをからかい
ました。そのときタケルは、取り上げられたのではない、あるいは、ただう
わべだけそう見えるにすぎないものをヨハンに探させました。——そのうち
にヨハンは、紛失し得るものはただ外見にすぎず、しかし紛失しないものは
そのときっと「内面に」あるということに気づいたにちがいありません。

(「教育的小説」、1942 年?、GS 23)

(46) 平静さは、 生^{Leben} を静めるための手段ではない。手段と目的を完全に超越
している。**自我**-太陽中心の生は、崇高な魂の支持表明である。ニーチェは、
ショーペンハウアーを生の味方につけたかったが、その際、批判的・理性的
に味方にするのではなく生物学的に味方にしようとした。そもそもニーチェ
が言う完全性^{Integral}は、カントとマルクス^{Marcus}もまだ発見していなかった。周りにはも
のすごい問題があるのに、真ん中には超自然的^{hyperapodiktisch}な完全性がある。——この
完全性から、開化する生^{Kulturleben}が、 理性の象徴^{Gleichnis der Vernunft}としての自然が、つまり笑う存
在、いわゆるオリンポスの神々のような崇高な存在が結果として生まれてく

200 第2部 フリートレンダー／ミュノーナと笑いの理論

る。こうしてコペルニクスはプトレマイオス[44]とティコ[45]を嘲笑う。笑いは、見かけ上の毀損が突然露呈することから、つまり完全性の否定から生じる。我々の課題は、このように生を完全にすること、つまり、引き裂かれた生を学問、芸術、倫理、宗教、魔術[46]（Magie）によって全治させることである。それに対して、他律は、あからさまに世界戦争の中で現れるような黒魔術（Schwarze Magie）である。いわゆるオリンポスの神々のように崇高な人物ゲーテは、ずたずたのこの生をきわめて正確に知っていた。時代は、我々に、生−死（Werden-Sterben）を見せるが、そのままではただ隠れて関係しあっているこの両極を、不生−不死（ungebürtig-unsterblich）の自我が、はっきり見える関係へと調和させる。息を吸うことと吐くこと、緊張−緩和──これらは、自我の中の支え（Halt）がないとずたずたで刺すような生の律動である。しかし、この自我は、まだ死の眠りの中にあるようだが、魔術的に（magisch）作用して、それらの極を見える形で均衡させるために、自らを活性化すべきであり、また、それは可能である。　　　　（「理念魔術」、1945年秋、GS 22）

注

1　悪は倒錯した善にすぎないという、F/M 独特の極性論。

2　ヴァルター・ラーテナウ（Walter Rathenau, 1867-1922）　ドイツのユダヤ系実業家、政治家、作家。ワイマール共和国初期に外相を務めたが、極右テロ組織に暗殺された。

3　原文は die Kunst zu leben で、Kunst を「術（じゅつ）」と訳した。

4　アプノサー・プショルル（Abnossah Pschorr）　F/M の作品に登場する「実験形而上学者」「ハイパー・エジソン」。『技術と空想』34, 52, 54, 126 頁参照。

5　フランスの整形外科医プラヴァ（Charles-Gabriel Pravaz, 1791-1853）は、1841 年、銀製の注射針（直径 5mm、長さ 3cm）を開発し、その後、外科医ベイエール（Louis Jules Félix Béhier, 1813-1876）によって「プラヴァ注射器」としてヨーロッパ中に広まった。

6　笑いを誘う物質。

7　アレクサンダー・モシュコフスキー（Alexander Moszkowski, 1851-1934）を女性名に振（もじ）っている。この背景には、モシュコフスキーの中傷文書「馬鹿者ソクラテス──失敬な試論」（Sokrates der Idiot. Eine respektlose Studie, Berlin: Eysler 1917）に対する F/M の厳しい批判がある（「馬鹿者ソクラテス」1918, GS 3, 558-560）。アレクサンダー・モシュコフスキーは、ポーランド出身の風刺作家。作曲家でピアニストのモーリツ・モシュコフスキー（Moritz Moszkowski, 1854-1925）の兄。雑誌『ズィンプリツィスィムス』

10. 笑いの理論断片　201

(*Simplicissimus*) と比べて保守的な風刺雑誌『ベルリン面白誌』(*Berliner Lustige Blätter*) 編集長（1886-1928）。ユーモアや文化哲学に関する多くの著書がある。彼は、1921 年出版のアルベルト・アインシュタインとの対話のため、F/M によって「コシュモスキー」等と揶揄された（『灰色魔術』GS 14, 245 f., 278 f.; cf. GS 1, 92）。なお、「愉快なアリマキ」の原文は die lustige Blattlaus で、モシュコフスキーが編集長をしていた雑誌 *Berliner Lustige Blätter*（『ベルリン面白誌』）と語呂合わせされている。

8　『理性と平和』44 頁参照。

9　『理性と平和』108 頁参照。

10　これは F/M 独特の逆説的記述。戦争の悲惨さの側から論ずる「真面目なレマルク」に対して、F/M はユーモアの側から平和を論じている。

11　無造作に伸びた「文明」の髭を剃り、髪を整えること。

12　この時期はパリ亡命直前で、F/M は極めて緊迫した状況にあったと推察される。ついに 1933 年 10 月 16 日、パリに逃亡。『理性と平和』69 頁参照。『技術と空想』45 頁、196 頁（注 163）参照。

13　実際の料理と虚像の料理の両極性、コントラスト。

14　実際の対象物とレンズを通して見える拡大像の両極性、コントラスト。

15　『ゲーテ全集』第 3 巻「エグモンド」第三幕第二場「クレールヘンの住居」、谷友幸訳、人文書院、昭和 35 年、359 頁参照。

16　笑いと悲しさ（死）の両極性。笑いの優位。

17　ユーモアと獣性の両極性。ユーモアの優位。

18　原文は英語 Is it so? 本書第 2 部 5「ベルクソンの『笑い』」＊（日記 15）注参照。

19　原文は英語 Is it so?

20　以上は F/M 独特のイロニー。

21　ナポレオン（1769-1821）が流されて没した地。

22　発音の似ているドイツ語 Lerche〔レルヒェ〕（ヒバリ）と Leiche〔ライヒェ〕（死体）の語呂合わせ。

23　原文は das satte Gras der Zukunft wachsen hören となっている。直訳すると、「未来の草が草深く成長しているのを聞く。」

24　『理性と平和』52, 211 頁参照。

25　原文 Schmelz は、上の動詞 schmelzen と語呂合わせされている。

26　ドイツの詩人ツェーザール・フライシュレン（Cäsar Flaischlen, 1864-1920）の詩。

27　重い鉛と軽い蝶の両極性、コントラスト。

28　スイスの牧師、人相学者でゲーテの友人だったヨハン・カスパル・ラヴァーター（Johann Kaspar Lavater, 1741-1801）の作と言われる。

29　本書第 2 部 1「カント」(17) 参照。

30　ニコラウス・レナウ（本名 Nikolaus Niembsch Edler von Strehlenau, 1802-1850）

202 第2部 フリートレンダー／ミュノーナと笑いの理論

ハンガリー出身の叙情詩人。

31 『理性と平和』211 頁（注7）参照。

32 F/M 独特の「自我-太陽中心」理論。

33 ヘルマン・グラーフ・カイゼルリング（Hermann Graf Keyserling, 1880-1946）　バルト・ドイツの哲学者。『或る哲学者の旅日記』（*Reisetagebuch eines Philosophen*, 1919）、『術としての哲学』（*Philosophie als Kunst*, 1920）、『創造的認識——知恵の学校入門』（*Schöpferische Erkenntnis. Einführung in die Schule der Weisheit*, 1922）、『象徴としての人々』（*Menschen als Sinnbilder*, 1926）等、著書多数。

34 原文は Apperzipiert man... で、ここでは、あえてカントの用語を直訳して使用した。『純粋理性批判』（上）、上掲、184-185 頁参照。

35 ハイネが詩集『帰郷』の題辞に使ったカール・インメルマンの言葉（悲劇『カルデニオとツェリンデ』〔Karl Immermann, *Cardenio und Celinde*, 1826〕）。

36 ルードルフ・パンヴィッツ。本書第2部 8「〔神自身が豚に変装——ユーモア作家の手法について〕」注10、本章（13）参照。

37 これは F/M のイロニー。

38 エルンスト・レヴィ（Ernst Levy, 1895-1981）　スイスの作曲家・ピアニスト・音楽学者。F/M がパリ亡命中、パリで活躍していたが、ドイツ軍がパリを占領した 1940 年からは活動の拠点をアメリカに移した。

39 カッサンドラ（Kassandra）　ギリシア神話に登場するトロイア王プリアモスの娘。予言者。アポロンに愛されて予言能力を与えられたが、求愛を拒んだために彼女の予言を誰も信じないようにされてしまった。

40 「ぼくは笑ってやる　山羊面をしてぼくをじろじろ見ている
　　あの野暮な間抜けどもを
　　ぼくは笑ってやる　腹をすかして
　　陰険にぼくを嗅ぎまわり　口をあけて眺めている狐どもを
　　ぼくは笑ってやる　高邁な精神界の審判者のつもりで
　　いばっている博学の猿どもを
　　ぼくは笑ってやる　毒にひたした武器で
　　ぼくをおびやかす卑劣な悪漢どもを
　　たとい　幸福の美しい七つ道具が
　　運命の手でこわされて
　　ぼくらの足もとに投げ出されても
　　たとい心臓が体内で引き裂かれ
　　引き裂かれ　ずたずたに切られ　突き破られても
　　うつくしい甲高い笑いはのこるのだ」
　『世界詩人選 8』（『ハイネ詩集』）「歌の本」、井上正蔵訳、小沢書店、1996 年、207-208

10. 笑いの理論断片　203

頁。この「甲高い笑い」は、カントの「最後の笑い」に通じる。本書第 2 部 1「カント」
(19)(20) 参照。

41　原文はフランス語 "Ce sont les misères d'un grand seigneur." パスカル『パンセ』
(398)、前田陽一訳、中央公論社〔文庫〕、昭和 48 年、248 頁。

42　『理性と平和』35、45 頁参照。

43　これは F/M のイロニー。

44　クラウディオス・プトレマイオス（Klaudios Ptolemaios, 95 頃-160 頃）　ギリシアの天
文学者・数学者・地理学者。天動説を唱えた。

45　ティコ・ブラーエ（Tycho Brahe, 1546-1601）　デンマークの天文学者。『理性と平和』
167 頁（注 18）参照。

46　『技術と空想』172-173 頁参照。

11. ソネット2篇
Zwei Sonette

ユーモア [1]
（Humor）

どれほど重く暗く不安が私の心を包もうと、

私の心そのものはあらゆる太陽の太陽に似て、

私の心の輝きはあらゆる歓喜の歓喜より明るい、

そして外からだけ苦痛がその心を 脅 かす——

それは激しさを増して、2度 から 3度、
（Sekunde）（Terz）

4度、5度、ますますきつい音程に、
（Quart）（Quint）

たった今ひどい責め苦が始まった、

それでもやはり私にはただの戯れとしか思えない——
（Scherz）

どうか大法螺を吹いているなんて思わないで、

私の心の天国が外の地獄にやっとの思いで耐えている、
（Innenhimmel）（Außenhölle）

危うく楽しさも消え失せそう——
（Spaß）

それでもやはり強引に笑って抵抗して、

私は地獄を天国の縁へと押しのける——

愛は最も残忍な憎しみより圧倒的に勝利する。

Zum Totlachen
大笑い ²

笑いはどこから生まれるか？　——このナッツ、
思索家たちがどれほど力まかせに挟んでも、
パチンと割ったのは一人カントだけ——
真理が彼に贈ったのもこのキッス：

とつぜん最後に緊張が
まったくの無へ、絶妙に厳密なまったくの無へ解消、
まさか正反対の面倒なことにならなくて、
どうにも笑わずにはいられない。

ウィットはそんな束の間の一悲劇、
悲劇は長く間延びした一ウィット、
すると死は楽しい一つの無にすぎない——

至福のゴールで生の緊張が解け、
笑いの中に生の稲妻が消えていく、
迫り来る最後の審判の日。

注
1　「哲学的ソネット」、1943 年。GS 16, 431.
2　「90 のソネット」、1943/44 年。GS 16, 485.

附録　Anhang

パウル・ハトヴァニ書評「ミュノーナのために」
Rezension: *Für Mynona* von Paul Hatvani [1]

　他のどの国でも、精神-刺激的風刺作家ミュノーナは哲学的問題であろう。^{geistig-aufreizend}
ところがドイツでは、彼をよく知っている者はほとんどおらず、彼の着想を
嘲笑するのがせいぜいで、彼を余計者扱いしている。ドイツでは、ユーモア
においてユーモアが終わっている──境界線のところに落ちがあって、それ^{Pointe}
を越えるものは、常識の旅券査証を提示しなければならないのである。それ^{Paßvisum}
にしてもまあ、考えられないことは考えられないのだから、その考えられな
いことについていろいろ考える哲学者には、ドイツでは笑えるものは何もな
いということだ！

　……この哲学者は、S. フリートレンダー博士という。すでに 10 冊、20 冊
の本を書いており、時折「ミュノーナ」を名乗っていて、始めからまったく^{mynona}
の匿名の人物のようである。この時代の最高に愉快で同時に最高に奥深い本^{anonym}
『非小説』、すなわち『あざける者たちのベンチ』が、出版後 2 年、ぜいぜい
作家仲間たちの間とはいえ記憶にまだ生きているというのは特異なことでは
ないだろうか？　私は、──さしあたり今日はまだ──フリートレンダー博
士の哲学的諸著作については沈黙したい。……それにしてもひょうきん者ミュ
ノーナはどんな影響を与えたか……？！　脳の髄にまで入り込む彼の小説
『創造者』の幻想性を誰が知っているだろう？

　……ところで、ミュノーナの小品が再び 2 冊出版されている。グロテスク
作品で、作品を支持しているのは落ちではなく、一つの世界である。そもそ^{Pointe}
も書名がドイツの読者を惑わしかねない。1 冊は『手に負えない新婚の床』^{ベッド}

で、もう1冊は『わたしのパパとオルレアンの乙女』という。（両方とも、ミュンヘンのクルト・ヴォルフ社から出版されている。）しかし、これらの書名も落ちではない……。むしろ書名は、全体が奇妙な手法で渦巻き模様のように作品の精神を飾りつけている装飾である。この手法^{Art}——この言葉の最高の意味において不作法^{Un-Art}という手法^{Art}——によって何がしかのことが言われているのである。

　……ミュノーナのウィット——つまりロマン主義者たちの意味では彼の「理性」、彼の「理念」について語るべきではないということだろうか？！……——ミュノーナの「ウィット」は、状況^{Situationskomik}から生まれる滑稽さをもっている。しかし、それは精神的状況から生まれる滑稽さである。精神的な事柄の前でいわゆる「生の真面目さ」が幅を利かせ、真面目さの文化的進歩全体を論拠として持ち出し、真面目さの慣例^{Konventionen}のドグマを宣言する。この真面目さはどう克服されるか？　ミュノーナは、硬直した諸事情を不条理^{ad absurdum}へと導こうとする。彼は、すでにどこかの場所で彼自身がとっておいた因果関係を再構築する。（彼は、ドイツ哲学のチャーリー・チャップリンと呼べるのではないだろうか。）そこでは慣例に一つの穴があって、そこから一人のアルルカン²が頭を突き出し、真面目な表情のまま、世界がどのように粉々に壊れるかじっと見つめている。ミュノーナは、文明の複雑な属具^{Inventar}をけっして放棄しない。彼のグロテスク作品は、技術の成果をロマン主義的なものへと高め、ロマン主義を機械要素^{Maschinenbestandteile}の中に溶かし込む。亡霊たちは自動装置。つまり怪奇現象はごく単純な装置。君がしなければならないのはボタンを押すことだけ。すると不思議な動きが電気的に部屋中に起きる。例えば、この「手に負えない新婚のベッド」は、一つの複雑−奇抜な機械装置である。ところがその機械装置が目的を妨害する。この風刺作家にとって目的は手段にすぎない。その主題は、機械的なできごととはまったく関係がない。主題は……（笑わないでほしい）夫婦関係の問題。ひどく馬鹿げたことを扱っている8ページそこそこの頁が、夫婦関係に問題をもつ者すべての官能的な誇張表現を君に代わってしてくれている。うわべ上はどうでもいい余計なことの中で、的確で

意味深長な表現がぞんぶんに発揮されている。ロマン主義の属具がいわば機械化され、思考のすべての〔倫理的〕究極目的の中で最も許されざる目的を巡って理性を不条理へと導いていくのである。

　表面的には、ミュノーナは、超自然的認識のぞんざいなユーモア作家と呼べるかもしれない。しかし、彼の精神的な風景の構成は、情け容赦なく精密に機能している。彼の真面目さが事態の後ろにあるのである。しかし、それらの事態は、時折、人間もそのようなものであるが……、慣習的な態度のナンセンスの真相をつきとめた考察方法の眩いばかりの輝きの中にある。このひょうきん者は、ドイツでは普通でない情熱を、世界の仮面を剝ぐことにつぎ込んでいる。しかし、彼の道は、回り道で、この道は、現実存在のさまざまな可笑しさに沿って、奇想天外なさまざまな曲折の中を通っているのである。

＊

(1)　私は大胆にこう主張しています。自分は、現在、カントと道化（チャップリン）を総合したような唯一の人間である、と。半分だけ並はずれて大衆受けしていますが、本当は、より好ましい方の半分がそうなってほしかった。
（1922年8月31日付クルト・ヴォルフ[3]宛手紙）

(2)　世間は、私を「哲学のチャップリン」と呼んだ。当然のことながら、チャップリンを映画のミュノーナと呼んだ方が正しかったのではないだろうか……。　（「私の百歳の誕生日と他の顰め面」より、1928年「自評」、GS 8, 243）

(3)　すでに当時、私は、「哲学のチャップリン」と呼ばれていた。——どうもありがとう！（むしろチャップリンを映画のミュノーナと呼ぶべきだったろうに）。私は、現代の人気者でありたいとはぜんぜん思わない。人が人気者になるのは、今すでに雨あられと浴びせられている（例えばシオニズム的、妄信的愛国主

義的、ロシア的、相対的・詭弁的、新カトリック的、等々、こういった）高い評価にうまくわが身を晒（さら）すことによる。高い評価の対象とされるべきものがまず先にあり、それに適合する人間を待っているということ、〔こんなことは〕我ら百も承知[4]。特に好んで私は、みんなが取り入るように用意しているそのようなものを裏切っている。がさつに足を踏み鳴らす何百万という賛意は、誰に向けられているのか？　……それは、まったく同じようにがさつな彼らの代表者の姿をした自分たち自身である。私の仕事は、深遠な読者にはあまりに諧謔的すぎ、浅薄な読者にはあまりに「しわしわ」[5]（wasserstreifig）で読みにくい。とびきり上等のサロン的俗物連中をどなりつけてやるが、このがさつな連中には私の言うことが理解できない。私を理解するのは極端（Extreme）同士の単婚〔一対一で結ばれた両極端〕だけである。明朗さ（Heiterkeit）も、ほんのちょっとでも深められると、それを受け取ってくれる人を見出すのはもはや容易ではない。

（『帰還の袋小路』[6]、GS 11, 346）

注

1　1922 年 8 月 12 日付『ベルリン株式新聞』（No. 376, 12. Aug. 1922）に掲載。GS 8, 506-508.

2　アルルカン（Harlekin）は、16-18 世紀に流行したイタリアの即興仮面喜劇（Commedia dell'Arte）の道化師。

3　F/M の著書の出版者。1927 年に訴訟。和解で決着。『理性と平和』67 頁参照。

4　原文 kennimus は、ドイツ語の動詞 kennen（知っている）の人称変化の語尾（我々は～）をラテン語風に変えた造語。F/M 全集編者は、「いじることによってかえって悪くなってしまったラテン語」（GS 11, 465）と注を付けている。

5　クルト・トゥホルスキーは、F/M の「反レマルク」の本『エーリヒ・マリーア・レマルクはほんとうに生存したか？』（1929）を wasserstreifig と呼んだ。wasserstreifig を直訳すると「水が滲みて皺（しわ）になっている」、つまり「本に水が滲みてしわしわで読みにくい」という意味。トゥホルスキーについては、『理性と平和』82 頁（注 50）参照。

6　『理性と平和』（68, 108 頁）では『袋小路を引き返そうか、それともプチップチッと潰して蚤とつきあっていこうか』としたが、『帰還の袋小路、あるいはプチップチッと潰す蚤とのつきあい』と訂正した。同書は、レマルクが『西部戦線異状なし』（1929）の次に出版した Der Weg zurück（『帰還の道』）のタイトルの Weg（道）を揶揄して Holzweg（袋小路）に変えたものである。副題（「プチップチッと潰す蚤とのつきあい」）は、「現代

というシャツ（同時代の文化、文学、等々）」を隅々まで調べて、そこに潜んでいる蚤を潰すという時代批判を意味している。同書において、F/M は、レマルクの仮面を剝ぐとともに、特にクルト・トゥホルスキーを批判している。

ドイツにおけるフリートレンダー／ミュノーナ全集の刊行状況と『フリートレンダー／ミュノーナ研究』刊行等について

Editionsplan der *GS* und *F/M Studien* in Deutschland

中村　博雄
Hiroo Nakamura

　ドイツにおける F/M 全集の出版事情を『理性と平和』(2012 年) で紹介してからすでに 5 年が過ぎようとしている。その間、全集の刊行は進み、また、F/M 研究にも新たな動きがある。そこで、全集編者の最新の情報を基に、ここで、2012 年以降の動向をまとめておきたい。

1. フリートレンダー／ミュノーナ全集 (GS) の刊行状況

　全集の刊行は、資料の年代順ではなく、経済的理由によって時間や労力の消耗を考慮しながら進められ、2017 年 9 月現在、第 21 巻までが刊行されている。

(1) 既刊の巻 (2017 年 9 月現在)

GS 1 『アインシュタイン対カント』(1932 年)、第 1 版 2005 年、第 2 版 2008 年、208 ページ。ISBN 978-3-8370-0052-8

GS 2 『哲学論文および批判 I』、2006 年、540 ページ。ISBN 978-3-8334-7022-6

GS 3 『哲学論文および批判 II』、2006 年、536 ページ。ISBN 978-3-8334-7023-3

GS 4 『あざける者たちのベンチ──非小説』(1920 年)、2007 年、492 ページ。アルフレート・クービンとリヒャルト・ツィーグラーによるイラスト

付。ISBN 978-3-8334-7895-6

GS 5 『論理学』『心理学』（1907 年）、2007 年、220 ページ。ISBN 978-3-8334-8087-4

GS 6 『カントと 7 人の愚者たち』『カントリシズム』『哲学的対話』『自我に関する対話（遺稿）』、2007 年、268 ページ。ISBN 978-3-8334-8084-3

GS 7 『グロテスク作品集 I 』、2008 年、696 ページ。ISBN 978-3-8334-8089-8

GS 8 『グロテスク作品集 II 』、2008 年、700 ページ。ISBN 978-3-8334-8090-4

GS 9 『フリードリヒ・ニーチェ──知的な生涯の記録』（1911 年）、2009 年、296 ページ。ISBN 978-3-8391-2001-9

GS 10 『創造的無差別』（1918 年、第 2 版 1926 年）、2009 年、692 ページ。ISBN 978-3-8391-2952-4

GS 11 『エーリヒ・マリーア・レマルクはほんとうに生存したか？』（1929 年）『帰還の袋小路』（1931 年）、2010 年、512 ページ。ISBN 978-3-8391-8531-5

GS 12 『ユーリウス・ローベルト・マイヤー』（1905 年）、2010 年、372 ページ。ISBN 978-3-8391-4969-0

GS 13 『創造者──ファンタジー』『ゲオルゲ・グロース』『ターザンの生活──パロディー』『書物人間』『笑っているヨブ』『カント／マルクス（Kant/Marx）』（1919-1936 年）、560 ページ、アルフレート・クービンとゲオルゲ・グロースによるイラスト付。ISBN 978-3-8448-1028-8

GS 14 『灰色魔術──ベルリン合鍵小説』（1922 年、第 2 版 1931 年）、2013 年、432 ページ。ISBN 978-3-7322-5551-1

GS 15 『子供たちのためのカント』（1924 年）『魔術のカテキズム』（1925 年）『哲学者エルンスト・マルクス──警告』（1930 年）、2014 年、360 ページ。ISBN 978-3-7357-2415-1

GS 16 『叙情詩』（1902-1946 年）、2014 年、636 ページ。ISBN 978-3-7322-

214

9743-6

GS 17 『理性の嵐──エルンスト・マルクスによる文選（1932 年遺稿より）』、2015 年、464 ページ。ISBN 978-3-7347-5175-2

GS 18 『自伝的作品と逸話（1872-1946)』、2017 年、620 ページ。ISBN 978-3-7431-7889-2

GS 19 『魔術的自我──批判的極性論入門（1937 年遺稿より）』、2015 年、452 ページ。ISBN 978-3-7386-1719-1

GS 20 『魔術的自我の体系に対するコメント（1937 年遺稿より）』、2015 年、464 ページ。ISBN 978-3-7386-4445-6

GS 21 『人間実験──哲学的エッセイと批判（1912-39 遺稿より）』、2017 年、620 ページ。ISBN 978-3-7448-1270-2

(2) 未刊の巻

GS 22 『自我‐太陽中心──哲学論集（1940-45 年遺稿より）』、2017 年、644 ページ。

GS 23 『教科書（遺稿より）』、2017 年、530 ページ。

GS 24 - 31 『書簡集（1899-1958)』、全 8 巻合計約 5500 ページ。

GS 32 - 37 『日記』、全 6 巻合計約 4200 ページ。

GS 38 『文献集（1896-2016)／補遺／索引』、約 600 ページ。

2. 『フリートレンダー／ミュノーナ研究』について

　全集の刊行と併行して、2014 年から *Friedlaender/Mynona Studien*（『フリートレンダー／ミュノーナ研究』）の刊行が始まっている。

Band 1 『実験人間──フリートレンダー／ミュノーナ文選』、デートレフ・ティール編、序文、文献目録。2014 年、284 ページ。
　Experiment Mensch. Friedlaender / Mynona Brevier. Konzept & Schnitt: Detlef Thiel. Mit Einleitung, Zeittafel und Bibliographie,

Herrsching: waitawhile, 2014. ISBN 978-3-7357-8870-2

Band 2 『フリートレンダー／ミュノーナ "私はけっして結婚しません" ――妻マリー・ルイーゼへのラブレター』、ズィークリット・ハウフ編、2014 年、238 ページ。

Friedlaender / Mynona: „Ich werde nie heiraten". Liebesbriefe an Marie Luise, Hg. Sigrid Hauff, Herrsching: waitawhile, 2014. ISBN 978-3-7357-4204-9

Band 3 『"諸君、急げ！ ここに解決されるべき素晴らしい諸課題がまだある" ――100 年の報告と研究論集』、デートレフ・ティール編、2015 年、290 ページ。

„Tummle dich, mein Publikum! Hier sind noch schöne Aufgaben zu lösen." Berichte und Forschungsbeiträge aus 100 Jahren, Gesammelt von Detlef Thiel, Herrsching: waitawhile, 2015. ISBN 978-3-7392-3700-8

Band 4 『差別の中間――理性とグロテスク――ザーロモ・フリートレンダー／ミュノーナの作品における極性哲学と幻想文学』、ロルフ・シュッテ著、2016 年、420 ページ。

Die Mitte der Differenz. Vernunft und Groteske. Polaritätsphilosophie und literarische Phantasie im Werk von Salomo Friedlaender / Mynona, von Rolf Schütte, Herrsching: waitawhile, 2016. ISBN 978-3-7357-4204-9

Band 5 『日本の反応――日本におけるフリートレンダー／ミュノーナ』、デートレフ・ティール編、執筆者：池内紀、山本順子、中村博雄、鬼頭葉子、中村明、2018 年、約 250 ページ。

Japanische Reflexe. Friedlaender / Mynona in Japan, Hg. Detlef Thiel. Beiträge von Osamu Ikeuchi, Junko Yamamoto, Hiroo Nakamura, Yoko Kito, Akira Nakamura, 2018, ca. 250 S.

3. その他

デートレフ・ティールは、2012 年の著書 *Maßnahmen des Erscheinens. Friedlaender / Mynona im Gespräch mit Schelling, Husserl, Benjamin und Derrida* （libri nigri, Nordhausen: Traugott Bautz 2012）でこう書いている（同書 163 頁）。

> 「デリダには、名前・概念・テキスト・提題といったあらゆる可能な
> もの不可能なものが世界の隅々から持ち込まれた。これにすんでのとこ
> ろで欠けてしまうものがあった——それはフリートレンダー／ミュノー
> ナである。……私は主張する、『デリダのほとんどすべてがすでにフリー
> トレンダー／ミュノーナにはある！』と。」

これは、F/M 研究の現状を示す象徴的な記述である。デリダ研究会に所属するティールによれば、デリダ（Jacques Derrida, 1930-2004）自身も生前 F/M に関心を寄せていたとのことである。現在、ティールを中心にした全集編者の努力によって、F/M の資料が着々と整えられつつある。例えば、フッサール、カフカ、ベンヤミン、ハイデッガー、デリダ、等々の研究にとって、今後 F/M の文献は貴重な資料になるものと思われる。

特別寄稿　Gastbeitrag

ユーモアという哲学 ── 笑いの幅と奥行き ──
Philosophie, die Humor heißt. Weite und Tiefe des Lachens

中村　明（早稲田大学名誉教授）
Akira Nakamura（Emeritierter Professor an der Universität Waseda）

　ヒトヨタケ科の笑い茸は自分で笑うわけではないし、オーストラリアに棲息する翡翠の仲間である笑い川蟬も、可笑しくてあんな声を立てるわけではない。どうやら人間は笑う唯一の存在らしい。百年も前に『反キリスト者とエルンスト・ブロッホ』でミュノーナが「笑うことを忘れる者は、動物に近づく」と述べたのも、そんな実感だったろうか。笑いがきわめて人間的な現象であることは否定できない事実である。しかし、笑いにもいろいろあり、人もまたさまざまだ。とうてい一筋縄では行かない。

　『解夏宵行』で「洋の東西を問わず、女は多弁」と見抜いた内田百閒は、堂々と『女子の饒舌に就いて』と題したエッセイで、男女平等に有している「言葉」というものを、女は考えることにではなく話すほうにばかり使いたがるという鋭い観察を示し、おしゃべりは健康にいいという説を紹介して、世間に未亡人が多いのはそのせいではないかと独創的な論を展開する。森茉莉のエッセイ『贅沢貧乏』にも、世界的統計をとった学者の言として「女が長生きするのはおしゃべりだから」というユニークな見解が紹介されているから、笑い捨てるわけにもいかない。百閒はさらに一歩を進め、女が饒舌によって長寿を保つのは結構だが、そのせいで早世する亭主が多いからではないかと勘ぐり、わが身を振り返って、よくぞ今日まで「しゃべり殺されずに生き延びたものだ」と胸をなでおろすのだ。こういう危険な議論に深入りは

禁物だろう。

　ひらりと体をかわして、笑いも健康にいいという話題に転じよう。マックス・ピカール『最後の人間』の書評でミュノーナは、「笑いの発作によって不治の潰瘍を破裂させたという重篤患者の逸話」を話題にしているようだが、一世紀を経た現代では、笑いのもつさまざまな効能が報告されている。心地よく笑うと血行がよくなり、栄養が全身に行きわたって活力がみなぎるし、心理的な快感がリラックス効果を高め、ストレスの解消にも役立つ。

　『教育的小説』にミュノーナが、頭をぶつけて泣いている子供に笑ってみせることで泣きべそが笑顔に転じたという逸話で、笑いの教育的効果を語ったように、物事を楽観的に考える方向に導いて難病を克服したという話も聞く。リウマチ患者に落語を聴かせる療法もあるそうだ。笑うことで右脳が活性化し、エンドルフィンという脳内麻薬が分泌するために痛みを忘れるなどと、近年ではもっともらしい説明がなされる。痛みを緩和するだけではなく、笑うと脳波にアルファ波が増えて記憶力を高めるとか、前頭前野が活発になって呆け防止に役立つとか、さまざまな効果が話題になるから、ひとごとでなくなる。

　爽快な喜び、安らかな感情はおのずと笑いに導く。ほっと息をつく安堵感が笑いと結びつくのもごく自然だろう。心の底から揺り動かされるような感動が微笑を誘うこともある。だが、間が悪いときにも恥ずかしさをごまかす笑顔があり、内面を隠すための笑いもある。悲壮感や悲哀のなかで起こる泣き笑いもあれば、絶望の果てに笑いだし、恐怖のどん底で笑い声をあげるシーンも見てきた。そんなむしろ健康に悪そうな笑いも現実にはあるのだが、ここでは〈おかしみ〉の笑いに限ろう。

　縁あって早稲田大学教授として迎えられた昔、外国人に日本語を教えた経験がある。漱石・芥川・志賀・谷崎・小林秀雄・川端・井伏・太宰らの文学作品に詳細な註を付し、それを中心に自分たちの編んだ上下二冊の上級日本語の教科書で、日本文化の一端を紹介しようと、各課の末尾に付録として短歌・俳句・詩の名品を掲載し、コラム風に歌詞や笑い話も添えた。その小咄

の一つに、ひどくけちな人間の失敗談があった。片目で見てもよく見えるので、もったいないと思って左目を休ませ、右目だけで生活していた男が、長い年月のうちに右目がかすむようになり、ここぞとばかり、取って置きの左目に切り替えて見まわすと、周囲は知らない人ばかり、という落ちのつく、あの有名な一口噺である。

　ある日、自慢の咽喉で「上を向いて歩こう」や「雪の降る街を」を歌ってみせる日本通の中国人や韓国人が思わず噴き出すなか、にこりともしない学生が二人。たまたま思考回路が同じだったのかもしれないが、不思議なことに、どちらもモスクワ大学の卒業生、ゴーゴリやチェーホフのロシア文学の空気を吸って育ち、ユーモアを解さないはずはない。宇宙ステーションからの通信の時期になると通訳の仕事で本国に呼び戻されるほどに日本語力が傑出している。その二人がそろって、意味はわかるが可笑しくないと言うのだ。

　ユーモアは人柄だが、笑いは文化だから、何を笑うかには国柄や民族性も当然からむ。教室でのあのひとこまは、そういうあたりまえのことに、はっと気づく、実にショッキングな一瞬だった。これまで右目で見ていたから相手の顔を右の目はよく覚えているが、左の目で見たのは初めてだから見覚えがない。馬鹿馬鹿しさよりも、そういう思いがけないもっともらしさが可笑しいのだ。記憶するのは脳だからそんな事実は起こりえないと生真面目に考えてしまえば、単なるナンセンスであって、たしかに可笑しくも何ともない。

　映画監督の小津安二郎は鎌倉の家に住んでいたが、仕事の関係で出歩くことが多く、母親が一人でさぞ退屈しているだろうと、女優の飯田蝶子が気を遣って、当時はまだ珍しかったテレビを贈ったらしい。すると数日後に小津から電話があり、「お蝶さん、困るじゃないか、あんなもの贈ってくれて。おふくろ、テレビの前にかじりついて俺の世話なんにもしなくなった」と苦情を申し立てる。それが涙声なのに気づき、蝶子は「ああ、そう？　ざまあみやがれ」と電話を切ったという。親しい間でのシャイな日本語の粋は今や日本人にも通じにくい。まして異文化の外国人は喧嘩にならないのを不思議に思うにちがいない。

小咄から落語・漫才・漫談、小説や映画の一場面、エッセイの一節、それに日ごろふと目にふれるポスター類や、耳をかすめる日常のやりとりなどを書きとめながら、可笑しみを誘う発想や表現に注目していると、驚くほど多様なことばのふるまいが見えてくる。「この土手に上るべからず警視庁」だとか、「落とせスピード　落とすな命」だとか、「飲んだら乗るな　乗るなら飲むな」だとか、おやっと思わせる標語が目について、なかなかやるなと思う。どれにもことばの企みが感じられ、粋というほどではないが、それぞれに面白みがある。可笑しみの深さにもいくらかずつ差があるようだ。「捨てる人は拾わない　捨てない人が拾っている」のレベルになると、その奥行がぐっと深まるような気がする。

　『あざける者たちのベンチ』でミュノーナは、「誉れ高きユーモア」にふれながら、滑稽さや馬鹿笑いを望む人には向かないから、よそへ行くようにと、帝国議会やサーカスを名指ししている。もちろん日本の国会でも都議会でもいいのだが、上質のユーモアはげらげら笑うようなものではないと言いたいのだろう。たしかに、笑いというものには幅があり、その質に応じて奥行や深さにもそれぞれ違いが生じるということは否定できない。

　採集した用例を分析しながら、笑いに向かう可笑しみを誘いだす日本人の言語操作のパターンを観察すると、細分すれば三〇〇近い方策が見てとれるが、大きく分けて七種類の仕掛けに整理することができそうだ。

　第一は、表現の流れの操作である。見世物小屋の猿だという情報を待機させ、いきなり、「役者が尻を搔く」という表現から始めて、おやっと思わせる小沼丹のエッセイ『猿』だとか、手術の話題で「メス」と言いながら、刃物という縁で「ナイフ」を持ち出し、さらに「鉛筆削り」と続けて脈絡が通らなくなったりする夢路いとし・喜味こいしの漫才とかというような操作がそういう例にあたる。

　第二は、さりげなく遠まわりする操作だ。例えば、佐藤栄作邸を訪問し、夫人に、紅茶でいいかと聞かれた酒好きの立川談志は、「いいですよ、私は我慢強いですから」と応じたという。「これ以上はお話しできません、お嬢

さんはぶすだなどという世間の噂をどうして私が口にできましょうか」というふうに、言わないという形で当人に実質的に情報を伝えてしまう、井上ひさしの愛用する人を食った仕掛けなども、それにあたるだろう。

　第三は、サトウハチローの長編エッセイ『僕の東京地図』に出てくる「アセチレンガスはおふくろの匂い」だとか、夏目漱石『吾輩は猫である』に出る「眼、口、其の他の諸先生と何の相談もなく出来上った鼻」などと、顔の道具を人間めかして扱うとかというように、他のイメージに置き換えて伝える操作である。

　ミュノーナの『とんでもない気晴らし』という寓話にこんな箇所がある。雲の上で電気を起こしては落雷を楽しんでいる「雷」に、天空の旅人が、下界の人間はどう思っているかと尋ねると、「蠅は蠅叩きをどう思ってるね？」と「雷」は切り返す。「雷と人間」という関係をそっくり「蠅叩きと蠅」という関係に置き換えたやりとりで、ここにも比喩的な操作が働いている。また、『機知に富んだ小さな菓子屋製フォンダン』で、インクにはまった足で「線を引きずっている蠅」を、自分の書いたものに「意味」があると思い違いしている文豪と同様だと辛辣に言ってのける一節にも、一種の比喩的連想が感じられる。

　永井龍男はフランスの詩人アルチュール・ランボーを「アル中で乱暴」と酒落にしたようだ。井上ひさしが長編『腹鼓記』で「都の真南伏見の杜に」と、どこか忘れた大学の校歌を下敷きにしたりすることもある。いずれも、ことばの二重写しを図る操作である。これを第四類の操作としよう。この数ヶ月、池騒動に悩まされている。何十年も飼っていた大きな鯉が一月おきに惨殺され、二尾だけでは寂しいと、大量の塩と薬で消毒して、小さな鯉を数匹買い足したら、菌を持ち込んだのか、水が変わったせいか、残った二尾とも相次いで推定四十年の生涯を閉じた。悩みは果てなく、これを「鯉わずらい」と呼んでいる。本家の「恋わずらい」のほうは霞がかかって、とんと思い出せない。なかったのか知らん？

　第五は、「たばこの煙を世の中へ吐き出す」といった漱石の『吾輩は猫で

ある』の表現とか、ぼろシャツを「昔はワイシャツという名がついていた」とかと、極端に誇張する操作である。前掲の『フォンダン』でミュノーナが、豪奢な椅子で深く思索していた男が死んだあと、これだけの重みを除いて何の功績もなかったと、その椅子が総括したことを述べているが、これもここに分類できそうだ。なお、ミュノーナは『ミュノーナの発酵』で、グロテスク作品について、「可笑しいことを誇張することによって崇高を呼び覚ます」と書いている。

　第六は、違和感のあることばの組み合わせだ。井伏鱒二は『朽助のいる谷間』で「オータム吉日」と造語し、井上ひさしは『青葉繁れる』に「理知的なジュリエット」と書く。土屋賢二『哲学者かく笑えり』では、犬と一緒に撮った写真に「首輪をつけていないほうが著者」と無駄な言及をする。いずれも、あえて意表をつくズレをつくりだす操作である。

　三遊亭円右の新作落語『苦情』に、「ばかに安いね、安すぎはしないか、そうか、ではまた来る」と言って出て行く夜店の客が登場する。小林秀雄『井伏君の「貸間あり」』の「文学は君が思うほど文学ではない」という言いまわしも、表現の矛盾感で刺激する操作だ。ミュノーナが『フォンダン』に、世界一の賢者が二六年間の沈黙を破って最初に発したことばが「沈黙」だったと述べた。第七はこういう矛盾感が笑いをそそるタイプである。

　日本語における笑いを誘う言語操作を大きく類型化して以上の七つにまとめてみた。ここまでは、とにもかくにも、ことばの選択・排列・変形という技術面での仕掛けとして、その働きを顕在化できそうな発想や表現の企みであるが、そういう技術的な効果では説明のつかない可笑しみも多い。それもまた、いくつかの種類に分けることができる。

　人もいろいろ、自分の秤では量れないこともある。娘の留守中に、その恋人が訪ねて来る渋谷実監督の映画『好人好日』の一場面。相手が「遊びに来ました」と挨拶すると、笠智衆の演ずる、文化勲章までもらったこの数学者は、なんと「何して遊ぶ？」と応じるのだ。こんな実話もある。「頭が働かないので脳みそがなくなったと思って病院で調べてもらったら、まだあるっ

て」と、文体論学会のロビーである老国語学者がにっこり。こうなると、可笑しみの源泉はどのことばのどういう働きに由来するなどと、技術的にたどるわけにはいかない。そういう人の存在、その人柄自体に求めたくなる。これを第八としよう。

辛辣な皮肉で知られるバーナード・ショーに、金曜日に結婚すると不幸になるというのは本当かと尋ねると、「もちろん」と即答したという。十三日の金曜日を連想して、誰でも当然、縁起が悪いからだと思いこむが、そもそも結婚というものが不幸なのだと考えるショーは、金曜日だけが例外であるはずがないという理屈だったらしい。

また、「あたしが結婚したら、十人の男を不幸にしてしまう」とうぬぼれる女に、意図を曲解して「十回も結婚する気か」と切り返す皮肉屋の話もある。自分の日記を何とかして妻に読ませようと、わざと隠しておく心理屋の夫の例などは技能賞ものかもしれない。これらはいずれも、表現をどうするかというより前に、相手を意のままに操るという対人操作そのものから生ずる可笑しみが中心となるだろう。これを第九としておこう。

失敗談に花が咲くと言うとおり、誤解や失態は、どう表現しようと、それだけで笑いを招く。いくら何でも、森三中はもちろん、女大学や堀口大学を受験しようとするあわて者は考えにくい。が、「なるべく早くお召しあがりください」という注意書きを読んで、急いで飲み込む程度の人はあるかもしれない。漱石の小説『二百十日』に、宿で半熟にしてくれと卵を四つ渡したら、茹で卵と生卵が二つずつ届いた話が出てくる。江戸中期の文人画の巨匠であった池大雅にもこんな信じがたい話が残っているという。出先で美人に会釈されたから丁寧に答礼しておいたと、帰宅して自慢げに言うと、妻がそれは自分だと応じたらしい。まさか、薄暗かったので美人に見えたとも言えないし、その瞬間の大雅の顔が見てみたい。このような思いもかけない失敗談が笑いにつながる。これを第十としておく。

そんなはずはないと思いながら、さりとてうまく反論できなかったり、わかったような、わからないような理屈に出合ったりすると、ものも考えよう

だと内心可笑しくなる。嘘というものはみだりについてはいけない、いざという時のために温存せよと、マーク・トウェインが言ったという。もっともらしいが、どこか変な気もする。これなどもその一つかもしれない。漱石が『吾輩は猫である』で、気候の変化で鼻が発達するとか、鼻の遺伝は潜伏期が長いとかと、わが迷亭に語らせているが、論理的に否定するのも簡単ではない。

　ミュノーナが前掲『フォンダン』で、地球は凸面で天空を囲んでいると書いている例も、そういう見方もできるかもしれない、という程度にもっともだ。無限というのは神のウィットだとする見方など、感動のあまり笑いがはじけ、調子に乗って、哲学もまた、と続けたくなる。『呑助』に「シュナップス（火酒すなわち強い蒸留酒）は老人のミルク」と書いた例にしても、ローマの諺と聞くと、にわかに否定しがたい気分になる。同じ作品に出てくる「創造とは酩酊である」というアカデミックな独断も、「戦争も生の酩酊にすぎない」とする宗教も、何となくわかる。これらを笑いにつながる第十一のタイプと考えてみよう。

　最後の第十二のタイプが、時に「ヒューマー」と呼ばれる、人生の機微、人の世の味わいを感じておのずとこみあげてくる可笑しみである。このあたりに達すると、げらげら笑うどころではなく、時に人知れぬさびしささえ底に秘めた、しみじみとした可笑しみとなることもある。福原麟太郎は『おつりのこと』というエッセイで、「九十円の買い物に千円札を出す勇気はありません」と書いている。そういう大きな札を出しておつりをとると、時間がかかってあとの人間に迷惑がかかるということもあるが、それよりもどこか身勝手な感じのあることが厭なのだという。読者は一瞬はっとし、じわりと笑みがこぼれる。

　その福原がチャールズ・ラムの『エリア随筆』から「喫茗瑣談」の一編を紹介している。姉のメアリーと、こんなに金のなかった昔がもう一度帰って来ればと、古磁器で茶を啜りながら昔の貧乏時代を懐かしむ話である。今なら苦労もしないで買える品物でも、あのころは倹約しながら金を貯めてやっ

と手に入れた。それだけに喜びが大きかったという。幸福とは畢竟、幸福感にすぎないことを、やがて読者は思ってみるかもしれない。

　庄野潤三の小説『絵合せ』にこんな場面がある。結婚を間近に控えた娘のために、それぞれが時間をひねり出して、家族が顔をそろえてたわいもない絵合せに興じる話である。挙式まで二週間と迫り、間もなく嫁いで空く長女の部屋を何に使おうかと両親が相談しているところに、当人が顔を出し、突然「蚤が出るよ」と一言。自分はまだこの家の子だ、しばらくは自分の部屋なのだから、そんな気の早い話をしないでよ、そんな気持ちで発したささやかな抵抗だったのだろう。結婚する嬉しさと、家族と別れる淋しさに心揺れる娘が最後に親に甘えてみせたユーモラスな訴えとして、読者の心の奥深くしみる。

　小津映画『秋刀魚の味』のラスト近く、一人娘の結婚披露宴の帰りに行きつけのバーの扉を押した、笠智衆の演ずる父親に、岸田今日子演ずるところのマダムが、モーニング姿に驚き、軽い調子で「どちらのお帰り？　お葬式ですか」と声をかけ、一瞬、間をおいて、「まあ、そんなものだよ」と応じるシーンが出てくる。結婚する娘のしあわせは、かけがえのない家族を手放す親のむなしさと同時に成立する。めでたいこととは知りながら、妻に先立たれ、片親として育てた娘を嫁がせる父の悲哀をその亡妻に訴える気持ちも、心のどこかにあったかもしれない。婚礼でも葬儀でも、ネクタイこそ違え、同じモーニングに身を包む。モーニングさえまごつくこの慶弔二大行事が、心のどこかで通いあうものであったことに気づき、観客は沈黙する。幸福と背中合わせの喪失感、うれしさの底にある淋しさ、涙を湛えた笑いだ。このせりふに一瞬、軽いジョークとして笑顔がはじける。しかし、その笑いは観客の心の奥で発酵し、やがてしみじみとしたヒューマーの可笑しみへと深まることだろう。

　知を愛し人生を極める哲学そのものを、神のウィットと考えるのは面映いが、深い人生経験を経ておのずとたどりつく世界観からにじみだす、こういうユーモアの深みは、時にほとんど哲学の実践そっくりに感じられる。哲学

としてのユーモアなどと大見得を切るつもりはないが、ひとしきり「ユーモアという哲学」と呼んでみたい誘惑に駆られている。

索　引

人名索引……………………229
作品登場人物名索引……237
作品索引………………241
事項索引………………247

凡　例

1. 人名索引について

　人名のカタカナ表記は、原則的に『岩波西洋人名辞典』〔増補版〕（岩波書店、1981 年）および『独和大辞典』〔第 2 版〕（小学館、2003 年）に従い、必要に応じて増補改訂版『西洋人名よみかた辞典』（Ⅰ、Ⅱ）（日外アソシエーツ株式会社、1992 年）、『世界文芸大辭典』（中央公論社、1935 年）、『世界史小辞典』〔改訂新版〕（山川出版社、2007 年）、『ブリタニカ国際大百科事典』（2014 年）等を参考にした。「フリートレンダー／ミュノーナ」（F/M）については、特に重要と思われる箇所に絞って頁をあげた。

2. 作品索引について

　本書中に出ているフリートレンダー／ミュノーナの作品をあげた。タイトルの訳については、『理性と平和』に従ったが、本書の翻訳を進めていく過程で再検討し、特に次の 4 作品の訳を改めた。

　　『思いどおりにいかない新婚の床』→『手に負えない新婚の床^{ベッド}』

　　『嘲笑家たちの集い』→『あざける者たちのベンチ』

　　『袋小路を引き返そうか、それともプチップチッと潰して蚤とつきあっていこうか』

　　　→『帰還の袋小路、あるいはプチップチッと潰す蚤とのつきあい』

　　「猥褻自動販売機」→「ザオトマート」

3. 事項索引について

　フリートレンダー／ミュノーナの根本思想および本書の主旨を理解する上で重要と思われる事項をあげ、特殊な概念・用語には原語を併記した。また、例えば、「自我」「**自我**－太陽中心」のように重複する概念については、「**自我**－太陽中心→**自我**」のように主概念に集約した。なお、本書では、雑誌・新聞紙名は事項索引に含めた。

人 名 索 引

ア

アイヒマン、アードルフ　Eichmann, Adolf …………………………………………59

アインシュタイン、アルベルト　Einstein, Albert …………………………42, 112, 201

アインシュタイン、カール　Einstein, Carl ……………………………………88, **93**

アヴェルチェンコ、アルカディ　Awertschenko, Arkadi …………………38, **51**, 66

アドルノ、テオドール・ヴィーゼングルント　Adorno, Theodor Wiesengrund ……38, **52**

アプロディーテ　Aphrodite ……………………………………………………22, 23

アポロ　Apollo …………………………………23, 62, 100, 108, 153, **154**

アリストテレス　Aristoteles ………………………………………27-29, 37, 54

アリストファネス　Aristophanes …………………………………32, 107, 169, **171**

アルキュオネ　Halkyone ……………………………………33, **45**, 157, 184

アレス　Ares………………………………………………………………………22, 23

アンデルセン、ハンス・クリスティアン　Andersen, Hans Christian …………41, **52**, 86

イ

イーネ、エルンスト・フォン　Ihne, Ernst von ……………………………………108

インメルマン、カール　Immermann, Karl ………………………………………202

ウ

ヴァルデン、ヘルヴァルト　Walden, Herwarth …………………………47, 54, 88, **93**

ヴィルヘルム2世　Wilhelm II………………………………………………………86

ウェルテル　Werther ………………………………………………………………148

ヴォルテール　Voltaire ………………………………………………………59, 107

ヴォルフ、ルートヴィヒ　Wolff, Ludwich ………………………………………82

エ

エーコ、ウンベルト　Eco, Umberto …………………………28, 29, 32, **35**, 37

エートシュミート、カージミール　Edschmid, Kasimir ……………………………58, **60**

エーベルト、フリードリヒ　Ebert, Friedrich ……………………………………107

エラスムス　Erasmus, Desiderius………………………………………30, **35**, 171

オ

オイディプス　Oidipus ……………………………………………………………161

230

オッフェンバッハ、ジャック　Offenbach, Jacques ································171, **172**
オーフ、ハインツ　Ohff, Heinz ································**92**

カ
カイゼルリング、ヘルマン・グラーフ　Keyserling, Hermann Graf ················193, **202**
カスティリオーネ　Castiglione, Baldassare ································30, **35**
ガタリ、フェリックス　Guattari, Félix ································**41**
カッサンドラ　Kassandra ································196, **202**
カッシーラー、パウル　Cassirer, Paul ································**89**
カント、イマヌエル　Kant, Immanuel
　　　　　　················13, 24, 45, 59, 129, 138-143, 147, 154, 156, 178, 184, 199, 202, 205

キ
キートン、バスター　Keaton, Buster ································49, **55**
キケロー　Cicero ································28, **35**, 37

ク
クラウス、カール　Kraus, Karl ································88, 89, **93**
クラカウアー、ジークフリート　Kracauer, Siegfried ································38, **52**
グリエール、ラインホルト　Glière, Reinhold ································40, **52**
グロース、ゲオルゲ　Grosz, George ································**152**
グロピウス、ヴァルター　Gropius, Walter ································**94**

ケ
ゲオルゲ、シュテファン　George, Stefan ································163, **164**
ゲッベルス　Göbbels, Joseph ································**136**
ゲーテ、ヨハン・ヴォルフガング・フォン　Goethe, Johann Wolfgang von
　　　　　　················37, 39, 44, 57, 65, 77, 91, 107, 115, 140, 148, 149, 179, 190, 200, 201
ケル、アルフレート　Kerr, Alfred ································**178**
ゲールケン、ハルトムート　Geerken, Hartmut ································**92**

コ
ココシュカ、オスカル　Kokoschka, Oskar ································88, 89, **93**
コペルニクス、ニコラウス　Copernicus, Nicolaus ········82, 139, 154, 174, 193, 196-198

索 引 231

サ

ザムエル、アンナ　Samuel, Anna ……………………**20**, 53, 91, 134, 190, 193, 196

ザムエル、エーファ　Samuel, Eva ………………………………………15, **20**, 192

ザムエル、エルンスト　Samuel, Ernst …………………………………………50, **55**

ザムエル、ザーロモン　Samuel, Salomon ………………**20**, 53, 135, 144, 189, 193

シ

シェークスピア、ウィリアム　Shakespeare, William ……………………81, 154, 177, 195

シェーラー、マックス　Scheler, Max …………………………………………106

シェールバルト、アンナ　Scheerbart, Anna ……………………………………93

シェールバルト、パウル　Scheerbart, Paul ………………20, 93, 94, 123, **164**, 253

シャルマイヤー、ヴィルヘルム　Schallmayer, Wilhelm ……………………………52

シュヴィッタース、クルト　Schwitters, Kurt …………………………………94

シュレーゲル、フリードリヒ　Schlegel, Friedrich ………………………………91, **94**

ショー、ジョージ・バーナード　Shaw, George Bernard ……………………177, **179**

ショーペンハウアー、アルトゥル　Schopenhauer, Arthur

………………………………………30, 46, 54, 150-152, 156, 160, 180, 194, 199

シラー、ヨハン・クリストフ・フリードリヒ・フォン

　Schiller, Johann Christoph Friedrich von ……………86, 107, 134, 169, 184, 195

ス

スウィフト、ジョナサン　Swift, Jonathan …………………………169, **171**, 176, 177

スキナー、クェンティン　Skinner, Quentin ……………………………………35

スターン、ローレンス　Sterne, Laurence…………………………………169, **171**

セ

ゼウス　Zeus ……………………………………………………………62, 108

セルバンテス　Cervantes Saavedra, Miguel de ………………………………179

ゼンドゥリン、アウグスト　Söndlin, August ……………………………135, **136**

ソ

ソクラテス　Sokrates ……………………………………………………184, 200

タ

ダ・ヴィンチ　Da Vinci, Leonardo ……………………………………………100

232

タウト、ブルーノ　Taut, Bruno ……………………………………16, **20**, 94, 253

ダモクレス　Damokles ……………………………………………144, **145**

チ

チャップリン、チャーリー　Chaplin, Charlie ………………………11, 37, **51**, 209
　哲学のチャップリン ………………………………………………11, 208, 209

ツ

ツィーグラー、リヒャルト　Ziegler, Richard ………………95, 105, **106**, 195

テ

ディアナ　Diana …………………………………………………………62
ディオニュシオス1世　Dionysios I ……………………………………145
ディオニュソス　Dionysos ……………………………25, 111, 112, 153, 184
ディネーセン、ロベルト　Dinesen, Robert ……………………………82
デーブリン、アルフレート　Döblin, Alfred ………………………88, **93**
デュシャン、マルセル　Duchamp, Marcel ……………………………**41**, 52
デリダ、ジャック　Derrida, Jacques …………………………………216

ト

トゥホルスキー、クルト　Tucholsky, Kurt ……………………**210**, 211
ドゥルーズ、ジル　Deleuze, Gilles ……………………………………41

ナ

中村明　Nakamura, Akira ………………………………………15, 16, 217
ナポレオン　Napoléon …………………………………………………189

ニ

ニザミ　Nisami, Iljas ibn Jusuf ………………………………………65
ニーチェ、フリードリヒ　Nietzsche, Friedrich
　……30-32, 39, 42, 48, 82, 135, 153, 154, 157, 159, 163, 171, 172, 180, 185, 189, 199
ニッセン、ヘルマン　Nissen, Hermann ……………………47, **54**, 162, 164

ネ

ネットー、クルト　Netto, Curt A. ………………………………19, **21**, 253
ネロ〔皇帝〕　Nero ……………………………………………………48

索引 233

ハ

ハイネ、ハインリヒ　Heine, Heinrich　………59, 80, 143, 145, 194, 196, 202
バウムガルト、ダーフィト　Baumgardt, Davit　………………15, **20**, 144
パウル、ジャン　Paul Jean　………………45, **53**, 147-150, 156, 170, 183
バッコス　Bakchos　………………………………………111, 112
ハトヴァニ、パウル　Hatvani, Paul　………………………………**51**, 207
バフーチン、ミハイール・ミハイロビッチ　Bachtin, Michail Michailowitsch　………33, **36**
ハムレット　Hamlet　………………………………………59
バルテルス、アードルフ　Bartels, Adolf　………………………121, **122**
ハーン、ドーリス　Hahn, Doris　………………………143, 190, 191
パンヴィッツ、ルードルフ　Pannwitz, Rudolf　………169, **171**, 185, 202

ヒ

ピカール、マックス　Picard, Max　……………………………184
ヒトラー、アードルフ　Hitler, Adolf　…………………………136
ビーベス　Vives, Juan Luis　…………………………………30, **35**
ヒポクラテス　Hippokrates　…………………………………57, 59
ヒラー、クルト　Hiller, Kurt　………………………………123
ヒルシュフェルト、マーグヌス　Hirschfeld, Magnus　……………107
ピントゥス、クルト　Pinthus, Kurt　………………………135
ヒンメルマン、ニコラウス　Himmelmann, Nikolaus　………24-27, **34**, 48

フ

フェイディアス　Pheidias　…………………………………62, 65
フォース、ヨハン・ハインリヒ　Voß, Johann Heinrich　……………23, 33
フォーレル、アウグスト-アンリ　Forel, Auguste-Henri　……………42, 52
フッサール、エトムント　Husserl, Edmund　………………107
ブッシュ、ヴィルヘルム　Busch, Wilhelm　…………………152
ブッダ　Buddha　…………………………………………129
プトレマイオス　Ptolemaios　………………139, 154, 196-199, **203**
フライシュレン、シェーザール　Flaischlen, Cäsar　……………201
プラヴァ、シャルル-ガブリエル　Prava, Charles-Gabriel　……………200
ブラーエ、ティコ　Brahe, Tycho　………………………199, **203**
プラトン　Platon　………………………26, 104, 107, 170, 194
フリードリヒ1世〔神聖ローマ皇帝〕　Friedrich I, Barbarossa　……………59

フリードリヒ3世　Friedrich III ·····86

フリートレンダー、S.〔F/M 表記以外〕·····88, 145, 162, 207

フリートレンダー、ハインツ・ルートヴィヒ　Friedlaender, Heinz Lugwig
·····50, 80, 82, 92-94, 106, 146

フリートレンダー、マリー・ルイーゼ　Friedlaender, Mari Luise ·····50, 80, 90, 145

フリートレンダー、ミヒャエル　Friedlaender, Michael ·····135

フリートレンダー-フルト、フリードリヒ・ヴィクトール・フォン
Friedlaender-Fuld, Friedrich Viktor von ·····108

ブルーメンベルク、ハンス　Blumenberg, Hans ·····34

プレーツ、アルフレート　Ploetz, Alfred ·····42, 52

フロイト、ジークムント　Freud, Sigmund ·····41, 52

ブロッホ、イーヴァーン　Bloch, Iwan ·····107

ブロッホ、エルンスト　Bloch, Ernst ·····38, 52, 184

ヘ

ベイエール、ルイ・ジュール・フェリックス　Béhier, Luis Jules Félix ·····200

ヘクスター、ヨーン　Höxter, John ·····89, 93

ヘーゲル、ゲオルグ・ヴィルヘルム・フリードリヒ　Hegel, Georg Wilhelm Friedlich ···129

ベートーヴェン、ルートヴィヒ・ファン　Beethoven, Ludwig van ·····134

ベーネ、アードルフ　Behne, Adlof ·····94

ヘパイストス　Hephaistos ·····22, 23

ヘーホ、ハンナ　Höch, Hannah ·····92, 94

ヘラクレイトス　Herakleitos ·····173, 178

ヘラクレス　Herakles ·····25, 83, 196, 197

ベルクソン、アンリ　Bergson, Henri ·····47, 54, 112, 156-161

ペルーツ、レオ　Perutz, Leo ·····40, 52, 79, 81, 82

ヘルメス　Hermes ·····23

ベンヤミン、ヴァルター　Benjamin, Walter ·····38, 92

ホ

ホイザー、ヴェルナー　Heuser, Welner ·····168

ボッティチェリ　Botticelli, Sandro ·····100, 116

ホッブズ、トーマス　Hobbes, Thomas ·····29, 30

ホーマイヤー、ローター　Homeyer, Lother ·····134, 135

ホメーロス　Homeros ·····23, 25, 65

ホラティウス　Horatius ·····106, 149

索 引 235

マ

マウトナー、フリッツ　Mauthner, Fritz ……………70, **72**

マホメット　Mahomet …………………………………107

マルクス、エルンスト　Marcus, Ernst ……………13, 50, 154, 180, 184, 199

マルクス兄弟　Marx Brothers ………………………37

ミ

ミューレン、ヘルミュニア・ツーア　Mühlen, Hermynia zur ……………107

ミュノーナ　Mynona

　…………………**121**, 122, 168, 169, 171, 183, 191, 193, 207, 217, 218, 220-222, 224

　映画のミュノーナ ………………………………11, 209

メ

メドゥサ　Medusa ………………………………80, 168

メーリング、ヴァルター　Mehring, Walter ……………**92**, 94

メフィストーフェレス　Mephistopheles ……………57

モ

モシュコフスキー、アレクサンダー　Moszkowski, Alexander ……………200

モーゼ　Moses ……………………………………44

モナ・リザ　Mona Lisa …………………………116

ヨ

ヨシュア〔ヨーズア〕　Joshua〔Josua〕 ……………44

ヨブ　Hiob …………………44, 132, 134, 135, 196

ラ

ラヴァーター、ヨハン・カスパル　Lavater, Johann Kaspar ……………201

ラオコーン　Laokoon……………………………91

ラカン、ジャック　Lacan, Jacques ……………20, **52**

ラスカー–シューラー、エルゼ　Lasker-Schüler, Else ……………88, **93**, 107

ラーテナウ、ヴァルター　Rathenau, Walter ……………182, **200**

ラファエロ　Raffaello ……………………………152

ラブレー、フランソワ　Rabelais, François ……………30, 32, **35**, 169, 171

リ

リュースト、アンゼルム　Ruest, Anselm　→　ザムエル、エルンスト

リーリエンクローン、デートレフ・フォン　Liliencron, Detlev von ·····119

リンデマン、カール・ルイス・フェルディナント・フォン

　　Lindemann, Carl Louis Ferdinand von ·····13, **20**, 60

ル

ルクレティウス　Lucretius ·····24, **34**

ルブリンスキー、ザムエル　Lublinski, Samuel ·····47, **54**, 93, 162-164

ルント、アルトゥル　Rundt, Arthur ·····134, **135**

レ

レヴィ、エルンスト　Levy, Ernst ·····195, **202**

レオナルド・ダ・ヴィンチ　Leonardo da Vinci　→　ダ・ヴィンチ

レグルス　Regulus, Marcus Atilius ·····**81**, 82

レッシング、ゴットホルト・エフライム　Lessing, Gotthold Ephraim ·····54

レッシング、テオドール　Lessing, Theodor ·····47, **54**, 162-164

レナウ、ニコラウス　Lenau, Nikolaus ·····190, **201**

レマルク、エーリヒ・マリーア　Remarque, Erich Maria ·····210, 211

レムケ、フリッツ　Lemke, Fritz ·····49

ロ

ロース、アードルフ　Loos, Adolf ·····88, **93**

ローレル＆ハーディ　Laurel & Hardy ·····37, **51**

ワ

ワイルド、オスカー　Wilde, Oscar ·····108

索　引　237

作品登場人物名索引

ア

アプノサー〔実験形而上学者、ハイパーエジソン〕　Abnossah, Pschorr……………183, 200

イ

イゾマール〔やけを起こして自殺した老人〕　Isomar………………………………113, 114

ウ

ヴァルトヘル、ヴァルター〔倉庫管理人〕　Waldherr, Walter ……………………………74
ヴィッシェルン、リゼッテ〔歯磨き粉になった乙女〕　Wischeln, Lisette ……………62-64
ヴィルトフーン母さん〔居酒屋の女将〕　Wildhuhn …………………………………109-111
ヴィントミューレン、エルスベト・ツーア〔有名な芸術雛形の製作者〕
　Windmühlen, Elsbeth zur　………………………………………………………………100

エ

エーベルシュヴァイン〔党員〕　Eberschwein …………………………………………………97

オ

オームケ〔高位聖職者〕　Ohmke ………………………………………………………………75

カ

カタリーナ〔一度も涙を流したことがなかった60歳の孤児〕　Katarina …………115-119
カール〔泣きべそヨハンを助け起こす〕　Karl ………………………………………………198

ケ

K夫人〔「嘲笑家たちのベンチ」サロンの主催者〕　K., Frau ……………………………183
ゲッベルリング、アードルフ〔将軍〕　Göbbelring, Adolf ……………………………………124

シ

シュタフェン、ヨーク〔ボクシング世界チャンピオン〕　Staffen, York ………………83-86
シュッツロッヒェル、ナターナエル〔工学博士〕　Schützlocher, Nathanael, Dr. ing.……98
シュトゥルプナーゲル〔バックシュタット皇子の副官〕　Stulpnagel ……………………100

238

セ

ゼンメルマン〔枢密顧問〕 Semmelmann ……………………………………95

ツ

ツァイゼヴィーゼル父さん〔呑助〕 Zeisewiesel ……………………………109-111

ツァンダー、ヨーズア〔獄中で天使になったユダヤ人〕 Zander, Josua ………44, 123-133

タ

タケル〔ユーモアによる教育者〕 Tacker……………………………………198, 199

ト

ドゥッツェントシュタイン〔教授〕 Dutzendstein, Prof. …………………………42, 111

ドン・キホーテ〔セルバンデスの小説の主人公〕 Don Quijote ………………178, 179

ネ

ネルケ、ベルトホルト〔家庭破壊者〕 Nelke, Berthold …………………………76, 77

ハ

パウラ〔ザオトマート利用者ブルーノの妻〕 Paula…………………………………103

バックシュタット、ティティーノ・フォン〔皇子〕 Backstadt, Titino von …100, 103-105

パンサ、サンチョ〔ドン・キホーテの従者〕 Panza, Sancho ………………………178, 179

ヒ

ピプカフェル〔叙情詩人〕 Pipkaffer ………………………………………95, 96

フ

ブーゼ、フローラ〔ヴィッシェルン嬢の友達〕 Buse, Flora …………………………62

フェー〔億万長者のわがままな娘〕 Fee ……………………………………83-86

プッサール、レイムント〔哲学者〕 Pusserl, Raymund…………………………103, 104

ブルーノ〔ザオトマート利用者〕 Bruno ……………………………………102, 103

ブルラウホ〔少佐〕 Bullrauch, Major von………………………………………74

ヘ

ベシェーラー〔医師、禁欲主義者〕 Beschäler, Dr. ……………………………96

ペシュケ〔博士〕 Peschke, Dr. ……………………………………………183

ベルクフーン〔医師〕 Berhuhn, Dr. ……………………………………………74

ベンメル、マックス〔ヴィッシェル嬢に惚れた男〕 Bömmel, Max …………62-65

ホ

ポッペ〔愚直な独身男〕 Poppe ……………………………………………183

メ

メケルレ、ペーター〔いたずらな生徒〕 Meckerle, Peter ………………………75

モ

モスシュコフスカ、アレクサンドリーネ〔ソクラテスを嘲笑う滑稽なアブラムシ〕
　Moszkowska, Alexandorine ……………………………………………184

ヨ

ヨーク　→　シュタフェン
ヨーズア　→　ツァンダー
ヨハン〔泣きべそ〕 Johann ………………………………………198, 199

作 品 索 引

あ

『青いベールを通して──詩集』（*Durch blaue Schleier. Gedichte*, 1908, GS 16）…162, 164
『あざける者たちのベンチ──非小説』（*Die Bank der Spötter. Unroman*, 1920, GS 4）
　………………………………………………106, 170, 183, 184, 207, 220
「あなたはどうしてそのようなペンネームになったのですか？」
　（*Wie kamen Sie zu Ihrem Pseudonym?*, 1926, GS 8）……………………………43, 121
「アルコーレスケ」（*Alkoholeske*, 1929, GS 8）…………………………………42, 109, 224
「アンリ・ベルクソン『笑い』」（*Henri Bergson: „Das Lachen"*, 1914, GS 2）…47, 55, 156

い

「一度も流されなかった涙」（*Die nie geweinte Träne*, 1921, GS 7）………………42, 115

う

「ヴァルプルギスの夜」（*Freinacht*, 1924, GS 8）…………………………………37, 57
「ウィーナー・シュニッツェル」（*Wiener Schnitzel*, 1927, GS 8）…………………135
「ウェルテルの悩み」（*Werters Leiden*, 1914, GS 2）……………………………………30

え

『エーリヒ・マリーア・レマルクは本当に生存したか？』
　（*Hat Erich Maria Remarque wirklich gelebt?*, 1929, GS 11）………………186, 210

か

「〔神自身が豚に変装──ユーモア作家の手法について〕」（*[Gott selber im schweinernen Inkognito — Zur Methode des Humoristen]*, um 1923, GS 21）…………49, 169, 202

き

『帰還の袋小路、あるいはプチップチッと潰す蚤とのつきあい』
　（*Der Holzweg zurück oder Knackes Umgang mit Flöhen*, 1931, GS 11）…………210
『技術と空想』（*Technik und Phantasie*, 2014）
　……………………………20, 34, 52, 94, 107, 136, 146, 200, 201, 203
「来るべきもの」（ヴァルター・ラーテナウ『来るべきもの』書評）（*Von kommenden Dingen [RezensionzuWalther Rathenau: Von kommenden Dingen]*, 1917, GS 2）……182
「機知に富んだ小さな菓子屋製フォンダン」

（*Fondants aus der kleinen spiritualen Konfiserie*, 1910, GS 7）……38, 69, 221, 222, 224

『教育的小説』（*Pädagogischer Roman*, 1942?, GS 23）………………………199, 218

「極致」（*Nonplusultra*, 1926, GS 8）…………………………………………………38

「90 のソネット」（*90 Sonette*, 1943/44, GS 16）…………………………………205

く

「寓話のような話」（*Fabelhaftes*, 1911, GS 7）……………………………………39, 73

『黒・白・赤――グロテスク作品』（*Schwarz-Weiß-Rot. Grotesken*, 1916, GS 7）………72

「グロテスク」（*Grotesk*, 1919, GS 7）……………………………………48, 166, 168

『グロテスク作品集 I』（GS 7）………………20, 65, 71, 72, 77, 112, 114, 119, 168

『グロテスク作品集 II』（GS 8）………………51, 58, 81, 94, 112, 122, 135, 210

け

『芸術家のためのカント――美学の根本要素に関する授業のための問答形式の教科書』（*Kant für Künstler. Fragelehrbuch zum Unterricht in den Elementen der Ästhetik*, 1935, GS 23）
………………………………………………………………………………45, 138, 148

『ゲオルゲ・グロース』（*George Grosz*, 1922, GS 13）…………………………………152

こ

『子供たちのためのカント』（*Kant für die Kinder*, 1924, GS 15）…………92, 94, 121

さ

「ザオトマート」（*Sautomat*, 1931, GS 4）…………………………………………41, 95

『暫定政権と決定権』（*Interregnum und Entscheidung*, 1940, GS 22）…………140, 142

し

『自我－太陽中心I』（*ICH-Heliozentrum I*, 1941, GS 22）…………………………154, 196

『自我－太陽中心III』（*ICH-Heliozentrum III*, 1940, GS 22）………………………………140

「思想家としてのジャン・パウル」（*Jean Paul als Denker*, 1907, GS 2）………………149

「思想－ラプソディー」（*Gedanken-Rhapsodie*, 1930, GS 21）…………………………139

『主観的コペルニクス－カント的太陽としての人間』
（*Der Mensch als subjektive kopernikantische Sonne*, 1942）…………………………197

「シュナーダヒュプフェルの中のカント」（*Kant in Schnadahüpfeln*, 1923, GS 8）………93

『心理学――心に関する学』（*Psychologie. Die Lehre von der Seele*, 1907, GS 5）…180, 181

せ

「世界観としてのユーモア」(*Der Humor als Weltanschauung*, 1935, GS 21)…49, 144, 173

「世俗神学のために」(*Zur weltlichen Theologie*, 1913, GS 2) ……………………181

そ

『創造者』(*Der Schöpfer*, 1920, GS 14)……………………………………207

『創造的無差別』(*Schöpferische Indifferenz*, 1918, GS 10) ………………………53, 182

た

「体系的人生について」(*Vom systematischen Menschenleben*, 1940/41, GS 22) …………139

ち

「小さなリンゴ、コロコロどこへ?」(*Wohin rollst du, Äpfelchen?*, 1928, GS 8)
……………………………………………………………………………40, 41, 78

「違うエンドウ豆の上に寝たお姫様」(*Die Prinzessin auf der anderen Erbse*, 1928, GS 8)
………………………………………………………………………………41, 83

て

「哲学的ソネット」(*Philosophische Sonette*, 1943, GS 16) ………………………205

『手に負えない新婚の床と他のグロテスク作品』
　(*Das widerspenstige Brautbett und andere Grotesken*, 1921, GS 7) ………………207

と

「とんでもない気晴らし」(*Der gewaltige Zeitvertreib*, 1911, GS 7)…………38, 39, 67, 221

な

「なぜ私はいつもこんな悲しい気もちなのか?」
　(*Warum ich immer so traurig bin?*, 1921, GS 7) ………………………………20

は

『灰色魔術』(*Graue Magie*, 1922, GS 14) ……………………………43, 119, 120, 201

「ばつが悪くなった神様」(*Der liebe Gott in Verlegenheit*, 1911, GS 7) ………………112

「歯磨き粉になった乙女」(*Die Jungfrau als Zahnpulver*, 1918, GS 7) ……………37, 62

「反-飲酒癖」(*Anti-Alkoholismus*, 1929, GS 8) …………………………………112

「反キリスト者とエルンスト・ブロッホ」(*Der Antichrist und Ernst Bloch*, 1920, GS 3)

....184, 217

ふ

「フリードリヒ・ニーチェ──彼の説を理解するための秘訣」
（*Friedlich Nietzsche. Ein Wink zum Verständnis seiner Lehre*, 1904, GS 2）............154
『フリードリヒ・ニーチェ──知的な生涯の記録』
（*Friedrich Nietzsche. Eine intellektuale Biographie*, 1911, GS 9）........................153
「フリートレンダー／ミュノーナの自画像」
（*Friedlaender/Mynonas Selbstporträt*, 1923, GS 14）...43

ま

『魔術的自我の体系に関するいくつかのコメント』
（*Vereinzelte Bemerkungen zum System des magischen Ich*, 1936-1938, GS 20）.........194
『魔術のカテキズム』（*Katechismus der Magie*, 1925, GS 15）...................................186
「マックス・ピカール『最後の人間』書評」
（*Max Picard: „Der letzte Mensch“, Rezension*, 1921, GS 3）..........................184, 218

み

「ミュノーナの発酵」（*Fermenta Mynonae*, ca. 1930, GS 16）...........................186, 222
「ミュノーナはポルノ作家か？──S. フリートレンダー博士の修辞疑問」
（*Ist Mynona Pornograph? Rhetorische Frage von Dr. S. Friedlaender*, 1922, GS 3）...185

や

「やけを起こした老人とその最後」（*Der Verzweifelte und sein Ende*, 1910, GS 7）...42, 113

ゆ

『ユーリウス・ローベルト・マイヤー』（*Julius Robert Mayer*, 1905, GS 12）.............180

り

「理性的人間」（*Vernunftmensch*, 1942, GS 22）...138, 197, 198
『理性と平和』（*Vernunft und Frieden*, 2012）......20, 52, 54, 55, 60, 82, 88, 93, 94, 106,
　　114, 136, 145, 146, 149, 164, 171, 179, 201, 203, 210, 212
『理念魔術』（*Ideenmagie*, 1945）...200

ろ

『ローザ、美人の警官夫人』（*Rosa die schöne Schutzmannsfrau*, 1913, GS 7）.........71, 77

索　引　245

『論理学』（*Logik*, 1907, GS 5）……………………………………………………71
「論理学のカーニバル──或る火星人の講演」
　　（*Fasching der Logik. Vortrag eines Marsbewohners*, 1912, GS 7）………………53

わ

『わたしのパパとオルレアンの少女、そして他のグロテスケ作品集』
　　（*Mein Papa und die Jungfrau von Orléans nebst anderen Grotesken*, 1921, GS 7）…208
「私の百歳の誕生日と他の顰め面」
　　（*Mein hundertster Geburtstag und andere Grimassen*, 1928, GS 8）………………209
「笑いものにされた叙情詩」（*Ausgelachte Lyrik*, 1910, GS 2）…………………47, 162
『笑っているヨブ』（*Der lachende Hiob*, 1935, GS 13）………………………43, 123, 135

事 項 索 引

あ

愛 ……………………50, 197, 204
　機械仕掛けの愛 ………………104
　機械的愛欲 ……………………101
　現実的愛欲 ……………………101
　人工的な愛 ………………103, 105
　性愛　→　性
『デル・アインツィゲ』誌 ………………168
アウトマート　→　自動装置
アカデミー ……………………104, 111
悪 ……………139, 143, 157, 180, 192, 196
　悪意 ……………………………163
　悪人 ……………………123, 196
　悪魔 …………124, 144, 187, 193
　悪夢　→　夢
『ディ・アクツィオーン』誌………68, 71
嘲笑う　→　嘲笑
遊び ……………………………138, 170
　生命力の遊び ……………………138
アタラクシア　→　平静
アノニューム（anonym） ……………121
アルコール ……………………………110
アルルカン（Harlekin） ……………208
アンドロギュノス ……………………107

い

怒り ……………………………………31
イグノーベル賞　→　ノーベル賞
威厳 …………………………………182
居酒屋 ……………………………75, 109
意志 ……………………167, 191, 192
　意志する ………………………190
　自由意志 ………………116, 152

医師・医者 …101, 125, 126, 128-131, 184
　名医 …………………………………189
偉大さ …………………………………171
犬 …………………………62, 89, 90, 130
　犬の死体…………………………………62
Inkognito…………………………………121
イロニー　→　皮肉

う

ヴァイン〔ワイン〕…………………………109
ウィット …19, 28, 74, 91, 139, 141, 142,
　149, 181, 187, 205, 208
　ウィットとしての生　→　生
　神のウィット …………………69, 141
　コペルニクス的ウィット …………198
　自律的ウィット ……………………198
ウィーン …………………79, 88, 89, 106
宇宙 …………………………………………129
うわべ　→　見かけ
運命 ……………………………………38, 65

え

英雄 ………………………92, 115, 197
　悲劇の英雄…………………135, 159, 189
エヴォエ（Evoë） ……………………111
エクスタシー ………………………104, 105
エーテル ………………………………130
笑み（Lächeln）……………………………16
　ソクラテス的笑み ………………183
エラン・アクヴィタル ………………111
エラン・ヴィタル ………………112, 160
円積問題（Quadratur des Zirkers）…13, 60

お

王 ……………………………………73, 189
　王位・王座 ………………176, 187, 192
横隔膜 ……………………………………45
可笑しさ（das Lächerliche）
　…26, 114, 138-140, 142, 160, 186, 187
　可笑しさの理論　→　理論
おどけ ………………………………139, 169
オナニー　→　自慰
汚物 …………………170, 185, 194, 195
　汚物のイデア ……………………………194
愚かさ ……………………………………29
　愚か者〔愚者〕………150, 156, 182, 198
　超利口な愚かさ …………………………187
音楽 …………………………………91, 196

か

快 …………………………………………161
　快・不快 …………………………………190
　快の期待　→　期待
　真面目な快　→　真面目
害悪 ………………………………………192
外縁（peripherisch）………………190, 192
　外縁化する（peripherisieren）………197
　外縁的不完全性 …………………………191
快活（hilaritas）…………………181, 182
解消（Lösung）………………140, 151
　無への解消　→　無
解放 …………43, 151, 186, 188, 192
外面化 ……………………………………158
カオス ………………………134, 173, 174
化学者 ……………………………………110
　化学的 ……………………………110, 176
　超化学的 …………………………………185
鏡 ……………………………104, 186, 187

鏡ベッド …………………………………104
鏡文字 ……………………………………188
可変鏡 ……………………………………104
鏡像問題 …………………………………104
革命 ………………………………………57
仮象 …………107, 141, 142, 191, 193-195
　仮象人生　→　人生
風 ……………………………………90, 91
型 …………………………………………160
価値 …………………………160, 161, 177
　価値基準　→　基準
　絶対的価値 …………………………176, 177
　絶対的価値基準　→　基準
活気（Lebendigkeit）……………………147
貨幣経済 …………………………………169
可変鏡　→　鏡
神……38, 75, 144, 168-170, 182, 194, 195
　オリンポスの神々　…153, 197, 199, 200
　神々 …………………………23, 31, 164
　神のウィット　→　ウィット
雷 ……………………………………67, 78
　落雷 ………………………………………75
仮面 …………57, 161, 168, 170, 187, 209
　仮面舞踏会 ………………………………187
翡翠〔カワセミ〕（Eisvogel）…33, 36, 161
感覚 …………………………184, 192, 193
　幻想的感覚〔勘〕
　　（phantasmatisches Gefühl）………190
眼球　→　目・眼
感傷・感傷的………………………………76
感情 ………………………………………118
　調和の感情　→　調和
　人間的感情　→　人間
感性 ………………………………………160
完全 …………………………70, 150, 192
　完全性 …………140, 141, 191, 199, 200

完全性への原状回復
　　（restitutio in integrum）
　　……………………138, 140, 141
完全人間　→　人間
生の完全性　→　生
超自然的な完全性 ………………199
内面的完全性 ……………………190
観念論 ………………………………197

き

機械 ………………41, 102, 131
機械化 ………………………158, 209
機械仕掛けの愛　→　愛
機械装置 ……………………………208
機械的愛欲　→　愛
機械的技術　→　技術
機械的性生活　→　性
独身者機械…………………………41
欲望する機械………………………41
機会因 ………………………………153
器官 …………………………………138
喜劇…27, 29, 158-160, 180, 186, 190, 195
喜劇俳優　→　俳優
技術 …………………………………164
機械的技術 ………………………129
生体技術 …………………………129
戦争技術 …………………………133
基準 …………………………………166
価値基準 …………………………174
基準的模範　→　模範
絶対的価値基準 ………………49, 173
毀傷の喜び　→　喜び
キス ……………………76, 83, 95
キス處 ……………………………96
期待 …………………………………138
快の期待 …………………………188

緊張した期待 …………………………147
幸福の期待 …………………………188
張り詰めた期待
　　…………138, 139, 141, 150, 156
喜びの期待 …………………………188
帰謬法的証明 ………………………143
希望 …………………………………188
気もち ……………………………57, 138
明るい気もち…………………………24
気もちの変化（Abwechselung）…33, 105
着物（Kimono） ……………………85
逆説……53, 69, 167, 187, 194, 201
逆転 ……………38, 41, 42, 121
客観 …………………………………91
客観化 ……………………………152, 158
キャント（Cant） ……………154, 155
球 ……………………………………60, 71
教育 …………………………………133, 199
教育の手品 ………………………199
芸術教育 …………………………147
教訓 …………………………………74
鏡像問題　→　鏡
恐怖 …………………………………41, 160
極性 ………………15, 39, 71, 140
極性化 ……………………………196
極性哲学……………………………22
極性の優位 ……………………186, 187
極性理論〔極性論〕
　　…………42, 48, 49, 179, 200
極性論者 …………………………140
ロマンチックな極性 ………………190
極端（Extrem）
　　……142, 154, 159, 173, 182, 197, 210
両極端…………………22, 41, 197
虚無 …………………………………82
ギリシア神話…………22, 36, 86, 107, 202

古代ギリシア …………24, 48, 145, 171
キリスト教 …………………26, 35, 38
銀婚式 …………………………91
近世………………………173, 178
緊張 ……51, 138, 150, 151, 200, 205
禁欲 …………………………143
　禁欲主義者………………………96

く

空間 ……………………72, 190
擽る …65, 114, 140, 180, 181, 183, 188,
196-198
　擽ったい …………………140
口づけ　→　キス
苦痛……50, 74, 117, 134, 151, 186, 188,
189, 196, 204
苦悩 …………………………153
グロテスク …………24, 48, 134, 166
　グロテスク作品
　…………169, 186, 187, 190, 208
　グロテスク作家 ………………167
軍人 ………………………92, 107

け

経験………………………193, 197
形式………………………142, 194
　外的な形式………………………33
　内的な形式………………………33
形而上学 ………………………174
芸術……103, 152, 153, 156, 169, 184, 200
　芸術家的直観　→　直観
　芸術教育　→　教育
　芸術を民衆に！………………100
　造形芸術家 ………………144
形成力（Macht der Formung）………142
結婚 …………………………91, 102

結婚生活………………………84
決然性（das Herzhafte）…………47, 158
ゲールケン資料 ………51, 92, 94, 106
原型 …………………………48, 166
健康 ………………134, 147, 192
　完全な健康………………190, 198
　超健康………………………127
現実………………………107, 139
　現実主義………………………184
賢者 …………………………63, 198
厳粛〔厳粛さ〕…………157, 158, 175, 182
現象 ……………………47, 104, 158
謙遜（Demut）………………70, 187
権利 …………………………91
権力 ………………………128, 132

こ

高貴 ……………16, 162, 171, 183
哄笑（Gelächter）…………23, 45, 192
　黄金の哄笑………………………30
合成語 …………59, 60, 106, 112, 136
幸福 ………………102, 124, 202
　幸福の期待　→　期待
　調和的幸福　→　調和
　無上の幸福（Seligkeit）
　…………………157, 181, 186, 197
心 …………50, 167, 181, 189, 198, 204
　心の平静　→　平静
　心の目 ………………………78
コスモス ………………………134
個性 …………………………157
滑稽・滑稽さ（Komik）
　…26, 129, 140, 156, 176, 183, 194, 208
孤独欲………………………39, 75
言葉遊び ………37, 50, 58-60, 149
子供 ………………26, 97, 196, 198

索 引　251

ゴム ……………………………………104, 107
語呂合わせ
　………58-60, 65, 77, 81, 86, 165, 201
婚姻 ………………………………………97, 100
コントラスト …………166, 171, 173, 201
　倫理的コントラスト ………………140

さ

差異（Differenz）………………………192
　心理学的差異 …………………………190
才気煥発な（geistreich）……140, 156, 195
　才気煥発な笑い　→　笑い
再生（Regeneration）…………………128
　再生力（Regenerationskräfte）……129
災難 ………………………………………139
ザオトマート　→　自動装置
酒 ……………………………………76, 109, 112
サド的 …………………………………………101
猿 ……………………………………29, 160, 202

し

死 …42, 43, 53, 57, 71, 74, 81, 114, 118,
　123, 127, 129, 139, 141, 142, 150, 182,
　184, 187, 188, 196, 198, 205
　犬の死体　→　犬
　死体……64, 74, 100, 115, 123, 130, 189
　死の天使　→　天使
　不死……43, 81, 128, 129, 144, 157, 174
自慰 ……………………………………………25, 97
自我 ……15, 49, 129, 138, 140-142, 190,
　192, 194-196, 200
　自我－太陽中心（ICH-Heliozentrum）
　……14, 45, 60, 140, 142, 196-199, 202
　自我－太陽中心の優位 ………14, 142
　自我を中立化 ………………………140
　自由で理性的な自我 …………………41

真の自我 ……………………………………174
総合的自我 ………………………………194
無差別－**自我**（Indifferenz ICH）……141
顰め面 ………………48, 114, 154, 196
　真面目な顰め面 ………………………197
色彩論 …………………………………………179
試金石 …………………………………………168
死刑執行人 ……………78, 124, 128, 130
試験 ……………………………………………177
　荷重試験 ……………………………139, 177
　燃焼試験 ………………………………177
自己 ……………………………………………126
　自己暗示……………………………………42
　自己回復 ………………………………140
地獄 ………………………117, 144, 204
自殺 ………………………………43, 127, 128
自然 ………103, 105, 133, 153, 185, 199
　自然科学 ………………………………174
　自然科学者 ……………………………174
　自然研究者 ……………………………140
　自然さ …………………………………147
　自然性 ……………………………………97
　自然的人間　→　人間
　自然な笑い　→　笑い
　自然法則　→　法則
　超自然的な完全性　→　完全
実験 …………………………………………192
自動装置 ……………99, 106, 131, 208
　自動雌豚装置〔ザオトマート〕…99, 106
　総統－自動装置 ………………………132
　特別－自動装置 ………………………131
至福（Seligkeit）…………………190, 205
染み（Klex〔Klecks〕）
　………………46, 151, 160-162, 178
　点の染み（Punkt-Klex）………………160
自由 ………90, 131, 132, 144, 154, 174

自由意志 → 意志
道徳的自由 ………………………175
特権的自由（Narrenfreiheit）………143
笑いながら自由（lachend-frei）………159
『自由・週刊民主主義』誌 ………………114
獣姦的 ……………………………101
宗教 ………………111, 182, 200
柔術（Jiujitsu）…………………………43
精神的柔術 ………………121, 170
獣性 → 野獣
羞恥心 …………………………………69
柔軟性 ……………………142, 157, 177
手段 ………………………………71, 208
受動的 ……………………………………147
『デル・シュトルム』誌
………47, 65, 71, 77, 88, 93, 94, 164,
シュナップス〔火酒〕…………109-112
シュメール…………………………………44
純粋性…………………………152, 185
消化…………………………………138, 182
常識 ……………………………………207
超健全な常識
（übergesunder Menschenverstand）
……………………………………162
病的で「健全な」常識 …………………162
招集令状 ………………………………92
冗談（Scherz, Späße）…………138, 183
卑猥な冗談（Zoterei）………………183
良い冗談（guter Spaß）………………193
悪い冗談（böser Spaß）………………193
情動（Affekt）…………………138, 148
少年愛的 ……………………………………101
勝利…103, 129, 135, 138, 142, 153, 160,
164, 175, 180, 204
処方箋 ………………………………15, 192
序列 ……………………………………48, 163

自律 ………………114, 131, 135, 150
自律的ウィット → ウィット
自律的笑い → 笑い
深淵〔深さ〕（Abgrund）……49, 154, 187
からかう深淵（neckende Untiefe）…151
底なしの深さ（Abgründigkeit）……182
神化（Vergöttlichung）………………153
人格 ………………………………………91
信仰の秘儀………………………………75
神性………………………………148, 182
人生 ……18, 113, 116, 134, 142, 143, 187
仮象人生 ……………………………198
人生目的 ……………………………143
真相 ………………………………49, 209
笑いの真相 …………………………151
身体………………………………138, 188
身体体操 ……………………………170
身体的な眼………………………………78
神秘 ………………163, 166, 175, 177
絶対的神秘 …………………175, 177
真理 …………127, 180, 192, 193, 205
デュオニュソス的真理 …………………153
心理学………………………………126, 198
心理学的差異 → 差異
心理学を超えている純粋な精神
→ 精神
人類 ……………………………………90

す

数学…………………………………151, 166
数学者 ……………………………15, 69
崇高・崇高さ……46, 139, 140, 142, 151,
176, 183, 186, 188, 192, 194, 196
誇張された崇高 …………………………150
崇高性 ……………………………178, 198
崇高な魂 → 魂

倒錯した崇高 ················147, 156, 170

スフィンクス ·······················156

スプリング ························188

せ

生 ······111, 118, 139, 153, 156, 160, 175,
182, 199, 200, 205

ウィットとしての生 ···············141

開化する生（Kulturleben）···········199

完全な生 ·························150

死んだような生 ····················157

生－死（Werden-Sterben）···········200

生の陰部 ·························194

生の完全性（integer vitae）·········147

生の柔軟さ（Schmelz des Lebens）·189

生のバランス ·····················147

生の真面目さ ·····················208

他律的な生 ·······················198

不生－不死（ungebürtig-unsterblich）

·····························200

本当の生 ···················57, 167

性

機械的性生活（maschinelle Sexualität）

·····························98

性愛 ·····························104

性行為 ···························97

性交渉 ···························100

性的倦怠感 ·······················102

性的満足 ·························97

性欲 ··········41, 95, 96, 100, 103, 107

聖域 ·····························168

生気 ·····························157

正義 ······················48, 164

正義の剣 ·························195

整形外科的 ·······················171

聖書 ························39, 58

旧約聖書 ··················44, 135, 171

新訳聖書 ·························82

聖職者 ························73, 75

精神 ···········43, 79, 126, 129, 132, 133

懐疑的「自由精神」················154

心理学を超えている純粋な精神 ·····126

精神的柔術　→　柔術

精神的必然性 ·····················170

精神の力　→　力

精神の法則　→　法則

精神病院 ····················65, 132

精神分析学者 ·····················198

精神分析批判·······················41

笑う精神 ·························143

生体技術　→　技術

生物学的 ····················156, 199

生理学者 ························42, 97

生理学的 ················30, 39, 42

清朗（serenitas）···················181

世界 ·······················151, 181

世界史 ···························139

世界戦争　→　戦争

世界平和　→　平和

世界法則　→　法則

ゼロ ·····························45

全（Alles）···························39

善 ···············170, 180, 185, 192

善意 ·····························163

善人 ·····························123

禅宗 ·····························53

戦争 ···················92, 111, 173

世界戦争 ·························200

先祖返り ··················96, 167

センチメンタル　→　感傷

ゼンマイ ····················113, 150

そ

造語 …………52, 59, 81, 106, 152, 210
相互性 ………………………97, 195
想像 …………………138, 181, 193
創造 ………………………………163
　創造者 ………………43, 170, 182
　創造的原理 ………………………182
　創造的無差別　→　無差別
　創造的閃き …………………………160
相対主義………………39, 49, 173
　蓋然的‐懐疑的相対主義 …………178
総統 ………………………………131
俗物性 …………………………167
素材 …………………………142, 194
尊厳 ………………………………175
存在 ………………………………175

た

退屈 …………………41, 57, 59, 67
第三のもの …………………175, 176
太陽 …50, 147, 177, 189, 192, 197, 204
　太陽中心　→　中心
対立 ………………………………174
　対立関係 …………………163, 173
ダダイズム …………52, 60, 93, 94, 170
楽しさ（Spaß）……………58, 105, 204
魂…………………57, 73, 75, 123
　健全な魂 ………………………189
　崇高な魂 ………………………199
　魂の害虫駆除 ……………………168
他律 ………114, 139, 150, 196-198, 200

ち

力………………………………127, 185
　精神の力 …………………126, 129

地球 ………………69, 80, 118, 173
知性…………………………160, 180
秩序 ………………………………173
　調和的秩序　→　調和
中間化 ……………………………176
注射器 ……………………………183
中心 ……82, 142, 173, 188, 192, 196
　自我‐太陽中心　→　**自我**
　人格的中心 ………………………195
　太陽中心 …………………139, 196-198
　地球中心 …………………139, 197
　中心点 ……………………………82
超越論化 …………………………198
　超越論的 …………………197, 198
調教 ………………………………118
　調教師 ……………………………159
嘲笑・嘲笑する・嘲笑う ……30, 33, 123,
　139, 154, 157-164, 184, 188, 191, 192,
　195, 196, 198, 199
調和 …………147, 173, 195, 196, 200
　調和の感情 ………………………149
　調和的幸福 ………………………147
　調和的秩序 ………………………173
　調和的に共鳴 ……………………163
直観 …………………………150, 157
　芸術家的直観 ……………………160
　直観的 ……………………………156
直径 …………140, 164, 192, 197
沈黙 …………………………………70

つ

対・一対 …………………………175
ツェントナー ………………………70, 91

て

定義…27, 28, 45, 46, 138, 139, 141, 150,

180

定言的命令 ……14, 59, 142, 143, 175, 198

哲学者 ……………………31, 140, 194, 197

テラコッタ（Terrakotta）…………………24, 25

点・1点 …13, 22, 39, 46, 151, 160-162, 178, 183

天 ……………………………………………76

　天国 ………………………………117, 204

天才 ……………………………138, 147, 197

天使……………………………130-132, 169, 187

　死の天使 ………………………………117

と

ドゥー（du）……………………………83, 86

当為 ………………………………………175

　道徳的当為 ……………………………175

統一 ……………………………173, 174, 176

　統一性 …………………………………177

同一性 …………………………139, 158, 187

洞窟（グロッテ）………………………………48

道化 …………………………161, 195, 209

　道化師…………………………32, 57, 167

道徳 ……………70, 142, 143, 190, 195

　道徳性…………………………151, 175, 179

　道徳的自由　→　自由

　道徳的当為　→　当為

　道徳法則　→　法則

動物………………………75, 130, 154, 184

　動物的人間　→　人間

　人間の動物　→　人間

動揺 ……………………………………140, 142

髑髏 ……………………………………………123

時計 ……………………………………………150

　懐中時計……………………………………89

　カッコウ時計 ……………………113, 114

ドリアン・グレイ・モチーフ …………105

奴隷 ……………………………84, 131, 154, 198

な

内面 …50, 124, 126, 131, 141, 157, 186, 191, 199

　超内面 …………………………………192

　内面化 …………………………………158

　内面的完全性　→　完全

泣く …115, 118, 140, 167, 181, 190, 196, 197

ナチ ……………………………50, 122, 135

涙……………………64, 116-118, 148, 183, 189

ナンセンス…………………142, 192, 209

　理性的ナンセンス ……………………187

に

肉体…………………………123, 125-129, 132

　健全な肉体 ……………………………189

日本 ………………………………16, 19, 253

　日本人 …………………………14, 16, 253

二律背反 …………………………………186

人間

　…82, 130, 133, 153, 169, 187, 194, 195

　完全人間 ………………………………197

　自然的人間 ……………………………176

　動物的人間（Tiermensch）…………133

　人間性 …………………………134, 148

　人間的－あまりに人間的 …157, 163

　人間的感情 ……………………………167

　人間的動物（Menschentier）……133, 143

　美的人間 ………………………………169

　ヘビ人間 ………………………………170

　真面目人間 ……………………………170

　理性的人間…………………133, 135, 176

　倫理的人間 ……………………………169

256

ぬ

ヌーメノン …………………………140

の

『デル・ノイエ・ヴェーク』誌 …………47

能動的 ……………………………147

ノーベル賞 ………………………110

　　イグノーベル賞………………………16

は

歯 ……………………………………62

バーレスク（Burleske）……………169

灰 ……………………38, 63, 64, 66

売春 …………………………………95

俳優 ………………………………133

　　悲劇俳優　→　悲劇

蠅 …………………67, 70, 113, 127

馬鹿者の皇帝 ……………………154

爆撃 ………………………………141

　　ユーモアの爆撃　→　ユーモア

パラダイス…………………48, 49, 190

バランス…………………149, 185, 196

　　生のバランス　→　生

　　内的バランス …………………14, 142

パリ …………………………………79

パロディー…………………………151, 152

反射運動 …………………………74

反射光学 …………………………104

判断力 …………………147, 149, 193

　　有機的な判断力 ………………160

ひ

美 ……………151, 171, 181, 185, 192

　　アポロ的な美 …………………153

　　美化（Verklärung）…153, 169, 170, 183

美学 ………………………………153

美的空想力 ………………………147

美的人間　→　人間

美的理想　→　理想

光 …………………………………50, 171

悲観主義…………………54, 93, 144

　　悲観主義者 ……………………154

悲喜劇（Tragikomik）………176, 178, 190

　　悲喜劇性 ………………………175

悲劇 …133, 139, 142, 158, 159, 178, 180,

186, 188, 190, 205

　　真の悲劇 ………………………176

　　悲劇詩人……………133, 136, 159

　　悲劇の英雄　→　英雄

　　悲劇俳優 ………………………102

　　笑う悲劇作家 …………………177

皮肉 ……54, 65, 149, 161, 193, 201-203

ヒバリ ……………………………189

批判 …………………147, 174, 198

　　批判的……………154, 197, 199

皮膚 ………………………………129

ヒロイズム　→　英雄

病気……………………………192, 198

表現主義 …………………………93, 94

　　表現主義者 ……………………100

標準〔ノーマル〕…………………48

日和見性 …………………………143

ふ

ファルス（Farße）………………169

ファロス（Phallos）………………25

不一致 …………………150, 152, 156

風刺画（Karikatur）………147, 151, 167

　　風刺画家 ………………………152

夫婦関係………………………102, 208

深さ　→　深淵

索　引　257

不死　→　死

不生－不死　→　生

不遜（Hochmut）‥‥‥‥‥‥‥‥70, 187

復活（Auferstehung）‥‥‥‥‥‥57, 129

物品淫欲症的‥‥‥‥‥‥‥‥‥‥‥102

豚‥‥‥‥‥‥‥‥‥‥‥‥‥‥107, 169

　雌豚‥‥‥‥‥‥‥‥‥‥‥‥‥‥106

物理学者‥‥‥‥‥‥‥‥‥‥‥‥‥174

プラス〔＋〕‥‥‥‥‥‥‥‥175, 191

プリアポス（Priapos）‥‥‥‥‥‥‥98

プロイセン‥‥‥‥‥‥‥‥‥‥69, 107

文明‥‥‥‥‥‥‥‥‥‥‥‥‥‥‥186

　　　へ

平静・平静さ‥‥‥‥‥‥‥‥‥181, 199

　心の平静‥‥‥‥‥‥‥‥‥‥33, 199

平和‥‥‥‥‥‥‥‥‥‥‥‥‥‥‥173

　平和の爆弾‥‥‥‥‥‥‥‥‥‥‥141

　世界平和‥‥‥‥‥‥‥‥‥‥‥‥141

ペシミスト‥‥‥‥‥‥‥‥‥‥‥‥194

ベルリン‥‥‥‥‥‥‥‥‥‥‥‥‥93

　ベルリンなまり‥‥‥‥‥‥‥68, 107

『ベルリン株式新聞』‥51, 52, 86, 161, 210

変装‥‥‥‥‥‥‥‥‥‥‥‥‥169, 170

変容（Transfiguration）‥‥‥‥‥‥44

　　　ほ

星‥‥‥‥‥‥‥‥‥‥‥‥39, 75, 117

　病弱な星‥‥‥‥‥‥‥‥‥‥‥‥118

法則‥‥‥‥‥‥‥‥‥‥‥‥‥‥‥178

　自然法則‥‥‥‥‥‥‥‥129, 132, 174

　精神の法則‥‥‥‥‥‥‥‥‥‥‥129

　世界法則‥‥‥‥‥‥‥‥‥‥‥‥71

　中道の法則‥‥‥‥‥‥‥‥‥‥‥49

　道徳法則‥‥‥‥‥‥‥‥‥‥‥‥179

　理性法則‥‥‥‥‥‥‥‥49, 129, 132, 174

黒子‥‥‥‥‥‥‥‥‥‥‥57, 59, 63, 100

ポルノ‥‥‥‥‥‥‥‥‥‥‥‥26, 185

本質‥‥‥‥‥‥‥‥‥‥‥‥‥142, 158

　真面目さの本質‥‥‥‥‥‥‥‥‥163

　笑いの本質‥‥‥‥‥‥‥50, 156, 160

本能‥‥‥‥‥‥‥‥‥‥‥‥‥‥‥166

　　　ま

マールバハ・ドイツ文学資料館‥‥‥‥178

マイナス〔－〕‥‥‥‥‥‥‥‥‥‥175

真面目・真面目さ（Ernst）‥‥22, 114, 139, 148, 150, 158-160, 163, 180, 182, 183, 186, 191, 208, 209

　誇張された真面目さ‥‥‥‥‥‥150, 171

　生の真面目さ　→　生

　哲学的真面目さ‥‥‥‥‥‥‥‥‥194

　真面目さの本質　→　本質

　真面目な快‥‥‥‥‥‥‥‥‥‥‥187

　真面目な顰め面　→　顰め面

　真面目な野獣ども　→　野獣

魔術（Magie）‥‥‥‥‥‥‥‥144, 200

　黒魔術‥‥‥‥‥‥‥‥‥‥‥‥‥200

　魔術師‥‥‥‥‥‥‥‥‥‥‥‥‥126

マゾ的‥‥‥‥‥‥‥‥‥‥‥‥‥‥101

魔法‥‥‥‥‥‥‥‥‥‥‥‥‥26, 147

　　　み

見かけ‥49, 139, 141, 143, 147, 151, 160-162, 168, 170, 173, 176, 177, 200, 204

　　　む

無‥‥‥‥45, 138, 141, 150, 160, 169, 205

　純粋な無‥‥‥‥‥‥‥‥‥‥‥‥39

　無への解消‥‥‥‥‥45, 51, 138-141, 150, 156, 205

無意識‥‥‥‥‥‥‥‥‥‥‥‥41, 147

無限 …………………………69, 153
無言の裁判…………………………91
無差別（Indifferenz）…………39, 140, 182
　創造的無差別
　　（Schöpferische Indifferenz）
　　　………………………14, 39, 45, 171
　無差別の自我　→　自我
矛盾……………………………174, 188
　うわべ上の矛盾 ……………150, 187
無情さ ………………………………74

め

目・眼 ………………………………189
　眼球……………………………80, 83
　心の目　→　心
　身体的な眼　→　身体
酩酊 …………………………………111
　創造的酩酊…………………………42
明朗さ・明朗であること（Heiterkeit）
　………22, 74, 136, 139, 150, 151, 156,
　159, 160, 170, 180-184, 186, 188, 191,
　210
メシア ………………………………57
メランコリー…………………180, 190, 193
メルヘン ………………………43, 192

も

目的 …………………………………208
　究極目的 …………………………209
　最終目的 …………………………175
　人生目的　→　人生
モグラ ………………………………79
模型 …………………………………98
振り…………59, 82, 108, 112, 136, 200
模範 ……………………………102, 103, 166
　基準的模範 ………………………166

モラリスト ……………………138, 185

や

野獣………………………………114, 196
　獣性 ………………………90, 130, 187
　真面目な野獣ども ………………150
野蛮 …………………………………144
　野蛮人 ……………………………123
揶揄 ………………………………27, 37, 210

ゆ

友愛 …………………………………57
　友愛協会 ………………………57, 59
優位 ……………………………132, 143, 201
　極性の優位　→　極性
　自我-太陽中心の優位　→　自我
勇気（Mut）………………………158, 159
有機的組織 …………………………129
『ユーゲント』誌…………………………112
融合 …………………………………190
ユーモア ……19, 91, 114, 140, 142, 143,
　148-150, 169, 173, 178, 181-183, 186-
　190, 192, 196, 197, 207
　完璧なユーモア作家 ………………170
　古典的ユーモア …………………190
　真のユーモア ……………………176
　悲劇のユーモア …………………154
　病理学的ユーモア …………………198
　ユーモアの爆撃 …………………183
　ロマンチックなユーモア …………190
ユダヤ人協会…………………………59
夢…………………………………139, 193
　悪夢………………………………134, 139

よ

妖精 …………………………………84

索　引　259

欲（Appetit）………………………113
　　孤独欲　→　孤独
予言者………………………195, 196
喜び………………62, 118, 151, 186, 197
　　官能的喜び…………………………41
　　毀傷の喜び（Schadenfreude）…23, 28,
　　33, 37, 48, 58, 128, 139, 157, 170
　　自動喜び處………………………100
　　喜びの期待　→　期待
　　喜びの笑い　→　笑い

　　ら

楽園………………………………189
　　原模範的楽園…………………167
楽観主義…………………………12
　　楽観主義者……………15, 144, 154

　　り

理性……90, 126, 129, 131-134, 143, 174,
　　178, 180, 185, 186, 199
　　自由な理性……………………90
　　反‐理性（Wider-Vernunft）…………143
　　非理性的………………………190
　　理性的人間　→　人間
　　理性的ナンセンス　→　ナンセンス
　　理論的‐実践的理性………………126
理想………………………177, 185
　　美的理想………………………147
　　理想主義………………………184
　　笑う理想主義…………………184
理念………90, 144, 147, 178, 181
　　理念のデュナミス………………144
　　理念の伝道師…………………184
　　理念の笑い　→　笑い
良心………79, 127, 143, 157, 170
両性具有現象……………175, 176

両面価値感情〔アンビバレンス〕………26
理論………………………………103
　　可笑しさの理論………………187
　　理論的………………………147
リンゴ……………………………78-82
　　帝国リンゴ……………………80
　　不和のリンゴ…………………80
倫理………………………………200
　　倫理的………73, 126, 147, 169
　　倫理的コントラスト　→　コントラスト
　　倫理的人間　→　人間

　　れ

冷笑主義…………………………167
歴史………………………………141
　　世界史　→　世界
　　レゲネラツィオーン　→　再生
　　レズ的………………………101

　　ろ

老人………………50, 67, 102, 113
ロシア……………………………40, 79
　　ロシア民謡……………………40
ロボット…………………………131
ロマン主義………176, 178, 208, 209
論理学……………………166, 174

　　わ

惑星………………………………177
　　惑星系………………………173
笑い・笑う・笑うこと（Lachen）…29, 31-
　　33, 46, 50, 139, 140, 142, 147, 150, 151,
　　153, 154, 161, 164, 169, 180, 182, 190,
　　193, 195, 199, 205
　　アルキュオネのような笑い
　　（halkyonisches Lachen）……………33

卑しい笑い（gemeines Lachen）……162
薄笑い（Lächeln）………………116
大笑い
　……30, 57, 58, 67, 124, 125, 150, 205
甲高い笑い（gelles Lachen）……196, 202
極端なだけの笑い………………196
高尚で高潔な笑い
　（edles und vornehmes Lachen）…162
才気煥発な笑い…………………195
最後に笑う…45, 143-145, 154, 165, 202
蔑む笑い…………………………153
自然な笑い（natürliches Lachen）…151
社交的笑い…………………47, 157
主観的笑い………………………196
自律的な笑い……………………198
人工的になされる笑い
　（künstlich veranstaltetes Lachen）
　…………………………………151
絶対的笑い…………………………47
ソクラテス－カント－マルクス的な笑い
　（sokratisch-kant-marcussches Lachen）

………………………………………184
知性と理性の笑い………………184
馬鹿笑い（Gekälber）………164, 183
不十分な笑い……………………156
ミュノーナ的笑い………………194
未来的笑い（zukünftiges Lachen）……33
喜びの笑い………………………153
理念の笑い…………………47, 184
笑い飛ばす…………………196, 199
笑いながら自由　→　自由
笑いの真相　→　真相
笑いの定義　→　定義
笑いの本質　→　本質
笑う精神　→　精神
笑う悲劇作家　→　悲劇
笑う理想主義　→　理想
嗤い（Gelächter）……………162, 164, 184
　人間的－あまりに人間的な嗤い………163
　悲劇的な嗤い（tragisches Gelächter）
　………………………………………157
悪ふざけ……………………158, 170

おわりに　261

おわりに　Nachwort

『日本のユーモア』（高山洋吉訳、雄山閣、1958 年）の著者 C.A. ネットーによれば、日本という国は「いつも楽観的な住民をもつ常緑の国」（同書 244 頁）であるという。日本人がどこか F/M のユーモアに親しみを感じるとすれば、このあたりにその理由がありそうである。そして、「日本のユーモア」の問題は、「日本とは何か？」という根本問題と一体になっている。知日家ブルーノ・タウトの言葉が印象的である。

> 「ところで日本人にとって当然最も興味あるべきはずの、あるドイツの詩人が、日本では全く知られていないという例がある。それは一九一五年に五十一歳で亡くなったパウル・シェールバルトという人である。彼の作品は、ドイツ語でこそ書かれてあるが、その精神的態度は、徹頭徹尾宇宙的であって、感情的なものとか、浪漫的なもの等を嫌悪する立場に立つ人であった。〔……〕彼は現代の環境を、大地や星辰の力を詩的なファンタジーの饒なものに置き換えているのである。畢竟、これは立派な眼力を具へた達磨、静思の文化、自己を掘下げて仕事をする文化である。これはまた、神道の直観法のヨーロッパ的解釋とでもいふべきものであって、息を大きく吸って哄笑することの出来る、さういった、のびのびしたところを附与したものであった。彼のユーモアは一つの様式である。」
>
> （ブルーノ・タウト『日本文化私觀』、森儁郎訳、講談社、1992 年、247-248 頁）〔圏点中村〕

実は、パウル・シェールバルト（Paul Scheerbart, 1863-1915）は、F/M の親友の一人だった。タウトの指摘を踏まえると、「日本のユーモア」、ひいては「日本とは何か？」の問題を突き詰めていくには、どうやらシェールバルト

の作品に触れてみる必要がありそうである。

　このたびは、日本語の文体論・表現論の第一人者で「笑い」について数々の著書を出版されている中村明先生（早稲田大学名誉教授）にご寄稿いただけるという僥倖に恵まれた。先生は、ミュノーナのユーモアを先生の「笑い」理論に位置づけて解析されるとともに、F/M の「哲学とユーモア」が「ユーモアという哲学」という視点へと展開できることを証明してくださった。これは本書編者にとって新しい視点であり、発見である。本書のためにご寄稿くださった中村明先生に、ここに心より感謝の意を表したい。そして、先生と本書との縁をとりもってくださった小池博明先生（国立長野高専教授）に心から御礼申し上げたい。

中村　博雄

Hiroo Nakamura

編著者プロフィール Profile der Verfasser

Foto: Suzhu Pan

デートレフ・ティール（1957 - ）
Detlef Thiel

著書 Bücher

Über die Genese philosophischer Texte. Studien zu Jacques Derrida, Freiburg/München: Alber 1990.

Platons Hypomnemata. Die Genese des Platonismus aus dem Gedächtnis der Schrift, Freiburg/München: Alber 1993.

Maßnahmen des Erscheinens. Friedlaender/Mynona im Gespräch mit Schelling, Husserl, Benjamin und Derrida, libri nigri, Nordhausen: Traugott Bautz 2012.

『理性と平和——ザーロモ・フリートレンダー／ミュノーナ政治理論作品選集』新典社、共編、2012年。

『技術と空想——ザーロモ・フリートレンダー／ミュノーナグロテスケ作品選集』新典社、共編、2014年。

Experiment Mensch. Friedlaender/Mynona Brevier, Konzept & Schnitt: Detlef Thiel, Friedlaender/Mynona Studien, Bd. 1, Herrsching: waitawhile 2015.

„*Tummle dich, mein Publikum! Hier sind noch schöne Aufgaben zu lösen.*" *Berichte und Forschungsbeiträge aus 100 Jahren*, hrsg. von Detlef Thiel, Friedlaender/Mynona Studien, Bd. 3, Herrsching: waitawhile 2015.

中村博雄（1951 - ）
Hiroo Nakamura

著書 Bücher

『カント「判断力批判」の研究』東海大学出版会、1995年。

『カント政治哲学序説』成文堂、2000年。

『カント批判哲学による"個人の尊重"（日本国憲法13条）と"平和主義"（前文）の形而上学的基礎づけ』成文堂、2008年。

Für den Frieden, libri nigri, Nordhausen: Traugott Bautz 2012.

『理性と平和——ザーロモ・フリートレンダー／ミュノーナ政治理論作品選集』新典社、共編、2012年。

『技術と空想——ザーロモ・フリートレンダー／ミュノーナグロテスケ作品選集』新典社、共編、2014年。

哲学とユーモア
ザーロモ・フリートレンダー／ミュノーナ笑いの理論と実践作品選集
Philosophie und Humor
Ausgewählte Texte zur Theorie und Praxis des Lachens von Salomo Friedlaender/Mynona

2018 年 1 月 11 日　初刷発行

共編者　デートレフ・ティール／中村博雄

発行者　岡元学実

発行所　株式会社　新典社

〒101−0051　東京都千代田区神田神保町1−44−11
営業部　03−3233−8051　編集部　03−3233−8052
ＦＡＸ　03−3233−8053　振　替　00170−0−26932
検印省略・不許複製
印刷所 惠友印刷㈱　製本所 牧製本印刷㈱

©Detlef Thiel/Hiroo Nakamura 2018
ISBN978-4-7879-5515-9 C3010
http://www.shintensha.co.jp/
E-Mail:info@shintensha.co.jp